U0147835

中國文化通史

兩宋卷·上冊

　　中國文化源遠流長，欲理解中國文化，捨其歷史無由。而欲理解中國文化史，界定文化的概念，梳理中國文化史的發展脈絡、特質及其研究狀況，又是十分必要的。爰作是序。

一、文化概念的界定

　　文化問題是世界關注的熱門話題，但是，國內外學術界對於文化的概念，迄無統一的界定。聯合國教科文組織曾邀請各國學者討論什麼是「文化」，也未取得共識。據統計，有關文化的概念，多達數百種，人們見智見仁，莫衷一是。

　　從西方的歷史上看，人們對於文化的理解，大致經歷了四個時期。

　　第一個時期是古代。最具代表性也是最古老的文化概念，是由約兩千年前古羅馬哲學家西塞羅提出來的，它從拉丁文譯成英文是「culture is the philosophy-or cultivation-of the mind」。漢譯為「文化是心靈的哲學（修養）」。其中 cultivation 本義是耕種，引申意為耕種—栽培—培養—修養。這可謂哲學的文化概念。它強調文化是人類心靈的創造物，並視文化是一個趨向品德修養終極目標的動態的創造過程。

　　第二個時期是中世紀。有代表性的是藝術的文化概念：「文化是藝術的總稱。」它是文藝復興時代的藝術家們提出來的，強調文化是人類對美的追求和自由的創造。

第三個時期是十九世紀。其間出現了兩種有代表性的文化概念。一是英國著名學者阿諾德在一八六九年出版的《文化和無政府狀態》一書中提出的:

　　文化就是追求我們的整體完美,追求的手段是通過了解世人在與我們最有關的一切問題上所曾有過的最好思想和言論……引導我們把真正的人類完美看成是為一種和諧的完美,發展我們人類的所有方面;而且看成是一種普遍的完美,發展我們社會的所有部分。[1]

　　這是心理學的文化概念。它強調文化是人們借助於自然科學和人文科學包括文學藝術中一切真、善、美的東西,陶冶心靈,追求社會完美與和諧的過程;二是另一個英國著名學者泰勒一八七一年在《文化的起源》中提出的人類學的文化定義。他說:

　　文化或文明,就其廣泛的民族學意義來說,乃是包括知識、信仰、藝術、道德、法律、習俗和任何人作為一名社會成員而獲得的能力和習慣在內的複雜整體。[2]

　　泰勒的定義第一次強調文化是「複雜的整體」和「文化是整個的生活方式」。

　　第四個時期是二十世紀。二十世紀初社會學家提出了社會學的文化概念:

　　文化是一個多義詞,我們這裡是在包容較廣的社會學含義上使用它,即它是指人造物品、貨物、技術過程、思想、習慣和價值觀念,它們是一個民族的社會遺產。這文化包括所有習得的行為、智力知識、社會組織和語言、經濟的、道德的或精神的價值系統。一種特定文化的基礎是它的法律、經濟結構、巫術、宗教、藝術、知識和教育。[3]

　　此一定義第一次強調價值觀念和價值系統,是文化內涵的核心。

1　轉引自〔英〕雷蒙德·威廉斯:《文化與社會》,160-161 頁,北京,北京大學出版社,1991。
2　轉引自莊錫昌等編:《多維視野中的文化理論》,99-100 頁,杭州,浙江人民出版社,1987。
3　轉引自閔家胤:《西方文化概念面面觀》,《國外社會科學》,1995 年第 2 期。上述參考了該文的內容。

二十世紀中期以後，隨著科學的進步和視野的拓展，人們進而在生物學乃至在整個宇宙的範圍之內，探討文化問題。例如，生物學的文化定義為：「文化是不同物種的組織結構和行為規範。」聯合國教科文組織「世界文化專案」主持人、加拿大學者謝弗，則進而提出了宇宙學的文化概念：「文化一般是指物種，特殊地是指人類觀察和感知世界，把自己組織起來，處理自身事務，提高和豐富生活，以及把自己安置在世界上的那種方式。」[4]

由上可知，西方文化概念的內涵是隨著時代的發展而逐漸拓展與深化的。據統計，一九二〇年前只有數種不同的文化定義；但是到一九五六年，就已多達一五〇餘種，也集中說明了這一點。其中，如果說阿諾德的定義是對古代以來文化認識的集大成的話；那麼泰勒的定義強調文化是一種「複雜的整體」和「整個的生活方式」，以及社會學家強調文化內涵的核心是價值觀念與價值系統，則更具有開創性和劃時代的意義，構成了今人理解文化的現代基礎。這說明，十九世紀末二十世紀初是西方現代文化觀念形成的重要時期。至於其後新說迭起，尤其是生物學的、生態學的、宇宙學的概念的出現，固然反映了人們視野的開拓，但是文化的概念既囊括了物種與宇宙，實漸泛化了，以至於無從把握。

從中國歷史上看，「文明」一詞的出現要早於「文化」。《易·乾》：「見龍在田，天下文明。」《易明夷》：「內文明而外柔順，以蒙大難，文王以之。」「文化」一詞雖然也是古已有之，但它被作為一個完整的辭彙和概念加以使用，有一個演化的過程。在秦漢時期，儒生編輯的《易·賁卦》的《彖》中有「觀乎天文，以察時變；觀乎人文，以化成天下」之說，但「文化」尚未構成一個完整的詞。西漢的劉向在《說苑·指武》中將「文」與「化」聯用：「聖人之治天下也，先文德而後武力。凡武之興，為不服也，文化不改，然後加誅。夫下愚不移，純德之所不能化，而後武力加焉。」不過，這裡的「文化」仍非一個完整的詞，而各有獨立的意義，「文」指文德，「化」指教化，即借文德行教化。其後，晉人的詩文中出現了完整的「文化」一詞。如束皙的《補亡詩》有「文化內輯，武功

4　同上。

外悠」句；王融在《曲水詩序》中則說：「設神理以景俗，敷文化以柔遠。」至此，「文化」顯然已作為一個完整的辭彙和概念，開始為人們所廣泛使用。其含義包括文治、教化和禮樂典章制度。這與西方古代哲人強調「文化」的內涵在於趨向品德修養終極的目標，是相通的。

語彙是隨著社會生活和時代的變動而變動的。在西方，文化的概念所以於近代以後發生了日益深刻的變動，是與西方資本主義的發生發展、科學的進步以及世界聯繫的日益密切分不開的。反觀中國，封建社會綿延兩千餘年，沉沉一線，「天不變，道亦不變」。與此相應，已有的「文化」一詞，古色古香，其內涵也無甚變化。鴉片戰爭後，中國封建社會因受西方資本主義的衝擊而解體，且日益走向世界，語彙便漸生變動。在一些新的語彙出現的同時，更多的語彙增加了新的內涵。就「文化」一詞來說，其新義的增加尤其是人們自覺重新探究其內涵，界定其概念，則要晚到二十世紀初。梁啟超諸人的觀點具有代表性。梁啟超在《什麼是文化》中說：「文化者，人類心能所開積出來之有價值的共業也。」[5] 梁漱溟則謂：「文化並非別的，乃是人類生活的樣法。」[6] 胡適也指出：「文化（culture）是一種文明所形成的生活的方式。」[7] 他們都強調文化是人類創造的一種複雜的整體（「共業」）和「生活的方式」，這顯然是接受了泰勒關於文化的定義。

所以，儘管國際上對文化迄今未能形成統一的界定，但泰勒的定義實已構成了人們進一步探討文化問題的現代基礎。同時，在此基礎上，除主張文化泛化者外，人們也畢竟形成了相對的共識，即認為文化可分作廣義與狹義兩種概念來理解。梁啟超曾說：「文化這個名詞有廣義狹義二種，廣義的包括政治經濟；狹義的僅指語言、文字、宗教、文學、美術、科學、史學、哲學而言。」[8] 就已經有了此種見解。今天我們可以作進一步表述：廣義的文化就是人化，即人類所創造的一切東西構成了文化。具體講，它包括三個層面：物質文化、制度文化、精神

---

5 梁啟超：《飲冰室文集》之三十九。
6 梁漱溟：《東西文化及其哲學》第 2 章，北京，商務印書館，1935。
7 胡適：《我們對於西洋近代文明的態度》，《胡適文存》三集，卷一。
8 梁啟超：《中國歷史研究法補編》，《飲冰室專集》之九十九。

文化。其中，精神文化是文化結構中最深層的部分。狹義的文化就是指精神文化，即觀念形態的文化，包括思想、觀念、意識、情感、意志、價值、信仰、知識、能力等等人的主觀世界的活動及其物化的形態或外爍的成果，如典籍、語言、文字、科技、文學、藝術、哲學、宗教、道德、風習，等等。

對於「文化」與「文明」的關係，人們也頗存異議，但從總體上看，大致有三種理解：一是學術界一般將「文明」一詞用來指一個社會已由氏族進入國家組織的階級社會的階段，即是與「文化」並無直接瓜葛的學術上的專有名詞；二是「文化」與「文明」同義。美國學者亨廷頓說：「當談論文明的時候，我們指的是什麼呢？一種文明就是一種文化存在。」[9]他顯然是將「文化」與「文明」視作同義詞，等量齊觀。故所謂「物質文化」、「制度文化」和「精神文化」，人們通常也稱作「物質文明」、「制度文明」和「精神文明」；三是「文化」與「文明」都是人類創造的一切成果的總稱，但前者是動態的，後者則是靜態的。陳安仁說：「文明是指靜的狀態而說，文化是指動的狀態而說。」[10]張崧年也曾指出：「文化是活動，文明是結果，也不過一事的兩看法。」[11]

本書對文化的界定，取狹義文化。對「文明」一詞的使用，則據行文的需要，兼顧三義。

二、中國文化史研究的回顧

文化史是古老的史學的一個分支學科，但它真正的確立，在歐洲要晚到十八世紀的啟蒙運動時期。西方「文化史之父」、法國啟蒙思想家伏爾泰的名著《路易十四時代》，實為文化史研究的開山之作。其後，西方關於文化史的著述日多，漸漸蔚為大觀。

---

9 [美]亨廷頓：《文明的衝突》，《國外社會科學》，1993 年第 10 期。
10 陳安仁：《中國文化演進史觀》，據文通書局 1942 年版影印，6 頁，上海，上海書店，1992。
11 張崧年：《文明與文化》，《東方雜誌》第 24 卷第 24 號。

在中國，文化史學科的確立更要晚到二十世紀二〇至三〇年代。梁啟超於此有創榛辟莽之功，他曾擬撰多卷本《中國文化史》，遺憾的是僅成《社會組織篇》計八章，壯志未酬。但是，進入二十世紀二〇年代後，有關文化史的研究成果已是聯翩出現。一九二四年《史地學報》有文報導學界消息說：「近來研究歷史者，日新月異，內容大加刷新，多趨重文化史方面。」[12]足見中國文化史的研究和編纂，是時已開始浸成風氣。其中較重要的通史性著作有：顧康伯的《中國文化史》、常乃德的《中國文化小史》、陳國強的《物觀中國文化史》、柳詒徵的《中國文化史》、楊東蓴的《本國文化史大綱》、陳登原的《中國文化史》、王德華的《中國文化史略》、繆鳳林的《中國民族之文化史》、陳安仁的《中國文化演進史觀》、王治心的《中國文化史類編》、陳竺同的《中國文化史略》、錢穆的《中國文化史導論》，等等。此外，涉及斷代的、區域的和專題性的有關文化史著作也相繼出版。其中，專題性的著作，尤以王雲五主編的大型《中國文化史叢書》為代表。叢書仿效一九二〇年法國出版的《人類演進史叢書》及一九二五年英國劍橋大學主編的《文化史叢書》的體例，共分八十個專題，每冊一專題，於一九三七年後相繼推出，產生了很大的社會影響。該叢書的出版，標誌著中國文化史的研究發展到了一個新的階段。

中國文化史的研究之所以於二十世紀二〇年代後蔚為風氣，並非偶然，至少可以指出以下的原因：

其一，是近代中西文化問題論爭深化的必然結果。經五四後，中西文化問題的論爭不僅日益激烈，且愈趨深化。歐戰慘絕人寰，創深痛巨，引發了世界範圍內的反省西方文化的思潮。與此相應，國人相信西方文化必有所短，中國文化自有所長，因而要求重新審視固有文化。為此，探討中國文化的發生發展史自然便成了當務之急。張蔭麟說：「文化是一發展的歷程。它的個性表現在它的全部『發生史』裡。所以比較兩個文化，應當就是比較兩個文化的發生史。」[13]柳詒徵的《中國文化史·緒論》則強調該書的旨趣，即在於回答：「中國文化為何？中

---

12 《史地界消息·歷史類（一）〈研求國史方法之宣導〉》，《史地學報》第 3 卷第 1、第 2 合期，1924。
13 《論中西文化的差異》，參見張雲台編：《張蔭麟文集》，北京，教育科學出版社，1993。

國文化何在？中國文化異於印、歐者何在？」而錢穆在《中國文化導論・弁言》中，說得更加明確：

中國文化，表現在中國已往全部歷史過程中，除卻歷史，無從談文化。⋯⋯我們應在歷史進程之全時期中，求其體段，尋其態勢，看他如何配搭組織，再看他如何動進向前，庶乎對於整個文化精神有較客觀，較平允之估計與認識。[14]

很顯然，這就是明確地提出了，要正確認識中西文化，必須重視中國文化史的研究。

其二，借文化史振奮民族精神，謀國家復興。二十世紀三〇至四〇年代正是中國遭受日本帝國主義的野蠻侵略，民族危亡喚醒全民抗戰和謀國家復興的慷慨悲壯的時代。愈來愈多的國人意識到了文化復興與民族復興的內在聯繫。康敬軒在《中國文化演進史觀・跋》中說：「念一年秋，予歸自歐洲，默察大勢，知欲救國家危亡，必先求民族之復興，而求民族之復興，必先求文化復興。」陳安仁《中國文化演進史觀・自序》也說，近世治國家學說者，皆謂土地、人民、主權是國家三要素，必得三者安全獨立，才是名副其實的國家。實則，即便三者盡得，「而文化不能獨立，亦遂足以當國家之名實乎」？帝國主義侵略弱國，不僅占有其土地、人民與主權，「尤且汲汲皇皇，以消滅弱小國家民族之文化，籲！可怖哉」。[15]需要指出的是，近代最早的中國文化史著述雖是出自日人之手，它們對於國人著述不乏借鑒的作用，但如一九〇三年出版的白河次郎、國府種德的《支那文明史》和一九二六年出版的高桑駒吉的《中國文化史》，其有意歪曲歷史和貶損中國文化，也是人所共見的。因此，編纂中國文化史，給國人以正確的民族文化教育，以振奮民族精神，史家責無旁貸。王德華《中國文化史略・敘例》因之強調說：

中國文化之評價各有不同，有謂為落後者，有謂為優美者，然不論其評價如何，中國人之應當了解中國文化，則無疑問，否則，吾族艱難奮鬥、努力創造之

---

14 錢穆：《中國文化導論・弁言》，北京，商務印書館，1994。
15 陳安仁：《中國文化演進史觀・自序》。

歷史，無由明瞭，而吾人之民族意識，即無由發生，民族精神即無由振起，晚近中國國勢不振，即由於文化教育之失敗所至。茲者國脈益危，不言復興則已，言復興，則非著重文化教育，振起民族精神不可。本書之作，意即在此。[16]

其三，新史學思潮影響的結果。十九世紀末二十世紀初，是西方史學新陳代謝的重要時期。傳統史學重政治史，而新史學思潮則要求擴大史學範圍，注意經濟、社會、思想、文化等領域的研究。巴勒克拉夫在《當代史學主要趨勢》一書中指出，「從蘭克時代到阿克頓時代，歷史學家們對於歷史學的主線是政治史這一點極少懷疑」，而經二十世紀二〇年代後馬克思主義唯物論和以狄爾泰為代表的相對主義史學思潮的衝擊，「歷史學的重點轉移到經濟、社會、文化、思想和心理等方面，歷史學家的工作範圍也相應地擴大了」。[17]西方史學思潮的此種變動，也強烈地影響到了中國。二十世紀二〇年代後馬克思主義唯物論在中國日益傳播，與此同時，作為歐洲相對主義史學衍生物的美國「新史學」，也傳入了中國。新史學派主要人物的代表作，如魯濱遜的《新史學》、巴恩斯的《史學史》、紹特威爾的《西洋史學史》等，於二十世紀二〇年代也相繼被譯成中文出版。新史學派同樣主張擴大史學範圍，加強對於經濟、社會及文化等領域的研究。何炳松在《新史學導言》中說：「舊日歷史家，又有偏重政治史的毛病。實則政治一端，哪能概括人類活動的全部呢？」[18]由於新史學派的理論是被當作代表了西方史學發展的最新趨勢的新理論，而加以宣傳與介紹的，故在當時的中國史學界產生了廣泛的影響。梁啟超、章太炎等人雖在二十世紀初即有研究文化史的初步主張，但僅是少數人的先知先覺；二十世紀二〇年代後，因受新史學思潮的廣泛影響，中國史學家要求擴大治史範圍，注重經濟、社會和文化史研究實已成為時尚。所以柳詒徵《中國文化史·緒論》指出：

世恒病吾國史書為皇帝家譜，不能表示民族社會變遷進步之狀況，實則民族社會之史料，觸處皆是，徒以浩穰無紀，讀者不能博觀而約取，遂疑吾國所謂史

---

16 王德華：《中國文化史略·敘例》，南京，正中書局，1942。
17 [英]巴勒克拉夫：《當代史學主要趨勢》，13、14頁，上海，上海譯文出版社，1987。
18 何炳松：《何炳松論文集》，51頁，北京，商務印書館，1990。

者，不過如坊肆《綱鑒》之類，止有帝王嬗代及武人相斫之事，舉凡教學、文藝、社會、風俗以至經濟、生活、物產、建築、圖畫、雕刻之類，舉無可稽。吾書欲去此惑，故於帝王朝代，國家戰伐，多從刪略，惟就民族全體之精神所表現者，廣搜而列舉之。[19]

顧康伯《中國文化史·自序》同樣強調說：

歷史之功用，在考究其文化耳。顧吾國所謂歷史，不外記歷朝之治亂興亡，而于文化進退之際，概不注意，致外人動譏吾為無史。二十四史者，二十四姓之家譜，斯言雖或過當，然吾國史家專為一朝一姓之奴隸，未始非缺憾也。[20]

此期的文化史研究不僅出版了一批成果，而且對文化史研究的方法論問題作了探索，提出了某些有益的見解：

（1）**分類與綜合**。以梁啟超為代表的一些學者主張文化史當分類研究。梁啟超的《歷史研究法補編》中有「文化專史及其做法」一章，其中說：「狹義的文化，譬如人體的精神，可依精神系發展的次第以求分類的方法。」文化是人類思想的結晶。思想的表現有宗教、哲學、史學、科學、文學、美學等等，「我們可一件一件的講下去」。[21]王雲五在《編纂中國文化史之研究》中也提出，以綜合方法編纂文化史，「其難益甚」，宜「就文化之全範圍」，區分若干科目，作系統詳盡敘述。如此，「分之為各科之專史，合之則為文化之全史」。[22]王治心的書即取名為《中國文化史類編》，內分經濟、風俗、學術思想、宗教倫理和藝術器物五類。作者在「緒論」中說：「這五個大綱，或者可以把整個的文化大約地包括起來。……合起來可以成全部的文化史，分開來也可以成為各自獨立的五種小史。」[23]但是，柳詒徵諸人不贊成分類而主綜合的研究方法。柳詒徵以為，分類的方法難以說明文化發展中複雜的歷史因果關係和表現「民族全體之精神」，「此

---

19 柳詒徵：《中國文化史》上冊，7頁，北京，中國大百科全書出版社，1988。
20 顧康伯：《中國文化史·自序》，上海，泰東圖書局，1924。
21 梁啟超：《飲冰室專集》之九十九，134頁。
22 王雲五：《編纂中國文化史之研究》，北京，商務印書館，1937。
23 王治心：《中國文化史類編·緒論》，上海，作者書店，1943。

縱斷之病也」。[24] 何炳松則指出，分類縱斷的研究無法表現「某一時代中整個的文化狀況」，由此組合成的所謂文化史，「不是整個的；是死的，不是活的」。[25]＊應當說，柳詒徵等人主綜合的研究方法是對的，因為文化專史固然是必要的，但是中國文化史不應是各種專門史的簡單組合。

（2）文化史的分期。此期的研究者都將進化的觀點引入了文化史，強調要「注意動的研究方法，從歷史進化變遷的法則，說明社會演變，人類活動行為的影響」[26]。他們普遍注意到了中國文化史的分期問題，也反映了這一點。梁啟超不愧是文化史研究的創始者，他看到了文化史自身的發展規律，明確地提出了文化史的分期不應與政治史劃一的重要思想。[27]從宏觀上看，此期的研究者多以上古、中古、近世對中國文化史作長時段的區分；從微觀上看，則是超越王朝界限，力圖以文化發展的自身特點作中時段的區分。前者可以柳詒徵的《中國文化史》為例，它以遠古至兩漢為上古；魏晉至宋、元為中古；明至當代為近世，並依此分為三編，構建全書體例。柳詒徵寫道：

吾書凡分三編：第一編，自邃古以迄兩漢，是為吾國民族本其造之力，由部落而建設國家，構成獨立之文化之時期；第二編，自東漢以迄明季，是為印度文化輸入吾國，與吾國固有文化由抵牾而融合之時期；第三編，自明季迄今日，是為中印兩種文化已就衰，而遠西之學術、思想、宗教、政法以次輸入，相激相蕩而卒相合之時期。此三期者，初無截然劃分之界限，特就其蟬聯蛻化之際，略分畛畔，以便尋繹。[28]

後者可以常乃德的《中國文化小史》為例，它分中國文化史為八期：

自太古至西周的宗法時期；春秋戰國時代的宗法社會破裂後文化自由發展的時期；秦漢兩代統一安定的向外發展的時期；魏晉朝民族移徙印度新文化輸入的

---

24 柳詒徵：《中國文化史》上冊，「弁言」及「緒論」。
25 何炳松：《何炳松論文集》，148 頁。
26 陳安仁：《中國文化演進史觀・緒論》。
27 梁啟超：《飲冰室專集》之九十九，172 頁。
28 柳詒徵：《中國文化史》上冊，1 頁。

時期；隋唐兩代民族同化成功新文化出現的時期；晚唐五代宋朝民族能力萎縮保守思想成熟的時期；元明清三朝與西方文化接觸逐漸蛻化的時期；晚清以至今日大革新的時期。[29]

他們的上述分期是否科學，可不置論；重要在於，他們都力圖從中外文化融合和中國文化發展變化的大勢上，考量中國文化史的分期，無疑都表現出了可貴的新思維。

（3）**唯物史觀的運用。**儘管此期的多數研究者並未接受唯物史觀，但是畢竟有部分學者已開始嘗試和宣導運用唯物史觀研究中國文化史。例如，陳竺同的《中國文化史略》說：「社會生產，包含著生產力與生產關係。這本小冊子是著重於生產力去分析文化的進程。」[30]陳安仁的《中國文化演進史觀》也強調，一國的經濟「與一國的文化進程，有密切的關係，重大的影響」。作者進而引德國學者的話說：「無論如何，唯物史論包含一個大真理，植物賴其所生地的肥料而生長，繁殖開發，同樣道理，可知食物根源的擴張（如由農業），生產方法的進步（如因資本主義的制度），工藝上的文明（如鐵路、省勞動的機器等等），對於文化發達發生的影響，遠勝於道德教訓、宣講書籍、藝術品、哲學系統。」儘管經濟並非影響文化發展的唯一因素，「但就一切社會學的現象看起來，經濟唯是有大影響於文化發達的」。[31]固然，這些研究者對於唯物史觀的理解與把握，尚屬粗淺，故其於文化史現象的分析一時也難以避免簡單化的傾向。

二十世紀上半葉的中國文化史研究儘管取得了明顯的成就，但終究屬於發軔期，粗獷有餘而精密不足。二十世紀三〇年代初，朱謙之著《文化哲學》一書，以為已有文化史研究的不足，在於普遍缺乏理論基礎；與此同時，陳寅恪也指出，「以往研究文化史有二失」：舊派「其缺點是只有死材料而沒有解釋」，失之在「滯」；新派多留學生，喜歡照搬外國理論，其書有解釋，「看上去似很有條

---

29 常乃德：《中國文化小史》第 1 章，上海，中華書局，1928。
30 陳竺同：《中國文化史略》，144 頁，上海，文光書店，1948。
31 陳安仁：《中國文化演進史觀》，61 頁。

理，然甚危險」，失之在「誣」。[32]二者的批評有相通之處，頗能中其肯綮。

遺憾的是，新中國成立後，除了如文學、藝術、史學、哲學等具體的部門文化史的研究還在繼續外，文化史作為一個獨立的學科，在長達近三十年的時間裡，實陷於中斷。這主要是受「左」的思潮影響，視文化史為資產階級唯心論的淵藪而加以簡單否定的結果。

中國文化史研究枯木逢春，其根本轉機在二十世紀七〇年代末。一九七八年黨的十一屆三中全會確立了改革開放的路線後，國人得脫「左」的羈轡，百業發舒。與此相應，中國文化史研究與「文化熱」同時升溫，尤其是進入八〇年代後，更似春潮勃發，迅速蔚為大觀：報刊上就中國傳統文化的優劣展開長時間激烈的爭論；文化史研究的專門機構在許多高校和科研單位先後建立了起來；專門的學術團體、期刊出現了；國際國內的或地方的相關學術討論會，每年都在舉行；文化史不僅進入了高校的課堂，而且成為研究生培養的重要研究方向。這場文化和文化史「熱」，其持續時間之長，影響範圍之廣，為新中國成立以來所僅見，以至於我們迄今都可以感受到它。

自二十世紀七〇年代末以來，文化史研究取得了豐碩的成果，已出版的著作為數十分可觀。馮天瑜等的《中華文化史》、陰法魯等的《中國古代文化史》、劉蕙孫的《中國文化史稿》等，是有影響的通史性的著作；萬繩楠的《魏晉南北朝文化史》、龔書鐸主編的《中國近代文化概論》、史全生主編的《中華民國文化史》等，則是斷代史方面有代表性的著作。此外，有關區域文化史、專題文化史、少數民族文化史、中外文化交流史等方面的著作，為數最多，更不乏精品佳構。此期的中國文化史研究，無論從品質與數量上看，還是從涉及領域的廣度與深度上看，均非二十世紀上半葉的研究所能同日而語。

一定的文化是一定社會的政治和經濟的反映，又給予偉大影響和作用於一定社會的政治和經濟。二十世紀七〇年代末以來，文化及文化史的研究之所以得以

---

32 蔣天樞：《陳寅恪先生編年事輯》，222 頁，上海，上海古籍出版社，1997。

復蘇乃至於勃興，歸根結底，是中國揭出了實現現代化的時代主題和社會醞釀著轉型的產物。所謂現代化，不是孤立的社會目標，對於一個國家和民族來說，它意味著自身整個文化的現代化。就中國而言，文化的現代化不應也不可能是全盤西化，它只能是傳統文化的現代化。為此，去除糟粕，繼承和弘揚中華民族優秀的文化傳統，實現傳統文化的內在超越，便成了中國現代化課題中的應有之義。「中國文化，表現在中國已往全部歷史過程中，除卻歷史，無從談文化。」也因是之故，欲解答現實中的文化問題，便不能不去請教歷史。不僅如此，中國的現代化事業任重道遠，它需要不斷增強民族的凝聚力、認同感，中國文化史研究恰恰可以高揚愛國主義，為之提供無可替代的民族精神的支柱。很顯然，二十世紀末，國人重新發現了中國文化史的價值，這是完全合乎邏輯的。當然，思想既經解放，學術研究無禁區，文化史這塊長期荒蕪卻又遼闊而肥沃的學術園地，自然會吸引來眾多拓荒者。這即是說，中國文化史學科自身發展的強勁內驅力，也是不容忽視的。要言之，此期中國文化史研究復蘇的原因與二十世紀二〇至三〇年代肇端的原因，一脈相承，只是因時代條件的差異而表現出愈加斑爛的特色罷了。

同時，也應當看到，此期的中國文化史研究雖然成就斐然，超過了前期，但它在更高的層面上並沒有完全解決前期業已提出的問題，而且面臨著新的分歧。例如，柳詒徵等人早已提出，中國文化史應是綜合的，不應是專門史的組合，這在今天雖成共識，但究竟應怎樣實現綜合，當年的柳詒徵等人在實踐上並未解決，今天我們也仍然處於摸索的過程中。文化概念的界定依然莫衷一是，此不待言；但是，如今文化史的界定本身也成了爭論的問題。此外，朱謙之曾提出文化史研究的理論基礎問題，應當說，迄今足以表現中國氣派的文化學理論，尚未見之。從西方引入的各種文化學理論為數雖多，但有經久生命力的學說也不多見。陳寅恪所說的失之於「滯」的舊派學者固然不存在了，但他對於失之於「誣」的新派學風的批評，卻不能說已無現實的意義。

學術的本質在於發現問題，追求真理。從這個意義上說，上述的現象是正常的，它反映了學術研究無止境和學術研究的艱辛。但是，重要的一點是，不應沉湎於概念的爭論而停止了實踐的探索。蘇聯的學者說得對：「如果只集中注意力

去制定一個什麼是文化，什麼是它的研究物件的準確的、完善無缺的定義，再開始研究俄國文化史未必是合適的。」[33]唯其如此，我們以為在學術界已有的研究基礎上，編纂一部多卷本的《中國文化通史》，不僅已具備了必要的條件，而且其本身即是一種有益的探索。

三、中國文化史發展脈絡

任何事物的發展過程，都因受其根本矛盾在不同發展階段上的具體展開形式的制約，從而顯現出階段性來。「如果人們不去注意事物發展過程中的階段性，人們就不能適當地處理事物的矛盾。」[34]因之，注意事物發展過程中的階段性，對於正確認識事物具有十分重要的意義。實則，馬克思主義唯物史觀從來便重視人類社會歷史的階段性發展，馬克思曾指出，生產關係是隨著生產力的發展變化而變化和改變的。生產關係的總和構成了「一定歷史發展階段上」和「具有獨特的特徵的」所謂社會。「古代社會、封建社會和資產階級社會都是這樣的生產關係的總和，而其中每一個生產關係的總和同時又標誌著人類歷史發展中的一個特殊階段。」[35]

緣是可知，欲理解中國文化史，注意其發展過程中的階段性，同樣是十分重要的。

中國文化史是中國通史的一部分，但其分期應有其自身的根據，而不能強求與政治史或經濟史相一致。固然，一定的文化是一定社會的政治與經濟在觀念形態上的反映，但是，此種反映絕非逕情直遂的，而是通過複雜的仲介層面實現的。因之，二者的關係不能等同於物質與精神的關係，以為政治經濟是第一性的，文化是第二性，是政治經濟的派生物。事實上，文化自身有很強的傳承性和

---

33 轉引自莊錫昌等編：《多維視野中的文化理論》，383 頁。
34 《毛澤東選集》第 1 卷，314 頁，北京，人民出版社，1991。
35 《馬克思恩格斯選集》第 1 卷，345 頁，北京，人民出版社，1995。

相對的獨立性。從人類歷史上看，精神文明並不總是與物質文明同步。如古希臘的生產力並不發達，但卻創造了燦爛的古希臘文明；在歐洲歷史上，德國曾長期是經濟上落後的國家，但這並不影響她時常占據歐洲文化交響樂團中第一提琴手的位置。同樣，春秋戰國時代是中國歷史的童年，物質文明水準不高，但它卻是中國文化發展史上的一個巨人輩出的黃金時代；宋代國勢孱弱，但人多公認宋代是中國古代文化發展史上的又一個高峰期。陳寅恪甚至這樣說：「華夏民族之文化，歷數千載之演進，造極於趙宋之世。」[36]

中國文化史的分期，當考慮到以下幾種因素：

其一，中外文化的關係。中國文化的發展不是孤立的，在歷史上中國文化曾廣泛吸納了域外文化，其中尤其是東漢後傳入的印度佛教，深刻地影響了中國文化的發展。而鴉片戰爭以後，西學東漸更是有力地衝擊了中國文化，促使其解紐、轉型和近代化。中國文化的發展包含著外來文化的基因，後者提供了重要的內驅力，這是不容忽視的歷史現象。

其二，民族與文化的關係。中國文化的起源是多元的。漢唐之際中國文化進入了發舒的重要時期，其間以漢族為主體的多民族的大融合，同樣深刻地影響了中國文化的發展。故陳寅恪曾反復強調指出：必須明白民族與文化的關係，「始可與言吾國中古文化史」[37]。實則，與言中國中古以後的文化史，也依然不容忽視民族與文化的關係。這只須指出蒙古族與滿族曾先後入主中原，分別建立了元朝與清朝，有力地影響了中國文化的發展，就足以說明這一點。正是從這個意義上說，中華民族的形成與發展和中國文化的源起與發展是互為表裡、相輔相成的。

其三，社會形態與文化形態的關係。馬克思主義指出，一定生產關係的總和構成了人類社會發展一定階段上具有獨特特徵的所謂社會，即形成了一定的社會形態，如古代社會、封建社會和資本主義社會等。文化的發展雖然並不總是與政

---

36 陳寅恪：《鄧廣銘宋史職官志考證序》，《金明館叢稿二編》，上海，上海古籍出版社，1980。
37 陳寅恪：《寒柳堂集》，33 頁，上海，上海古籍出版社，1980。

治經濟的發展亦步亦趨，但是，歸根結底，文化的發展又總是與一定的生產方式所構成的社會經濟基礎相適應的，即一定的文化形態適應於所由產生的一定的社會形態。所以，有所謂古代社會文化、封建社會文化和資本主義社會文化等的分際。這是具有普遍意義的唯物論的觀點。

緣此，從文化的性質和中外文化關係的發展態勢上，學術界對中國文化史曾有以下兩種長時段的分期：

（1）自遠古迄西周[38]，屬古代社會的文化；自西周迄明清，屬封建社會的文化；自鴉片戰爭以降迄新中國建立，屬半殖民地半封建社會時期的近代文化。

（2）自遠古迄漢代，是為中國文化獨立形成與發展的時期；自漢代迄明末，是為中國文化積極吸納域外文化，尤其是印度佛教，從而使自身得到不斷豐富與發展的時期；自明末迄新中國建立前，是為西方文化漸次傳入，中西文化相激相盪終相融合和中國傳統文化向近代文化轉型的時期。[39]

上述兩種分期，視角不同，實質是一致的，即都注意到了中國文化的階段性發展，但略顯疏闊。依上述理路，中國文化史的發展大勢，還可以進一步大致分成六個時期：先秦；秦漢；魏晉南北朝至隋唐五代；遼宋西夏金元；明清（前期）；近代。茲分述如下：

第一個時期，先秦。

這是中國文化的孕育、化成時期，也是中國文化的奠基期和第一個高潮期。先秦文化的集成奠定了中國文化博大精深的基礎，給中國文化的發展開拓了廣闊的道路。所謂的中國文化傳統，就是從這個時期發軔、源起。

先秦文化的積澱經歷了漫長的歷史時期。從一七〇萬年前元謀猿人開始，中華民族的祖先經歷了直立人、早期智人（古人）、晚期智人（新人）到現代人的

---

38 中國古代史分期問題，學術界存在爭論。這裡以西周封建說舉例。
39 參見柳詒徵：《中國文化史》上冊，1 頁。

演進，度過了舊石器時代、中石器時代、新石器時代，通過原始人群、母系氏族社會、父系氏族社會，進入了階級社會的門檻。這標誌著他們已經艱難地越過了蒙昧、野蠻而迎來了文明的曙光。中國大地的文明曙光，最早是以滿天星斗式的多元發生為特點的。遠在新石器時代的後期，中國廣大的區域內，即已經形成了若干初級文明的文化區域：陝晉豫文化區、山東文化區、湖北文化區、長江下游文化區、鄱陽湖──珠江流域文化區、遼西河套文化區。這些不同區域的文化不斷地積累、發展、碰撞，最後通過在中原地區的交匯、融合，完成了中國古代從野蠻到文明、從量變到質變的轉變，建立起中國歷史上第一個文明國家王朝──夏。

中國古代是在基本上沒有改變氏族結構的情況下進入階級社會的，因而它在政治制度的架構上還保留著氏族社會的許多特點。夏王朝基本上還是氏族方國聯盟的王朝，王權通過巫術神權去體現，其思想文化還帶有強烈的氏族觀念和宗教神權的巫術特徵，人們的思想意志，歸根結底，要以神的意志為轉移。

商代是神權政治的極盛時期。商王國政治地理相對狹窄與它統治區域廣大的矛盾和以子姓為主的家族統治集團與外服異姓方國的矛盾，促使商的國家宗教愈來愈向強化神權、王權的方向發展。商代的巫術神權無所不包，其思想、文化、藝術無不帶有典型的溝通人神的神話或巫術的意義。

殷商以一味迷信天命走向殘暴導致了國家的滅亡。周初「封建親戚」，在「因於殷禮」的基礎上，吸收殷亡國的教訓，制定了以敬天保民、明德慎罰為主導思想的禮樂文化，完善周王朝的上層建築。這是中國古代神權思想解放、理性文化思想形成的第一步。

禮樂文化的思想基礎是「德」。周人強調「敬德」，強調用人力、人的道德保有「天命」即掌握政權，主張用體現國家制度、人倫行為準則和道德規範的「禮」來穩定社會的等級秩序；用「樂」來引導人們在遵守等級秩序的前提下的親和。這是商周之際統治思想也是文化思想的重大變化。它孕育和涵蓋的「人治」理性精神和一統「和合」精神，對中華民族和大一統國家的形成都有不可磨滅的指導意義。

春秋時期，王室衰微，諸侯爭霸。新型的君主專制國家和郡縣制的發展，使處於幾個不同文化區域的爭霸大國逐漸形成幾個不同的政治文化中心。宗法制度的崩潰，「學在官府」的局面被打破，私學的發展，推動了學術文化的普及和文化思潮的發展。急劇動盪的社會變革，戎狄蠻夷和華夏融合，農業、工商業、科學技術的發展，激發了思想家們對面臨的各種現實問題如天人關係、君臣關係、君民關係、華夷關係以及忠孝、仁義等思想倫理學說的探討。由此，隨著爭霸各國為了富國強兵而進行的政治、經濟、文化變革，不同的政治主張競相揭出，不同流派的私家講學和各成一家之言的私人著述逐漸發展。儒墨顯學之爭已揭開了文化爭鳴的序幕。

戰國以後，新成長起來居於統治地位的地主階級處在統一中國的激戰之中，他們希望從思想家那裡吸取新的學說和營養，禮賢下士成風，學術政策寬容，為士人衝破舊思想的束縛，探求創作新的思想創造了極為有利的政治環境和生活環境，促使不同觀點的各種著作雨後春筍般湧現，儒、道、陰陽、法、名、墨、縱橫、雜、農、小說諸家紛然並存，相互駁難，形成了錯綜複雜、生動活潑的百家爭鳴局面。

百家爭鳴是華夏各民族文化積澱的結果，也是春秋戰國時期諸多思想家智慧的結晶。百家爭鳴的出現，標誌著華夏文化的成熟和發展，標誌著中國古代理性文化已經達到了博大的、難以攀登的高峰。它的出現，不僅為統一的多民族的國家的出現奠定了思想和文化的基礎，也為中國幾千年的政治文化的發展奠定了基礎。兩千多年來，歷史上的許多思想都可以從戰國諸子的學說中找到源頭，甚至今天社會科學的許多問題，我們也可以或多或少地從諸子那裡發現頭緒。

第二個時期，秦漢。

這是中國文化的成長時期。此期以封建經濟政治制度為基礎，以漢民族形成和各民族交往的加強為背景，確立了以儒家思想為核心的多民族統一的文化格局。這樣的格局一直延續到了有清一代。

秦皇朝建立起空前統一的大一統政權，為思想文化的統一提供了必要的條

件。秦始皇堅持法家路線，力圖構建起服務於大一統政治的以文化專制主義為特色的文化體系。他的努力沒有成功，強制性的文化統一沒有產生與封建政治共同發展的結果。

經過多年的探索，儒家思想最適應封建政治的需要，漸成政治家們的共識。漢武帝順應歷史發展的客觀需要，確立「罷黜百家，獨尊儒術」的國策，將儒家經學正式確定為官學，以政權力量樹立起儒家的權威。在解決漢代遇到的一系列重大歷史與現實問題方面，儒家思想充分顯示出它的理論力量。在儒家思想指導下，漢武帝在政權建設和鞏固多民族統一國家方面努力開拓進取，擴大了封建大一統政權的政治影響。通西域和開發西南，使西北、西南各少數民族加強了與內地的聯繫，以儒家思想為核心，封建多民族統一的文化格局逐步形成。其後，漢宣帝親自主持召開石渠閣會議，以皇帝兼宗師、教主身份裁決五經異同，這是以皇權專制的儒學形式進一步控制思想的標誌。宣帝開始注意用符瑞粉飾政治，在白虎觀召開經學會議，形成封建社會的法典性文獻——《白虎通義》，儒家政治倫理原則在社會得到全面落實。

儒家統領文化的格局確立後，哲學、史學、文學、教育、科學技術以至社會風俗等各文化領域，日益浸潤著儒家思想的影響。封建大一統文化表現出了巨大的創造力量，但是，與此同時，其高度一統的負面效應也開始顯露出來，對當時和以後的中國文化發展產生了消極的影響。

第三個時期，魏晉南北朝至隋唐五代。

這是中國文化發展的第二個高峰期。從魏晉南北朝開始，中國文化結構經歷了一次更新和充實的過程，到隋唐五代時期終於發展到了光輝燦爛的階段。

兩漢時期神學化的儒學長期處於獨尊的地位。然而，從漢末起，社會環境的巨變以及自身方面的原因使得儒學式微。以玄學為先導的多種文化因素競生並長，不但一變百草蕭疏而為萬木爭榮，而且也為道教從原始幼稚走向完備成熟、佛教在中國站穩腳跟並得到迅速發展，掃清了道路。經過不斷的調整組合，到南北朝後期，儒釋道三家並立主導文化的格局初步形成。魏晉南北朝時期，各族人

口的頻繁流動與接觸，使得異質性十分鮮明的胡漢兩種文化間的衝突與融合，不可避免。入主中原的胡人在被漢文化涵化融合的同時，也為漢人注入了胡文化的新鮮活力。在南北交往過程中，文化的進步逐漸泯沒了民族隔閡，中華文明在登上一層新的臺階後，終於進一步實現了在根基方面的趨同。然而，由於長期分裂隔絕，又使得南北文化的地域特徵明顯存在。南人善創新，北人重傳統；南人重文，北人尚武；南人學問清通簡要，北人學問淵綜博廣，凡此種種，都是這一時期南北文化趨異性的表現形式。

隋唐五代的文化總結和繼承了前代的成果，同時，又以博大的胸懷、恢弘的氣勢，吸收了當時域內外各民族文化的精華，造就了此期各部門文化的大發展，從而形成中國文化發展史上的一座新高峰。隋唐統治者確立了以儒學為正宗、三教並存主導文化的格局，同時注意對南北文化差異進行溝通，並對胡漢文化採取了相容並包的政策。到開元、天寶年間，終成盛唐氣象，哲學、宗教、文學、藝術、科技等的文化天空，群星燦爛，湧現出了一大批包括李白、杜甫等在內的文化巨匠。唐中後期的文化則在多元的、深層次的發展過程中，又開始了結構上的局部調整，經五代的發展，為宋代文化的再度高漲奠定了基礎。

第四個時期，遼宋西夏金元。

這是中國文化發展的第三個高峰期。此期漢族政權與周邊少數民族政權多元並存，及其由紛爭趨歸統一的歷史走向，深刻地影響了中國文化的發展。

北宋建立後，採取措施加強了皇權專制主義統治。但是，北宋統一的範圍有限，與漢唐規模不能相比；右文政策帶來了文化的興盛，另一方面，文化鬥爭與政壇上黨爭交織，政局動盪不定。北宋兩次重大的改革慶曆新政與王安石變法，沒有收到應有的成效。南宋高孝光寧四朝是所謂的「中興四朝」，南宋孝宗等一度起用抗金人士，但一遇挫折，便失信心。加之奸相把持大權，朝政腐敗已極，「中興」難再。動盪不定的政局給文化帶來新的特點。

兩宋的經濟有了較大的發展，客戶與主戶關係表明封建生產關係的新發展，地主階級各個階層中，占支配地位的是品官地主，這與身份性很強的門閥地主不

同。商品經濟發達，超過前代，汴京、臨安、大都等一些大都市出現了。中國經濟重心南移在南宋完成，地區特徵的經濟形成，使得文化分布呈現了新的格局。

遼、西夏、金與元不斷進行改革，推動中國周邊地區封建化。在中原地區的漢文化深刻影響下，雅好儒學文化成為一種風尚；同時，更值得注意的是，此期塞外遊牧民族的草原文化與中原農業文化相互匯合，相互補充，相互吸收，浸成了以漢文化為核心的多樣性文化。程朱理學地位在南宋後期不斷上升，到了元朝才成為占統治地位的學術，影響封建社會後期的政治、社會生活的各個層面。

宋代文化在中國文化史上占有特殊重要的地位。元朝文化是宋代文化的延長，只是帶上恢弘與粗獷的特點。

宋元文化上的一個十分突出的方面，是人文精神的出現。兩宋文化體現出的是一種開闊的視野與清醒意識。學者疑古惑經，突破疏不破注治經的藩籬，表現了「變古」的精神和文化批判的勇氣。都市文化的崛起，則是反映了新興的市井百民對精神文化的需求，表現了他們的情感與思想。

宋元文化核心是理學。它強調萬物一理，理一分殊，天理支配宇宙變動、歷史興衰和人事得失。原有的儒學得到一次更新、改造，經歷了一次抽象、昇華。隨著理學成為占統治地位的學說，成為教條，原先學術上活潑、富有創造的活力消失了。在這樣的土壤裡，人文精神不可能得到進一步發育。

宋元文化中民族觀念的內涵，有了新的因數，體現出民族起源的認同感，反映民族凝聚力不斷增強。遼、金史書中認定自己是黃帝、炎帝的子孫，遼、金人主如遼聖宗、金世宗，即使是金海王，都努力學習漢文化，力圖從《貞觀政要》、《新唐書》等典籍中，吸取經驗。元人修宋、遼、金三史，在正統問題上，長期爭論不下，最後決定各與正統，寫成三部史書。這件事本身體現出民族觀念的新發展。

包括科技在內的宋元文化極其燦爛輝煌，對十至十四世紀的亞洲，乃至對世界，都有重大的影響。程朱理學為亞洲儒學圈的形成奠定了基礎。宋代人的指南針等科技的發明和傳播，影響到世界史的進程。同樣，此期外域文化的傳入，為

華夏文化注入了新的因素。

第五個時期，明清。

這是中國文化盛極而衰的遲暮期。中國封建社會由明代步入了晚期，專制制度發展到了極致，加劇了政治的衰朽與社會的矛盾；社會經濟的發展雖然達到了封建社會所能容納的高度，並醞釀著新舊的衝突和支撐了社會文化的幾度繁榮，但終屬夕陽殘照，中國封建社會的文化無法避免明日黃花的命運。

明代初期，統治者在政治上強化君主專制，在思想文化上，尊崇程朱理學，剿滅異端，大興文字獄，推行文化專制主義。這不僅造成了思想文化的沉寂，而且助長了以文學復古、擬古為代表的社會復古思潮。明代中期，社會經濟有了重要的發展，資本主義萌芽的顯露，預示著封建生產方式內在矛盾的深刻化，商品經濟因此出現了前所未有的活躍勢頭。緣是，封建統治稍稍鬆弛，思想文化領域呈現出一派生機。以「心」為本體，強調人的主體意識的陽明心學的崛起，打破了程朱理學的一統天下，促進了思想的解凍。從王艮到李贄的泰州學派發展了陽明學的積極因素，更具「異端」色彩。與此相應，主體意識覺醒和講求實學的思潮的湧動，為僵滯的社會生活、文學藝術創作與思想文化界，帶來了一股新鮮活潑的時代氣息，顯露出新舊衝突變動的徵兆。以李時珍的《本草綱目》、吳承恩的《西遊記》、徐光啟的《農政全書》等等為代表，文學、藝術、科技等領域都取得了重大成就。

明末耶穌會士東來，帶來了天文曆算等西洋的科學技術，傳達了西方文藝復興的資訊，中西文化發生了交匯與衝突。徐光啟、李之藻諸人積極迎受西學，並依稀感悟到了世界科技發展的主潮，提出了「先行會通，進而超勝」處理中西文化的正確思路。但遺憾的是，隨著朝代更迭，政局劇變，這一正確的思路被打斷了，中國歷史文化的發展，後來因此付出了沉重的代價。

清朝代明而興，開拓疆土，基本奠定了今天祖國的疆域，有力地促進了中國多民族國家的鞏固和發展，同時也促進了各民族間文化的多元融合。清前期，經濟繁榮，國力強盛，出現了中國封建社會歷史上新的治世和高峰。以此為依託，

「康乾盛世」也成了中國文化集大成的重要時期。《古今圖書集成》、《四庫全書》，卷帙浩繁，氣勢宏大，是中國文化遺產的總匯；乾嘉學派研究儒家經典，考其真偽，正其訛誤，辨其音義，校勘異同，在治經、考史、文字、聲韻、曆算、地理、金石等諸多方面都取得了很高的成就；在文學藝術方面，《紅樓夢》是古典小說的極品，《長生殿》、《桃花扇》等，則成為戲曲發展新的里程碑。

但是，封建社會畢竟日薄西山，故清代文化實為一種爛熟的文化，輝煌與衰朽並存，集大成與僵滯共生。統治者不僅推尊理學，加強君主專制，而且較明代更加殘酷地推行文字獄。「避席畏聞文字獄，著書只為稻粱謀。」這嚴重束縛了思想文化的發展。理學空疏，漢學破碎，終於導致了士習敗壞，實學消沉，「萬馬齊喑究可哀」的局面。同時，自雍正後，統治者實行閉關鎖國的政策，中西文化交匯之道阻，中國脫離世界文化發展的主潮，陷入了孤陋寡聞的境地。

清代中期，漸入「衰世」。內有民眾起義，外有西方侵略勢力頻頻叩關，社會險象環生，「山雨欲來風滿樓」。封建專制的控制力也因之削弱。嘉道間，經世思潮浸浸而起。以常州學派為代表，有識之士因經學飾政論，「更法」、「求變」之聲漸起。但清朝統治者顢頇昏聵，不到鴉片戰爭的大炮轟鳴，不肯睜眼看世界。

第六個時期，近代。

這是中國文化轉型和謀求復興的時期。一八四〇年的鴉片戰爭不僅是中國社會歷史發展的轉振點，而且也是中國文化發展的轉振點。鴉片戰爭後，由於西方列強的入侵和中國社會內部資本主義因素的增長，中國傳統社會開始瓦解，走上了半殖民地半封建的道路，中國文化也發生了從古代向近代的轉變。

鴉片戰爭時期林則徐、魏源提出了「師夷長技以制夷」的主張，在舊思想的防堤上打開了一個缺口。第二次鴉片戰爭以後，隨著洋務運動的開展，中國社會出現了新的文化因素，西方自然科學的引進，新式學堂的創立，早期改良思想的出現，為中國近代資本主義文化的形成準備了條件。為了適應新形勢的需要，儒學思想體系作了新的調整，洋務派因之提出了「中體西用」的思想主張，即要求

在不改變封建綱常名教的前提下，吸收西方的「富強之術」。這比封建守舊派的「天不變，道亦不變」的觀點進了一步。總之，十九世紀四〇至九〇年代，中國文化領域的基本特徵是：器唯求新，道唯求舊。

甲午戰後，中國文化領域發生了重大的變化：近代文化事業有了較大的發展，新型知識份子開始形成與壯大。在空前嚴重的民族危機的刺激下，新興資產階級登上了政治舞臺，推動了近代新文化的形成和發展。「詩界革命」、「小說界革命」、「戲劇改良」、「史界革命」、「軍國民教育」、「科學救國」、「教育救國」、「文學救國」、「實業救國」等等口號的接連提出，是資產階級新文化崛起的重要表徵，構成了晚清文化領域發生重大變革的壯麗畫卷。文化的變遷不僅表現為部門文化的拓展，更主要的還表現為中國文化結構的變動，孔孟儒學及封建綱常名教受到了新思潮新文化的衝擊而動搖，西方的進化論、民權學說漸為國人所接受，成為進步階級反對舊文化的思想武器和資產階級新文化的思想指導。尤其是晚清最後十年，隨著社會變革的加劇，以及資產階級維新派、革命派的推動，近代新文化的影響不斷擴大，終至成為文化的主潮。

中華民國的建立，尤其是二十世紀初年中國民族資本主義的進一步發展和新生的無產階級開始登上政治舞臺，為中國文化的演進創造了新的條件。此期中西文化的衝撞與融合，愈趨深化。國人通過自身能動的選擇和積極的創新，使中國的新文化在各個領域都獲得了巨大的發展，從而奠定了從傳統向現代轉型的基礎。

五四新文化運動是此期文化演進的一大關鍵。經過它的洗禮，科學和民主作為一種有機聯繫的觀念，成為中國文化追求的價值目標，滲透到所有重要的文化領域，對中國文化的發展產生了深遠的影響。可以說，正是在這一時期，中國文化最終形成了自己真正現代意義上的科學和民主的傳統。

五四以前，近代資產階級的新文化代表著文化發展的方向，主導著文化的潮流。五四以後，馬克思主義在中國得到廣泛傳播，以之為指導的新民主主義文化開始形成，並通過與封建主義文化和帝國主義文化的鬥爭，逐漸成為中國文化發展的主流。新民主主義文化繼承和發展了科學和民主精神，使中國文化實現了內

在的超越，中國人從此在思想文化上一改晚清以來的被動局面，轉為主動，中國文化也由此邁向了衰而復興的新歷程。

現代自然科學和社會科學在中國初步形成了自己獨立的體系；白話文取代文言文成為通行的語言文字等，堪稱此期具有劃時代意義的重大變革。它為中國文化的發展開闢了新的領域和道路，在內容與形式上都深刻地體現了文化的現代性追求。

民族主義激情和愛國主義精神，是促進此期文化由傳統向現代變革的巨大動力。而中西文化的會通融合，即西方文化中國化、中國文化現代化，則是實現此種轉換唯一正確的途徑。揭櫫建設「民族的科學的大眾的文化」大旗的新民主主義文化，正是當時人們會通中西文化的最佳方案。不過，因歷史的原因，這一文化形態當時還不可能發展成熟。

四、中國文化的特質

《易‧賁卦‧象》：「文明以止，人文也。」文明或文化作為人類一定社會歷史條件下的產物，不能不受特定的地理、人種及歷史傳統諸多因素的影響，而具有一定的民族特質。中國文化的特質，至少可以指出以下幾點：

（一）中國文化源於中華民族獨立的創造，具有獨創性

二十世紀初，一些西方學者無視中國文化自身的傳統，曾認定中國文化最早是由西方傳來的。一時不少中國學者也隨聲附和，有人甚至專門寫了《中國人種考》一書，表示認同。中國人種既是來自西方，中華文化當然也是源自西方了。這是當時一些人崇信西洋文化和民族自卑心理的一種反映。新中國成立後，中國的考古研究完全證實了「中國人種西來」說，原屬無稽之談。一九九八年考古工作者在巫山縣龍骨坡發現的距今二〇〇萬年前的古人類遺址表明，中國很可能是

地球上早期人類的發源地之一，更說明了這一點。[40]實則，中國人種的起源與中國文化的起源，是兩個概念。儘管科學界對於前者尚存歧見，但是，中國文化源於中華民族獨立的創造，卻是無可非議的。研究表明，中國史前文化譜系的分布及其趨同發展和最終導入古代文明的過程，層次分明，脈絡清晰。在這漫長的歷史演進中，中國境內各文化譜系有過相互間的關係與影響，但並沒有發現與遙遠的境外文化有過經常的密切聯繫。中國與外來文化的交流，始於漢代，但當時的中國古代文化早已完全形成了。[41]這與中國文化賴以形成的地理環境有關。從宏觀上看，中國本身是一個巨大的地理單元。這裡東臨浩瀚的太平洋，西部、北部、南部分別被茫茫戈壁和險惡的高原峻嶺所阻隔，形成了與外部世界相對隔絕的狀態。而內部又極廣闊，氣候濕潤，物產豐饒。這種狀況決定了中國文化起源的獨創性，決定了它在很長的時期裡只能走著獨立發展的道路，而與鄰近地區史前文化的聯繫只能維持在較低的水準上。這與羅馬文化主要靠吸收希臘文化成長起來，印度古文化主要仰仗外來民族的創造，是大不相同的。

中國文化的起源是多元的。如前所述，遠在新石器時代的晚期，中國廣大的區域內，即已形成了若干初級文明的文化區域，猶如滿天星斗。不同區域文化的積累、孕育、碰撞和在中原地區的交匯、融合，促進中國古代首先在中原地區完成了由野蠻到文明，從量變到質變的轉變，建立起中國歷史上第一個文明國家的王朝——夏，也奠定了華夏民族形成的基礎。雖然此後黃河流域在歷史發展的進程中，常常居於主導地位，但其他地區的古代文化也以各自的特點和途徑在發展、創造，並進一步接受和給予黃河流域以重大的影響。春秋戰國時期齊魯、三晉、楚、吳越、巴蜀、胡文化的交融、爭鳴而成為大一統文化的前奏是如此，秦漢、兩晉南北朝、唐宋時期，也是如此。平常我們所說的中國文化的包容性、涵化性，在其起源的多元性中業已體現了出來。

中國古代是在基本上沒有改變氏族結構的情況下進入階級社會的，因而中國

---

40 《200萬年前華夏大地有人類活動》，《光明日報》，1998-01-24。
41 參見嚴文明：《中國史前文化的統一性與多樣性》，《北京大學哲學社會科學優秀論文選》第2輯，北京，北京大學出版社，1988。

早期的國家在政治制度的架構上，這種人與人關係的變化決定社會關係變化，還保留著氏族社會的許多特點：家（族）國同構；經濟基礎是以木、石、骨、蚌生產工具為主的耜農業；統治思想更多的表現氏族觀念和宗教神權思想。這種家（族）國同構的政治組織形式和意識形態對中國古代社會的發展影響極大。商周時代的氏族封建、宗法封建社會，基本上還是家族、宗族和國家一體的宗法社會。秦漢以後的地主封建社會，雖然家族、國家已經不是一體的了，但仍然是一個人的「家天下」，而且整個社會族權、父權、夫權一直占統治地位，一直到現在還有影響。這是中國文化乃至中國社會的一個重要特點。

中國古代由野蠻進入文明的主要變化，是人與人之間關係的變化，即表現為氏族對氏族、人對人的壓迫、剝削，而人與自然的關係即生產工具、生產力的變化，並不明顯。因而中國文明很早就注重文化的「化成」即文化的整合和引導作用。以青銅冶鑄技術的發展為例，中國夏代已經有了比較發達的青銅冶鑄技術，然而此時發達的青銅冶鑄技術主要並不是用於製造生產工具，而是用於鑄造祭祀天地祖先以溝通人神的禮器和兵器。「國之大事，唯祀與戎。」這說明青銅器在中國的發展從一開始就是政治性的、宗教性的。它的功用，主要不是表現為人與自然的關係，而是主要體現人和人的關係，體現「禮」對人們等級關係的約束。「禮」（包括「禮樂」、「禮法」、「禮俗」）是中國古代國家典章制度、社會生活習慣、個人行為規範的綜合。中國歷朝歷代除秦以外都把「禮」看成是「國之幹」、「國之柄」，而主張以「禮」治國。這都是基於禮的「化成」即整合、規範、引導作用出發的。「道德仁義，非禮不成；教訓正俗，非禮不備；分爭辯訟，非禮不決；君臣上下，父子兄弟，非禮不定；宦學事師，非禮不親；班朝治軍，蒞官行法，非禮威嚴不行；禱祠祭祀，供給鬼神，非禮不誠不莊；是以君子恭敬撙節退讓以明禮。」[42]唯其如此，中國自古稱「禮儀之邦」。這也是中國文化有別於西方文化的重要特質之一。

---

42 《禮記·曲禮》。

（二）中國文化的精神尚「和」

　　中國文化在自己漫長的發展歷程中，形成了諸多精神，但是最能從整體上表現中國文化神韻的核心精神，是尚「和」，即追求和諧的中和主義。中國人獨特的宇宙觀、人生觀和審美觀，都是圍繞著尚「和」精神的軸心來展開的。

　　在先秦奠定中國人宇宙觀基礎的《周易》中，就孕育了「天人合一」的思想，即認為人類社會和自然界所組成的宇宙，是一個生生不已、有機聯繫的和諧的生命統一體，事物內部互相對立的雙方（它用高度抽象的概念「陰陽」來代表），必須貫通、連接、和合、平衡，才能順利發展。所謂「陰陽合德」、「剛柔相濟」，強調的都是對立面的和諧統一。一旦陰陽失調，剛柔不諧，統一破壞，禍亂就要發生。這種對立面的和諧不是在靜態中實現的，而是表現為不斷的運動、變化和更新的過程。所謂「日月相推而明生焉」，「寒暑相推而歲成焉」，均表明和諧就是矛盾雙方互相轉換的結果。此種思想體系，視「和」為宇宙的本然和內在的精神，對中國文化的發展產生了極其深遠的影響，特別是形成了中國人重視整體，講求調和，崇尚中庸的思維方式。

　　宇宙觀決定人生觀。既然宇宙是一個和諧的生命統一體，實現個體生命與宇宙生命的融合，以體驗宇宙間最高的真善美，也就自然成為古往今來中國人所追求的人生最高境界。孔子自稱五十歲「知天命」，六十歲「耳順」，七十歲「從心所欲不逾矩」，其所自道的便是一種自以為實現了的與自然界高度和諧統一的崇高精神境界。孟子也表示過「萬物皆備於我」，「樂莫大焉」。至於道家的莊子，認為與人和得「人樂」，與天和得「天樂」，主張清靜無為，物我兩忘，就更將此種對精神自由的追求推到了極致。因此，對於中國人特別是文化人來說，人生的終極理想絕非是肉體的滿足，而是在求與自然合一中實現那種「與日月同輝」、「和天地並存」的精神不朽。尚「和」的人生觀，還具體地表現在以中庸為準則的處世哲學上。中庸的本意，是要求人們在處理問題的過程中，注意避免「過」和「不及」兩個偏向，以便保持各種矛盾和關係的和諧統一，但它卻不是要人們作無原則的調和，滿足於消極的苟同，故孔子說：「君子和而不同。」同時，尚「和」的人生觀還促使中華民族注重個人品格修養，養成了謙和善良、溫

柔敦厚的民族性格，所謂「文質彬彬然後君子」。中華民族愛好和平的精神，也由此形成。

中國人的審美觀，同樣體現於此種尚和精神。把「和」定為美的一個原則，是一種古老的見解。早在孔子之前，史伯、單穆公等人就曾有過關於「五色」和「五美」問題的討論。他們認為，「聲一無聽，物一無文」，即單調的一種聲音無法悅耳，孤立的一種物象不可能構成絢麗多彩的景觀；相同的事物加到一起不可能產生美，只有不同的事物綜合統一起來才能形成美。這就提出了「和為美」的思想。後來孔子強調「禮之用，和為貴，先王之道斯為美」，又將「和為美」的思想進一步擴大到政治倫理一切領域，並將美和善統一起來，從而使傳統的審美觀帶上了倫理的色彩。

尚和精神還滲透到中國人的政治觀念和社會心理等許多方面，由於此種精神承認世界多樣性統一，因而形成了國人崇尚統一的「大一統」的政治理想，成為中華民族大家庭保持團結，具有強大的凝聚力和向心力的文化根源。歷史上漢族政權與少數民族政權之間常通過「和親」，緩和或解決矛盾衝突；近代孫中山革命黨人甫推翻清廷，即提出「五族共和」的主張，以取代原有激烈的排滿宣傳，都反映了這一點。同樣，中國人注重「人和」的力量，諸如「和氣生財」、「和睦興家」等等眾多的訓條，無疑又都彰顯了尚「和」的社會普遍心理。

（三）中國文化以倫理為本位

如上所述，中國古代由野蠻進入文明，帶著氏族社會的臍帶，形成了以宗法關係為紐帶、家國同構的社會範式。故重人與人的關係甚於人與自然的關係，突出以「禮」規範社會，「化成」天下。這與小農經濟相適應，復使中國文化形成了以倫理為本位的特質。

早在西周，先人就提出了「以德配天」、「敬德保民」、「明德慎刑」的思想，即強調宗法道德規範。到春秋時期，儒家更將之提升到了思辨的層面，形成了系統的倫理道德思想。孔子說：「仁者愛人」，「克己復禮以為仁」。遵守宗法道德

規範，以實現社會的和諧，是儒家所追求的最高倫理境界——「仁」。所以，在儒家看來，注重道德修養，希賢希聖，是人生的價值所在。《易》曰：「君子厚德載物。」封建士大夫追求所謂的「三不朽」，即「立德、立功、立言」，其中「立德」是第一位的。不僅如此，道德修養還被視為治國安邦、實現儒家理想社會的起點。儒家經典《大學》指出：「欲治其國者，先齊其家。欲齊其家者，先修其身。欲修其身者，先正其心。欲正其心者，先誠其意。欲誠其意者，先致其知。致知在格物，格物而後知至，知至而後意誠。意誠而後心正，心正而後身修。身修而後家齊，家齊而後國治，國治而後天下平。」這裡明確地把個人道德修養與國家社會的治理結合起來，體現了儒家治國以道德為本的主旨。這種將政治道德化的價值取向，是中國傳統文化的顯著特色。

可以說，中國文化的各個領域都染上了濃重的道德色彩：史學強調「寓褒貶，別善惡」；文學強調「文以載道」；戲曲強調「勸善懲惡」；美術則有《古畫品錄序》說「明勸戒，著升沉，千載寂寥，披圖可見」；《三字經》則謂「首孝弟，次見聞」，明確將道德教化置於智育之上；如此等等。黑格爾說：「中國純粹是建築在道德的結合上，國家的特性便是客觀的『家庭孝敬』」[43]。這種觀察並沒有錯。論者稱中國文化是以倫理為本位的文化，或倫理道德型的文化，也不無道理。

注重倫理道德的文化精神，對中華民族的歷史發展起過積極的作用。在道德面前人人平等是儒家的一個重要理念，孟子說「人皆可為堯舜」，王陽明也說「滿街皆是聖人」。意思是說，無論是達官貴人，還是平民百姓，都可以在道德修養方面達到最高境界。這包含了對最高統治者的道德約束。在缺乏約束機制的中國傳統社會中，此種道德意義上的平等理念，可以發揮社會政治的調節作用。同時，強調道德境界複使中國文化形成了追求人格力量和憂國憂民的博大情懷。所謂「貧賤不能移，富貴不能淫，威武不能屈」；「三軍可奪帥也，匹夫不可奪志」；「先天下之憂而憂，後天下之樂而樂」；「為天地立心，為生民立命，為往

---

43 柳卸林主編：《世界名人論中國文化》，193 頁，武漢，湖北人民出版社，1991。

聖繼絕學，為萬世開太平」，都是反映了此種情懷。也因是之故，在中國漫長的歷史發展過程中，先人形成了許多優秀的道德品質，諸如不畏強暴，勤勞勇敢，自強不息，捨生取義，殺身成仁，等等。尤其在國家民族和社會遇到危難之際，許多志士仁人便會挺身而出，維護正義，抵抗外侮，反抗黑暗勢力，拯救國家與民族，弘揚正氣與真理。千百年來，無數英雄人物都從傳統倫理道德精神中汲取力量，努力奮鬥，建功立業，光照千秋。

（四）中國文化生生不已，具有強大的生命力

中國古代文化與古埃及、古巴比倫和古印度文化並稱為人類四大古文明，與後起的希臘、羅馬一道，代表著人類古代文明的高峰。但是後來其他的古文明，陸續凋謝，沉光絕響，唯中國文化一枝獨秀。數千年間，它歷風雨而不衰，遭浩劫而彌堅，源遠流長，迄今仍保持著旺盛的生命力，成為人類文化發展史上的一大奇蹟。生生不已，具有強大的生命力，是中國文化的重要特徵。其個中的奧秘固然不易說清，但是指出中國文化的幾個因果互為表裡的特點，顯然有助於人們理解這一點：

其一，中國文化具有追求大一統的內驅力。

自西周起，追求大一統便漸成中國政治文化的核心內容。孔子著《春秋》，開宗明義即稱：「王正月。」《公羊傳》釋之曰：「曷為先言王而後言正月？王正月也。何言乎王正月？大一統也。」先秦諸子雖論難詰駁，勢若水火，但於政治理想，卻都歸宗於「大一統」。墨家「尚同」與儒家「大同」，目標完全一致。孟子更明示天下要「定於一」；荀子不但要「一天下」，而且還要「一制度」，「風俗以一」，「隆禮而一」。秦漢以後，大一統思想復被推崇到了「天地之常經，古今之通誼」[44]的高度，並浸成了中華各民族共同的理念和政治價值取向。在中國歷史上，人們追求和珍惜統一，將統一的時代稱作「治世」，而將分裂的時代稱

---

44 《漢書・董仲舒傳》。

作「亂世」。在任何時候，製造分裂的言論和行動都要受人唾罵。而任何一個割據勢力也都不肯長期偏安一隅，無不殫精竭慮，把統一天下視作英雄偉業。在紛爭不已的十六國時期，前秦國王氏族人苻堅統一北方後，聲稱揮師南下的理由說：「吾統承大業垂二十載，芟夷逋穢，四方略定，惟東南一隅未賓王化。吾每思天下未一，未嘗不臨食輟。」[45]至於南宋陸遊有《示兒》曰：「死去元知萬事空，但悲不見九州同；王師北定中原日，家祭無忘告乃翁」，則表達了一切愛國者共同的大一統情結。正因中國文化具有追求大一統的內驅力，故從總體上看，中國的歷史，分裂的時間短，統一的時期長，統一終究是無可抗拒的歷史大趨勢。

其二，中國文化具有包容性。

中國文化的起源是多元的區域文化融合的結果，其本身就體現了包容性。迄秦漢時期，「天下同歸而殊途，一致而百慮」[46]，此特性愈彰顯。從先秦時起中國文化固強調「華夷之辨」，但華夷界限，從來是重文化而輕血統。《春秋》曰：「中國而夷狄，則夷狄之；夷狄而進於中國，則中國之。」此種重文化輕種族和以文化高低判華夷的民族觀和文化價值觀，對後世影響甚大，因為它為各民族間的融合和吸收外來文化提供了良好的社會心理素質。漢代開通的絲綢之路和魏晉南北朝隋唐時期胡漢文化融合，以及佛教的中國化，都是中國文化包容性的生動體現。同樣，鴉片戰爭以降，近代志士仁人無不歷盡艱辛，向西方尋求救國真理。林則徐、魏源主張「師夷長技」；馮桂芬等人主張「中體西用」；康有為提出：「泯中西之界限，化新舊之門戶」[47]；嚴復指出：「必將闊視遠想，統新故而視其通，苞中外而計其全，而後得之」[48]；孫中山強調：「發揚吾固有之文化，且吸收世界之文化而光大之，以期與諸民族並驅於世界」[49]；毛澤東更進而指出：「中國應該大量吸收外國的進步文化，作為自己文化食糧的原料」，「凡屬我

45 《晉書·苻堅載記》。
46 《易傳·繫辭下》。
47 湯志鈞編：《康有為政論集》上冊，295頁，北京，中華書局，1981。
48 王栻主編：《嚴復集》第3冊，560頁，北京，中華書局，1986。
49 《孫中山全集》第7卷，60頁，北京，中華書局，1985。

們今天用得著的東西，都應該吸收」[50]，這些也無不是中國文化包容性的生動體現。此外，近年來，中國生物學家對南北二十八個地區、三十二萬多人口的 GM 血清血型和 HLA 白細胞抗原資料進行研究，發現今天的漢族人口是由南北兩大起源不同的集群構成的。這一科學研究成果進一步表明，漢民族不是建立在血緣基礎之上的，而是以文化認同為基幹的民族。重文化輕血統，同樣是中華民族具有旺盛生命力的源泉。[51]

其三，中國文化具有慎終追遠的情懷。

中國文化是伴隨著農耕經濟的長期延續而形成的。與工業文明相較，農業文明少變化重經驗，易於形成恆久的觀念，培養起慎終追遠的情懷。孔子曰：「殷因於夏禮，所損益可知也；周因於殷禮，所損益可知也；其或繼周者，是百世，可知也。」[52]他主張「慎終追遠」。同時《易傳》所謂「可久可大」，《中庸》所謂「悠久成物」，《老子》所謂「天長地久」和董仲舒所謂「天不變，道亦不變」等等認識，無不是追求永恆和持久觀念的反映。而中國具有重史傳統，史籍完備，史學發達，最能集中反映中國文化慎終追遠的情懷。《尚書·多士》載：「惟殷先人，有冊有典。」說明商代已重視歷史典籍。孔子整理古代典籍，著《春秋》，本身即是良史。孔子已提出了「疏通知遠」的思想。漢代司馬遷著《史記》，進而提出「述往事，思來者」，「究天人之際，通古今之變，成一家之言」，更將對史學功能的認識提高到了一個全新的境界。此後兩千多年，中國不僅史家輩出，追求「一家之言」，促進了史學持續繁榮的發展，同時歷代封建統治者也十分重視官修史書和大規模整理文化典籍。一部卷帙浩繁的「二十四史」，完整地記錄了中華民族的歷史足跡，這是世界公認的歷史奇觀。

慎終追遠的情懷既包含著自強不息的進取精神，更包含著尊重傳統、鑒往察來的歷史智慧。這對於保證中國文化一脈相承和源遠流長的發展所起的巨大作

50 《毛澤東選集》第 2 卷，706-707 頁，北京，人民出版社，1991。
51 趙桐茂：《中國人免疫球蛋白同種異型的研究：中華民族起源的假說》，《遺傳學報》，1991 年第 2 期；《免疫球蛋白同種異型 GM 因數在 40 個中國人群中的分布》，《人類學學報》，1987 年第 1 期。
52 《論語·為政》。

用，是不言而喻的。江澤民同志曾指出：「中華民族歷來重視治史。世界幾大古代文明，只有中華文明沒有中斷地延續下來，這同我們這個民族始終注重治史有著直接的關係。幾千年來，中華文明得以不斷傳承和光大，一個重要原因就是我們的先人懂得從總結歷史中不斷開拓前進。」[53]這是十分深刻的論斷。同時，需要指出的是，中國文化得以一脈相承，傳之久遠，還得益於作為文化重要載體的漢字。大汶口陶文的發現，證明漢字至少可以溯源到五五〇〇年前。漢字是世界上唯一從古到今不斷發展、一直使用並富有強大生命力的文字。古巴比倫的楔形文字、古埃及和古印度的象形文字，都先後銷聲匿跡了，唯有方塊漢字歷盡滄桑，長盛不衰。正是由於漢字的特殊性質與功能，才使得我們祖先創造的燦爛文化能夠記述和傳承，古代和現代的漢族書面語言能夠統一。奇特的漢字在保持文化傳統、溝通全國人民的情感和維繫中華民族的統一諸方面所起到的巨大作用，實在是怎樣估計也不會過分的。

上述中國文化的特質，不僅往往彼此互為因果，難以截然分開；而且也無須諱言，內中純駁互見，精華與糟粕雜陳。例如，家國同構和注重倫理的文化範型，固然有益於社會穩定和提升人們的精神境界，但濃重的宗法等級觀念和道德的泛化，又易於造成對獨立人格的束縛和形成重德輕藝、重義輕利價值觀上的偏差；尚「和」的精神固然助益了社會和諧與民族的融合，但又易於導致鄉願式的苟安心理；追求大一統和慎終追遠的情懷，固然促進了中華民族的統一和傳之久遠，但也易於造成封建專制的傳統和形成因襲循環的思維定式，如此等等。然而，儘管如此，中國文化的特質畢竟顯示了中華民族的特殊智慧，並從根本上成就了中國文化的獨立體系和燦爛輝煌的風貌。毫無疑問，它是我們今天應當加以批判繼承的珍貴文化遺產。

---

53 《中共中央總書記江澤民給白壽彝同志的賀信》，《史學史研究》，1999 年第 3 期。

五、弘揚優秀的中國文化傳統，
助益社會主義的文化建設

　　法國著名的「年鑑學派」的史學家們指出：「歷史知識取得進步不是依靠總體化，而是依靠（借用攝影的比喻來說）鏡頭移動和變焦。……對視角作不同調整，既會顯出新的面貌，又會突出所掌握的概念範疇的局部不適應即縮減性，提出新的解釋原則；在每個認識層次上，現實的網狀結構圖以不同方式顯示出來。這就要求除了方法以外，必須對觀察者及其進行分析的手段所起的作用給予特別注意。」[54]這即是說，對於特定歷史文化現象的認識與判斷，歸根結底，是取決於觀察者的立場、觀點與方法。在近代，志士仁人對於中西文化問題長期爭論不休：激進者多主隆西抑中，以為欲救國，只有學習西方，更有甚者，則倡全盤西化；保守者多隆中抑西，以為文化是民族的根，「學亡則國亡」，故欲救國，必先保國粹，更有甚者，則倡世界「中國化」。二者各有所是，亦各有所蔽。究其致蔽的原因，除了缺乏科學史觀的指導外，端在受民族危亡的時局制約，不免心理緊張，缺乏從容探討文化問題的心態。時柳詒徵曾大聲疾呼：「學者必先大其心量以治吾史，進而求聖哲立人極、參天地者何在，是為認識中國文化之正軌。」[55]所謂「大其心量」，實含大度從容之意。但是，問題在於柳詒徵自己也不能免俗。

　　時移勢異。我們現在的情況完全不同了。社會主義的新中國久已屹立在世界的東方，尤其經過三十多年的改革開放和中國特色社會主義現代化的建設，不僅綜合國力大為增強，而且國人的文化心態也愈趨成熟。江澤民同志在黨的十五大報告中，提出了建設「有中國特色社會主義的文化」的任務。胡錦濤同志在黨的十七大報告中，進一步提出了「推動社會主義文化大發展大繁榮」的要求。他說：「當今時代，文化越來越成為民族凝聚力和創造力的重要源泉、越來越成為綜合國力競爭的重要因素，豐富精神文化生活越來越成為中國人民的熱切願望。

---

54 《年鑑》編輯部：《我們在進行實驗：再論歷史學與社會科學》，《國外社會科學》，1990 年第 9 期。
55 柳詒徵：《中國文化史·弁言》。

要堅持社會主義先進文化前進方向，興起社會主義文化建設新高潮，激發全民族文化創造活力，提高國家文化軟實力，使人民基本文化權益得到更好保障，使社會文化生活更加豐富多彩，使人民精神風貌更加昂揚向上。」又說：「中華文化是中華民族生生不息、團結奮進的不竭動力。要全面認識祖國傳統文化，取其精華，去其糟粕，使之與當代社會相適應、與現代文明相協調，保持民族性，體現時代性。加強中華優秀文化傳統教育，運用現代科技手段開發利用民族文化豐厚資源。加強對各民族文化的挖掘和保護，重視文物和非物質文化遺產保護，做好文化典籍整理工作。加強對外文化交流，吸收各國優秀文明成果，增強中華文化國際影響力。」黨的十七大突出強調了加強文化建設、提高國家文化軟實力的極端重要性，對興起社會主義文化建設新高潮、推動社會主義文化大發展大繁榮作出全面部署。這是我們黨總結歷史、立足現實、著眼未來作出的重大戰略決策，充分反映了對當今時代發展趨勢和中國文化發展方位的科學把握，體現了我們黨在新的歷史條件下的高度文化自覺。

要加快發展國家軟實力，關鍵就在於要更加自覺、更加主動地推動文化大發展大繁榮。要努力繼承和發揚中國悠久歷史文化中源遠流長、博大精深的寶貴遺產，借鑒當今世界一切有價值的思想理論成果，深刻認識國家硬實力與軟實力的辯證關係，高度重視和加快發展國家軟實力。有了新時代文化建設的目標和十七大精神的指引，我們今天對中國文化史的研究，也便有了最佳的焦距，可以更從容、更全面、更客觀即更科學地看待中華五千年的文明史，從而獲致歷史的教益。

編纂這部多卷本《中國文化通史》，目的正在於助益推動社會主義文化大發展大繁榮。

本書研究中國文化的發展歷程，揭示其發展規律，彰顯中國文化的民族精神。

本書堅持以馬克思主義歷史唯物論為指導，同時積極吸收和借鑒當代社會科學的各種相關的理論與方法。

中國是一個多民族的國家。中華民族源遠流長的歷史和文化是各族人民共同創造的。因之，本書不僅寫漢民族的文化，同時也重視各少數民族的文化創造及其特色，尤其注意突出不同的歷史階段中，各民族間的文化互相滲透、交流與融合。

中國文化是世界文化的一個有機組成部分。本書將中國文化置於世界文化發展的總體格局中去考察，既注意中外文化的交流、衝突與融合，也注意中國文化在世界文化發展過程中的地位與作用。堅持實事求是的精神，避免民族虛無主義與民族虛驕情緒。

從目前已出版的有關文化史的著作看，編纂體例不一，其中大致可分為兩類：一是重宏觀把握，突出問題，以論說為主；一是重微觀透視，突出部門文化，以描述為主。前者的優點是脈絡清楚，簡潔明快，論說有深度，但歷史信息量小，失之抽象；後者的優點是具體翔實，便於查閱，但頭緒紛繁，失之散漫。文化史究竟應當怎樣編寫，是一個不易解決的大問題。當年常乃德曾說：「有時具體記錄所表現不出的內在精神，非有抽象的理論加以解釋不可。故理想的文化史必多少帶有史論的性質，不過不可空論太多，影響事實的真相罷了。」[56]足見他已深感到了困惑。今天學術界的意見仍不統一。我們以為，編纂一部大型的文化通史著作，當有理論框架一以貫之。該書既要具有能幫助廣大讀者從中學得豐富的中國文化史知識的功能，又應是視野開闊，脈絡清晰，有助於人們理解和把握中國文化發展的自身規律與特點。為此，須將宏觀與微觀、抽象與具體、問題論說與部門描述很好地結合起來。

總之，本書力圖突出一個「通」字：從縱向上說，要求全書各卷之間脈絡貫通，要於沿革流變之中體現中國文化自身的發展規律和一以貫之的民族精神；從橫向上說，當避免寫成部門文化的簡單拼盤，要注重時代精神對文化現象的整合，注重諸文化部門的內在聯繫及其不平衡的發展。同時注意文化的層間、空間差異，以及二者間的互動關係。

---

56 常乃德：《中國文化小史》第 1 章。

本書共分十卷，即：先秦卷、秦漢卷、魏晉南北朝卷、隋唐五代卷、兩宋卷、遼西、夏、金元卷、明代卷、清前期卷、晚清卷、民國卷。各卷附有參考書目。

本書實行各卷主編負責制。編委會同仁通力合作，歷時四年，備嘗艱辛。但因中國文化通史的編纂工作本身難度甚大，加之主編來自京城內外不同的單位，作者為數較多，聯繫不便和學養有限等原因，著者雖然盡了很大的努力，各卷水準仍難一致，全書與既定的目標，也存在著差距。我們敬祈讀者批評指正。

本書借鑒和吸收了學術界已有的研究成果，不敢掠美，這裡謹表謝意。

本總序是在集體討論的基礎上完成的。

鄭師渠

一九九九年八月初稿

二〇〇九年六月修改於北京師範大學

目錄
CONTENTS

第三章　文化紛爭與融會

第四章　各族之間的文化交往與宋文化在世界上的傳播

第五章　學派紛呈的哲學思想

第六章　僧、道與秘密宗教

第七章　發達的教育

第十章　絢麗多姿的藝苑

第十一章　科學技術之光

第十二章　宋代社會時尚

參考書目

再版後記

兩宋時期（960-1279 年），是中國封建社會進一步發展時期，是民族又一次大融合時期，也是中外文化大交流時期。至此，中國文化發展到了一個新的高峰。

九六〇年，趙匡胤發動兵變，建立了北宋。北宋歷史可分為三個階段：

第一階段：從九六〇年到九九七年，包括太祖、太宗兩朝，宋朝消滅南方割據勢力及北漢，奠定了統一的規模與格局；同時，採取各種措施，加強了皇權專制主義的統治。但是，北宋統一規模不能與漢、唐相比。雖然右文政策帶來了文化的興盛，另一方面，相權加重則成為制衡皇權的勢力，冗官、冗兵、冗費造成了北宋的積弱積貧。北宋皇權專制統治相當脆弱。

第二階段：從九九七年到一〇八五年，即真宗、仁宗、英宗及神宗四朝，這是北宋政治危機加深與改革進入高潮的時期。北宋統治動盪不定。仁宗朝的慶曆新政與神宗朝的王安石變法是北宋政治改革的兩大高潮，改革與保守勢力在政治舞台上進行較量。統治層「黨爭」、「黨禁」旋起旋落，皇權繼承中的爭鬥引發出一個又一個政治風波。農民、士兵等下層群眾的起義、鬥爭，「一年多於一年，一夥強過一夥」。民族矛盾交織直接影響兩宋歷史的走向，先是遼與宋的對立，接著是黨項族西夏與北宋的戰爭，繼之是女真族金的崛起並南下攻宋。

北宋文化的變動和社會變化並不完全同步，但大體反映出社會變化的趨勢。

北宋初年的文化基本上沿著老路子走，維持舊的格局。文風浮靡，史學「值

一時風會之衰，體格尚沿於冗弱。」[1]這一時期文化上出現一次大總結，編纂四大部書《太平御覽》、《太平廣記》、《文苑英華》、《冊府元龜》，到真宗朝已經完成。歷代對經籍的注疏，到真宗朝也基本完成了。文化上的這種繁榮，不是真正意義上的發展，它意味著舊學術文化的總結後，文化上的大變動即將到來。

在政治改革走向高潮的大動盪背景下，原有學風繁瑣的經學已經不能適應時代的需要。仁宗慶曆之際，疑經惑古與理學勃起，是當時文化思潮中最引人注目的景象；借鑑史學文化，在政治改革的年代裡，得到長足的發展。

宋代封建經濟關係發生了變動，出現客戶與主戶的關係，顯示出農民人身依附程度的鬆動；門閥地主為品官地主所代替，地主階級一般不再具有世襲政治的特權。商品經濟得到較大程度的發展。各種思潮發生撞擊，文化上出現了舒展個性的因子，並萌發出一種人文精神。

宋太祖像

第三階段：從一〇八五年到一一二七年北宋的滅亡，即哲宗、徽宗、欽宗三朝。王安石變法沒有收到應有的成效，朝政更趨腐敗。都市生活具有寄生性的一面，但帶來了特定都市文化的繁榮，「太平日久，人物繁盛，斑白之老，不識干戈」，「新聲巧笑於柳陌花衢，按管調弦於茶坊酒肆。」[2]「靖康之難」與這種文化有著某種直接聯繫。

趙構建立南宋。南宋歷史可分為兩個階段。第一階段從一一二七年到一二二四年，包括高宗、孝宗、光宗、寧宗「中興四朝」。經過紹興和議、隆興和議，南宋統治終於穩定下來，與北方的金長期分立。偏安一隅，都市文化在延續。在民族危機十分嚴重的情況下，政治上要求中興、恢復，文化上體現出強烈的憂患意識。隨著中國經濟重心南移完成，文化發

1　《進〈舊五代史〉表》。
2　孟元老：《東京夢華錄·序》。

展出現新的不平衡；理學出現新的派別。一些地區文化特點逐漸形成。

南宋第二個階段是理宗以後，即一二二四年到一二七九年，這是南宋衰亡階段。奸相史彌遠、丁大全、賈似道等把持大權，朝政腐敗已極，「中興」難再。北方蒙古族興起，一二三四年，南宋與蒙古軍聯合滅金。接著是蒙古與南宋的鬥爭，一二七九年，南宋滅亡。

就整個宋代文化發展來說，一變於仁宗朝，再變於孝宗朝，三變於「中興」四朝的結束。仁宗慶曆年間與孝宗乾、淳之際是兩宋文化最為壯觀的時段。

宋代文化不是前朝文化的餘緒，不是簡單地沿著唐、五代文化的長河向前發展；唐、五代文化孕育的新的因素，經歷宋代太祖、太宗、真宗三朝躁動之後，到了仁宗朝，終於破土而出。中國兩千年封建文化經歷一次更新，文化上「丕變」，各個文化領域內受到了震盪，出現了新的因子，展現出新風貌，體現出新特徵，難怪國外學者把宋代理學稱為新儒學（New Confusianism）。皮錫瑞在《經學歷史》中說宋代經學進入了「變古」階段，可以說，「變古」二字，是宋代經學的特徵，也是宋代文化的基本特點。

宋代文化突出的是強烈的憂患意識，以及由憂患意識體現出的經世觀念。理學家探討支配天人運動的「理」，是為了開萬世太平之基；修身齊家，最終是要治國平天下。史家重視寫當代史，重視總結歷史，特別是總結唐、五代史，寄寓著對時事、對現實的看法，在評史論史中提出關於變革的主張。借鑑歷史，用司馬光的話說，是為了躋堯舜之治。詩詞也體現出故國之思與「恢復」、「中興」的情結。

宋三百餘年的文化呈現出另一個引人注目的方面，是貫通天人古今的理性（Reason）思考。中華民族思維繼魏晉玄學之後，在這個時代得到了又一次昇華。中國學人突破了疏不破注的治經藩籬，吸收、融化釋、道中有用的成分，對原有的儒學作了一次更新、改造，完成了理學體系的構建。

宋代文化上還有一個十分突出的方面，是人文精神的萌發。兩宋文化體現出的是一種開闊的視野與清醒意識。疑古惑經表現出學人前所未有的勇氣，都市文

化中的講經、說書、講史，是俗文化，是市井細民對精神文化的需求，勾欄瓦市中不登大雅之堂的作品在流傳。宋人詩與詞中抒發出人的主體的感受，長卷繪畫中人物群體活動被勾勒出來，透露出時代的氣息，展示都市「人」的社會生活的真實與生動；即使是宗教畫，也出現了塵俗化的傾向。

隨著理學地位的上升和正宗地位的確立，學術文化上的活力喪失，新的教條代替了老教條；綱常等級名分的說教，多了一件「天理」外衣，以「理」殺人，扼殺人的個性。曾經萌發出來的人文精神，在主要方面又被窒息了。

兩宋文化的變古，只是因為歷史條件不成熟，因而沒有出現如同歐洲那樣的文藝復興。我們在感到多少有點遺憾的同時，更多體察出來的是中華民族在文化上的創造力。

如果我們把兩宋文化與亞洲文化聯繫起來考察，可以感受到的是中國文化的意義。今天說的亞洲儒學，雖也有中國原始儒學的成分，但更多的是指宋代形成的程朱理學，如果這種說法可以成立，那麼，兩宋文化的華夏文明為亞洲儒學圈的形成奠定了基礎。

兩宋文化對世界文化的意義，除了人文方面，還要特別提出的是科技文化。中國人民四大發明中有三項，即火藥、指南針、活字印刷術是宋代人民的創造。宋代科學技術，在當時世界上占據領先的地位。這些科技發明傳播，對世界歷史的進步產生了積極的作用。

兩宋文化的豐富多樣性、變古特徵，以及憂患意識、理性精神、人文精神，在中國文化史上留下了光輝的一頁。宋代文化對世界發生過不同程度的影響，有些是巨大的影響；同時，中國也吸收域外文化豐富了自己的文化寶庫。我們不諱言在近代曾經落伍的事實，但從兩宋文化的歷史看，我們有信心、有理由說，在未來，中國人民一定能創造出新的輝煌，能夠對世界文化作出更大的貢獻。

本卷由吳懷祺主編，鄭強盛副主編。緒言及第一、第二、第六、第九、第十、第十一、第十二章，由鄭強盛撰寫；第三章由楊漢卿、丁素撰寫；第四章由趙冰波撰寫；第五章由楊漢卿撰寫；第七、第八章由丁素撰寫。趙鳳玲參加第九

章的撰寫工作。吳懷祺通覽全卷後，對全書章節結構作了較大調整，一些章節標題重擬，或重新撰寫、改寫了有關章節。董文武、陳虎、武軍、汪高鑫、何曉濤、吳海蘭幾位同志在二校中做了很多工作。

第一章

變古的時代與
文化上的變古

變古時代的
文化新思潮

一、理學的勃起

宋代文化在仁宗朝慶曆年間前後發生了大的變動，這是宋代政治經濟變動在文化上的折光。

趙匡胤於西元九六〇年建立北宋，經過八十年的發展，宋代社會達到它的興盛階段，但盛世之下埋藏著深刻的危機。歐陽修深有感受地說：

今宋之為宋，八十年矣，外平僭亂，無抗敵之國，內削方鎮，無強叛之臣，天下為一，海內晏然，為國不為不久，天下不為不廣也。……然而財不足用於上而下已弊，兵不足威於外而將驕於內，制度不可為萬世法而日益叢雜，一切苟且，不異五代之時。[1]

「一切苟且，不異五代之時」，可想到了怎樣的地步！面對這樣的局面，朝臣文士思考社會的前途，提出各自改革弊端的對策，不同的觀點展開論爭。墨守

---

1 《居士外集》卷九《本論》。

經義注疏的舊經學，不能適應時代的需要。理論創新、史學盛衰大總結，成為歷史發展的要求。

慶曆年間文化「丕變」，又是文化自身發展的歸結。北宋前期文化思想基本是沿著原有路數向前運動。文化上有過大總結的壯舉，太宗、真宗朝完成四大部書的編纂，這就是《太平御覽》一千卷、《太平廣記》五百卷、《文苑英華》一千卷以及《冊府元龜》一千卷。真宗咸平二年（999 年）首置翰林侍講學士，邢昺首任，奉命與杜鎬、孫奭等校訂群經義疏。經書義疏完成後，雕版達十餘萬版，可謂是右文盛事，但文化上表層輝煌不足表明文化發展，它只能是標誌舊經學終結。經疏的整理，一方面為新的意識形態出現作準備，另一方面，這種繁瑣僵硬的「疏不破注」的「死」，有待突破。

事物總是在相互聯結、相互矛盾中向前發展的，舊的事物中孕育著新的因素，在一定的條件下，新生事物便會破土而出。唐中期以後，以柳宗元為代表的思想家，從更深理論層次上認識歷史、社會，觀察歷史前途。北宋前期，有的學者已經不滿意疏不破注的治經路數，有的要求以新的一家之說，發明經義；有的學者在「通釋老書，以經史傳致精意，為一家之說。」還有的學者，主張當作「一以貫之」的達者，反對「治一經或至皓首」，提倡會群經以論治國之理，等等。凡此，都表明了當時出現一股思潮，不滿意注疏之學，不滿意文獻的簡單的整理彙編，要求突破舊的學術格局，熔鑄出新的學術，孫復說：「專守王弼、韓康伯之說而求於《大易》，吾未見其能盡於《大易》也。專守《左氏》、《公羊》、《穀梁》、杜、何、范氏之說而求於《春秋》，吾未見其能盡於《春秋》也。專守毛萇、鄭康成之說而求於《詩》，吾未見其能盡於《詩》也。專守孔氏之說而求於《書》，吾未見其能盡於《書》也。」[2]

在文學上，宋初的浮靡學風受到抵制，文壇上的那種「綴風月弄花草」的西崑體走到了盡頭。史學上，在大規模的類編文獻中，要求以史為「龜鑑」的風氣盛行起來。真宗朝臣編《御屏風》、《御覽》，意在從過去的經史子集中，摘取嘉

2　《睢陽子集·與范天章書》。

言懿行的內容，作為君王治國的借鑑。

以經學為主幹包括史學、文學、教育各個文化領域中發育出來的新學風、新文風，到了仁宗朝，匯成一股新思潮。

文化新思潮突出體現在經學的變化上，這就是理學的勃起。皮錫瑞《經學歷史‧八》著重從經學上說明當時文化上的大變化，他說：

經學自唐以至宋初，已陵夷衰微矣。然篤守古義，無取新奇，各承師傳，不憑胸臆，猶漢、唐注疏之遺也。宋王旦作試官，題為「當仁不讓於師」，不取賈邊解師為眾之新說，可見宋初篤實之風。乃不久而風氣遂變。《困學紀聞》云：「自漢儒至於慶曆間，談經者守訓故而不鑿，《七經小傳》出而稍尚新奇矣。至《三經義》行，視漢儒之學若土梗。」據王應麟說，是經學自漢至宋初未嘗大變，至慶曆始一大變也。

經學歷史進入到「變古時代」，「變古」二字，很貼切地說明了當時文化大變動的基本特徵。

「變古」文化新思潮包括幾個方面，一是疑古思潮與發明經旨的結合，從而使儒學經歷一次更新，理學由此應運而生。宋人陸游說：「唐及國初，學者不敢議孔安國、鄭康成，況聖人乎！自慶曆後，諸儒發明經旨，非前人所及；然排《繫辭》，毀《周禮》，疑《孟子》，譏《書》之《胤征》、《顧命》，黜《詩》之《序》，不難於議經，況傳注乎。」皮錫瑞在轉引這一段話後，又說：「排《繫辭》謂歐陽修，毀《周禮》謂（歐陽）修與蘇軾、蘇轍，疑《孟子》謂李覯、司馬光，譏《書》謂蘇軾，黜《詩序》謂晁說之。此皆慶曆及慶曆稍後人，可見其時風氣實然，亦不獨咎劉敞、王安石矣。」[3]對舊經學的懷疑和重新解釋經籍結合在一起，並且昇華到「理」的高度，提出新學說。二是務實風氣與經世學風盛行。文人墨客在時事紛紜複雜與政局危機十分嚴重的形勢下，吟風弄月不會有眾多的唱和者。文學上的古文運動也是在這一時期走上高潮。古文運動以復古文為

3　參見皮錫瑞：《經學歷史‧八‧經學變古時代》。

旗號，談道統、文統，用心都在提倡作有用之文。三是個性的抒發與人文精神的張揚。這不僅體現在文學、藝術領域內，即使在經學上也可以察覺到其痕跡。疑古思潮中解經不守約束的風氣很可以說明這一點。「新進後生，口傳耳剽，讀《易》未識卦爻，已謂《十翼》非孔子之言；讀《禮》未知篇數，已謂《周官》為戰國之書；讀《詩》未盡《周南》、《召南》，已謂毛、鄭為章句之學；讀《春秋》未知十二公，已謂《三傳》可束之高閣。」司馬光在《論風俗札子》中批評新進後生，不知他對自己的疑《孟子》該怎樣評價。從另一個角度看，這是學術思想活躍的表現。

文化新思潮來勢洶湧澎湃，黃宗羲在《宋元學案》卷六《士劉諸儒學案》中以「慶曆之際，學統四起」八個字概括慶曆年間學術思想大變動的特點，說：

慶曆之際，學統四起，齊魯則在士建中、劉顏夾輔泰山（孫復）而興。浙東則有明州楊、杜五子，永嘉之儒志、經行二子，浙西則有杭之吳存仁，皆與安定（胡瑗）湖學相應。閩中又有章望之、黃晞，亦古靈（陳襄）一輩人也。關中之申、侯二子，實開橫渠（張載）之先。蜀有宇文止止，實開范（仲淹）正獻公之先。篳路藍縷，用啟山林。

齊魯閩浙蜀各地學人開啟新學術，引發出理學的勃起。宋初有三先生孫復、胡瑗、石介與范仲淹、歐陽修等，而後是關學張載、洛學二程之學，皆與慶曆諸儒有糾葛淵源。理學很快形成濂、洛、關和邵雍象數學等幾個主要流派。

在文學上，梅堯臣、蘇舜欽一批文人開始了詩文革新運動，歐陽修把這場革新運動引向深入，並取得了勝利。到明道年間，這場詩文革新運動扭轉了浮靡文風，開創了一個新的富有生機的文學變革時代。宋代教育的第一次興學運動始自慶曆四年，政府對國子學、太學的整頓與改革，取得了實績。教育興盛為理學的發展起了推波助瀾的作用，社會風氣亦為之一變，宋人回憶這一時期的教育時，說：「教養人才，士風丕變，故至今論學校者，稱慶曆之風。」[4]

4　《續資治通鑑長編》卷四三六。

慶曆年間，宋代的學術文化發生了大變化，它體現在各個方面，顯現出來多姿多彩和深層的意蘊。經學、史學、文學、教育、藝術以及宗教等各個方面都展現出新特點，和「盛唐」文化大總結的皇皇氣象不同，在一定意義上說，兩宋文化變化既有廣泛性，又有它的深邃性，創新多於繼承，疑古惑經代替墨守，這就是文化上「丕變」帶來的一種生動。

慶曆年間學術文化發生一大變，再變於孝宗乾、淳時期，復變於中興四朝的結束，但基調還是慶曆年間奠定的。

在我們具體研究兩宋文化每個領域的成就與特色前，認識宋代文化這種特點，思考文化變化大勢，對於認識學派的形成與淵源流變，對於認識每個學派的特點，對於把握一個時期社會風氣的變化，是有益的。

二、經濟新因子與文化新氣象

我們不能只就文化來研究兩宋的文化，而應當從政治經濟變動上思考文化變化的深層次原因。慶曆年間的變化，與那個時代的政治震盪有密切聯繫，此外，還應當聯繫當時社會經濟的變動作出必要的闡釋。

關於政治對兩宋文化的作用，在上節中我們作了分析。這裡，我們著重討論兩宋的經濟變化的震撼力對兩宋文化的作用。

從經濟發展的大潮上看，五代以後，中國的經濟重心南移的趨向加快，南宋時，經濟重心南移完成。這種經濟態勢對兩宋文化帶來了一定的影響。

南方經濟發展的速度，在五代十國時期，明顯地超過了北方。這層道理不難理解，南方的社會環境相對來說較為安定，遭受的戰亂禍害，比北方要輕。錢氏吳越與李氏南唐的社會經濟增長，令人矚目。而在這同時，北方經濟在戰亂中受到破壞，北方人民南遷，大量勞動力與先進生產技術湧入南方，對南方社會產生積極的影響。其他如荊湖與前蜀、後蜀的四川地區的經濟變化，也是很快的。江

淮地帶是田土盡闢；關於兩浙地區，史書記載說，「境內無棄田」。當然，這種說法有誇大其詞的一面，但無疑的是，在北方經濟發展速度減緩的情況下，南方的經濟發展速度卻在加快。

汴京街市圖（摘自《清明上河圖》

宋代這種經濟重心在變動中南移的趨勢在繼續。第一，這是五代十國以來南方經濟自身發展的結果。第二，宋與遼金的交爭，連年戰火，北方經濟受到破壞，以致有的地方「田生棘林」。第三，也由於戰爭頻仍，北方的勞動力南遷與文化技術南傳，對南方的經濟發展有利。陸遊說：「朝廷在故都時，實仰東南財賦，而吳中又東南根柢，語曰：蘇常熟，天下足。」[5]到了南宋，中國經濟重心南移完成。

兩宋社會經濟發展不平衡表現在各個地區生產方式的差異上，特別是中原地區與周邊地區生產方式上的差異；也表現在經濟水平上。如果把宋、遼、金、西夏作為一個整體認識，這個特點會看得更清楚。南方經濟水平也不一樣，太湖流域、杭州灣等地帶發展水平最高，蜀中、雲南大理及兩湖、江西沿江地區有不同

5　《渭南文集》卷二十《常州奔牛記》。

程度的發展，但南方許多偏遠地區仍相當落後。

中國封建化過程是從中原向邊疆地帶推開的。北宋時期，中原地區封建生產方式有了更進一步的發展。新的租佃關係出現，農民的人身依附程度有所鬆動，客戶與地主建立一種契約關係，仁宗在天聖五年（1027 年）的詔書中說：「自今後客戶起移，更不取主人憑由，須每田收畢日，商量去住，各取穩便，即不得非時衷起移。如是主人非理攔占，許經縣論詳。」[6] 品官地主與門閥地主不同，一般來說，在政治上不再具有世襲特權的身分，「取士不問家世，婚姻不問閥閱。」凡此，都表明了封建社會進入一個新的時期。

交子

邊疆地區的封建化，是十世紀至十三、十四世紀中國社會發展的一個重要標誌。契丹在遼聖宗時期，特別是澶淵之盟以後，完成了封建化的變革；黨項族元昊於一○三八年十月稱帝，改元為天授禮法延祚元年。西夏向封建制轉變。女真族的金在章宗明昌、承安之間開始由奴隸制向封建制轉變。就總體情況看，中國周邊地區的生產方式相對落後於中原地區。另外，遼、金、西夏統治地區情況也相當複雜，遼、金、西夏的各個地區政治經濟的發展也不平衡。

社會發展的不平衡性影響到文化區域的分布與走向。社會經濟發展與經濟格局變動對文化變化產生的影響，至少可以歸結為以下幾點：

其一，新的文化因子產生有了自己的內在根據，宋代社會具有新特點，要求有新的意識與之相適應。疑古精神、人文因素等是當時經濟變化的折光。

其二，商品經濟發展與都市繁榮，造成了都市文化的發達。宋代商品經濟發

6　《宋會要輯稿》「食貨一‧二十四」。

展與皇權政治的需要，促成了都市及其相關的都市文化的繁榮。這裡要說明，我們不稱這種文化是「市民文化」，因為市民文化是到了封建社會後期，在新的生產方式萌芽中出現的。兩宋的都市文化的特點，則是與皇權政治、皇室生活密切相關，它帶有明顯的寄生性質，而不是商品經濟有了相當高的程度發展的結果。《東京夢華錄》、《都城紀勝》、《夢粱錄》、《西湖老人繁勝錄》、《武林舊事》等書中的記載，很可以

「行在會子庫」銅版

說明這一點。都市文化活動與皇權政治、皇室活動息息相關。都市建築格局、婚喪節慶、飲食雜耍和京瓦伎藝，與皇權政治活動、皇室的需求適應。在社會危機十分嚴重的情況下，這種都市文化活動更加活躍，歌舞彈唱，醉生夢死。都市與都市文化的繁榮，沒有進一步促進商品經濟發展，它往往通過調發徵用京都以外物產，來滿足皇室的需要，從而消耗了社會財富。這是事情的一方面。另一方面，都市文化推動詩詞、曲藝的繁榮與講經說史的興盛；它對飲食服飾文化的發展，又起了一定的促進作用。同時，都市文化反映出普通百姓的一種情結，對社會醜惡現實的憂慮、鞭撻，對個性的尊重，但我們也要看到其中凝結了倫理說教的雜質。這種文化又是商品經濟發展不充分的體現，有別於後來的市民文化。

其三，中國經濟重心南移，造成文化的新變動。文化重心也在相應的發生變動。北宋建立後，北方文化得到一定程度的恢復與發展，汴京是當時的政治中心，也是文化中心。到了南宋，中國文化重心也轉移到南方。以汴京為代表的都市文化也轉移到南方臨安。臨安在汴京衰落之後，成為都市文化最發達的地方。北宋理學五子活動是在北方，但到了南宋，朱學、陸學、呂學以及張栻的湖湘學派形成發展都在南方。

其四，與之相關的是，一些具有自己特徵的地區文化形成，如浙東學術、福

建的閩學、皖南的新安學術、四川的蜀中學術以及江西學術等。地區文化出現，表現在兩個方面，一是這些地區的學術文化發達，出現了一些影響全國學術文化的代表人物和重要著作。江西地區在北宋出現歐陽修的盧陵史學、文學；劉敞的《七經小傳》開疑古風氣之先，他和其弟劉奉世、劉攽在文獻學上又都極有成就。南宋時江西洪邁父子兄弟在文學、史學、文字學上的成就在全國都產生了相當的影響。

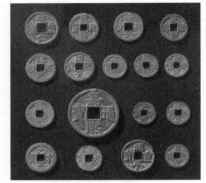

北宋銅錢、鐵錢

江西詩派更是南宋詩學大宗，影響南宋詩風的變化。陸九淵開創的心學，與呂祖謙的呂學、朱熹的朱學，成為南宋最有影響的三支大學派。其他如浙東學術、福建的閩學在學術史上的影響是人所共知的。四川蜀中的三蘇（蘇洵、蘇轍、蘇軾）的學術、文學、書法等，在全國都是有影響的。二李（李燾、李心傳）及其家世的理學、史學等影響一代學風的變化。四川成為全國的刻書業中心之一。至於浙東的經制之學、事功之學乃至甬上四先生的心學和浙江刻書業，都有自己的特點，對全國文化學術產生了不可忽視的影響。上面我們只能舉例論說在經濟格局變動中，兩宋地區文化多彩的事實。全面研究這些文化現象，是一件饒有興味的事，也是一件有意義的事，從兩宋文化發展大背景下把各個地區的文化作為有聯繫又有差異的總體加以研究，當俟之後日。

第二節 ·

右文政策下
的宋文化

　　兩宋政治的複雜性集中體現在皇權專制統治的特點上，並且又轉而對文化變化產生多重的影響。

　　宋代雖然沒有受過農民戰爭的洗禮，沒有經歷過那種風暴，但如果我們把唐末、五代與宋代聯繫在一起思考，那麼，可以看出宋代社會變化的歷史根據。正是唐末的社會震盪與五代十國社會的變動，摧毀了門閥地主為特徵的專制主義的統治。北宋繼續前一個時期的發展而發生了新的變化，建立起來的品官地主的政治，帶上了新的特點。

　　北宋在政治上加強了皇權專制統治，但這種統治又具有脆弱性的一面。專制統治對文化的發展不利，但這種統治具有的脆弱性，為文化學術的發展提供了一個比較寬鬆的環境。過去人們大都強調趙宋王朝建立後加強皇權專制的一面，而不注意或不十分注意另一面，即趙宋專制主義統治的脆弱性。

　　北宋建國後第二年也就是建隆二年（961 年），當趙匡胤問趙普國策時，趙普總結五代歷史的經驗教訓，說：「陛下之言及此，天地人神之福也。此非他故，方鎮太重，君弱臣強而已。今所以治之，亦無他巧，惟稍奪其權，制其錢

谷，收其精兵，則天下自安矣。」[7]可以說，「稍奪其權，制其錢谷，收其精兵」三條，成為趙宋的基本國策，以後宋代統治成功與失誤都可以從中找到癥結。三條的核心是「稍奪其權」，集大權於皇帝一身。趙匡胤在削弱方鎮大權的同時，又削弱了相權；兵權、財權、賞罰權都收了，文官知州，由中央派遣。把中央大權一分為三，樞密院掌握兵權，三司使掌握財權，只有行政大權是宰相掌握。宰相與樞密對掌大政，號稱「二府」，三使司掌財權，又稱之為「計相」。其下又設參知政事、樞密副使、三司副使作為「副貳」，以進一步削弱相權。但在實際上，宋代相權之重，在歷史上是少有的。從皇帝的繼承到軍事征伐，從大吏的任免到邊事議和，宰相和台諫大吏都直接干預。這些直接影響兩宋社會的發展，在某些情況下，成為制衡皇權的一種力量。羅大經談到這一點，頗有感慨，引了葉適的話：「國初宰相權重，台諫侍從，莫敢議己。至韓琦、范仲淹，始空賢者而爭之，天下議論相因而起，朝廷不能主令而勢始輕。」其實，何止是國初的宰相，兩宋歷朝宰相包括朝廷和地方上的大吏，議政亦干政，「朝廷每立一事，則是非蜂起，嘩然不安」。[8]名相與奸相對歷史產生的影響，也是空前的。由此，政壇風波跌宕，又與學術文化紛爭糾纏在一起，構成了兩宋文化波瀾起伏的景觀。

宋代右文政策對文化的影響大體可以歸結為以下幾個方面。

1. 崇儒重教，文官治州　宋代人君崇儒重教，是其右文政策基本的方面，從開國之君趙匡胤到太宗、真宗、仁宗，在尊儒方面身體力行，開了崇儒的風氣。趙匡胤是嗜學的帝王，「獨喜觀書，雖在軍中，聞人有奇書，不吝千金購之。」[9]歷經太祖、太宗、真宗三朝，崇儒形成一種風尚。仁宗朝詔史館修《太平總類》，曾要史臣日進三卷，他要親覽。宋琪等唯恐皇帝過於勞累，仁宗說：「朕性喜讀書，開卷有益，不為勞也。此書千卷，朕欲一年讀遍，因思學者讀萬卷書亦不為勞耳。」[10]人君不但學習儒家經籍，而且還親自宣講，真宗說過自己講了七遍《尚書》；《孝經》、《論語》也講了四遍。向敏中對宋真宗說：「國初，惟

7　《續資治通鑑長編》卷二。
8　《鶴林玉露》丙編卷之二《論事任事》。
9　《續資治通鑑長編》卷七。
10　《續資治通鑑長編》卷二十四。

張昭家有三史。太祖克定四方，太宗崇尚儒學，繼以陛下稽古好文，今三史、《三國志》、《晉書》皆鏤版，士大夫不勞力而家有舊典，此實千齡之盛也。」[11] 社會風習改變，「宋朝諸帝，多優文事，兼長書畫。」[12]

宋代帝王重視用儒學教育臣僚與宗室子弟，真宗大中祥符三年（1010 年）秋七月下詔：「南宮、北宅大將軍已下，各赴書院講讀經史。諸子十歲已上，並須入學，每日授經書，至午後乃罷。仍委侍教教授，伴讀官誘勸，無令廢惰。」[13]

在官吏任用上，趙匡胤悟出「宰相需用讀書人」的重要性，在削兵權的同時，重用文臣，文官知州，「擇儒臣有方略者統兵」[14]。右文崇儒的政策體現在各個方面，這種政策導致社會風習的改變。

宋代教育也因此得到一個大發展，《宋史·選舉志一》說：「學校之設遍天下，而海內文治彬彬矣。」到了南宋，「都城內外，自有文武兩學、宗學、縣學之外，其餘鄉校、家塾、舍館、書會，每一里巷須一二所，弦誦之聲，往往相聞。」[15]

2. 釋道兼用，以助政治　宋代帝王尊儒又利用釋道，是他們右文方面的一個特色。太宗曾將新譯的佛教經籍出示給趙普看，說出他的想法：「浮屠氏之教有裨政治，達者自悟淵微，愚者妄生誣謗，朕於此道，微究宗旨。凡為君治人，即是修行之地，行一好事，天下獲利，即釋氏所謂利他者也」，但是不能像梁武帝那樣，迷於佛事，溺於釋氏。趙普服膺太宗的識見，說：「陛下以堯、舜之道治世，以如來之行修心，聖智高遠，動悟真理，固非臣下所及。」[16]淳化四年（994 年）閏十月，太宗說過一段話，表明他利用道教的出發點，說：「清靜致治，黃、老之深旨也。夫萬物自有為以致於無為，無為之道，朕當力行之。」[17]

---

11 《續資治通鑑長編》卷七十四。
12 朱國楨：《湧幢小品》。
13 《續資治通鑑長編》卷七十四。
14 有關議論可參見《宋史紀事本末》卷二十。
15 《都城紀勝·三教外地》。
16 《續資治通鑑長編》卷二十四。
17 《續資治通鑑長編》卷三十四。

至於在崇道教方面，在尊崇陳摶、優禮种放方面，可以說史不絕書。「真宗優禮种放，近世少比。」[18]真宗、徽宗崇道教在歷史上是空前的。

3. 重經重史，求鑑資治　宋代帝王不只是重儒家經籍，也重視學習歷史書籍。宋太宗說：「……朕年長，他無所愛，但喜讀書，多見古今成敗，善者從之，不善者改之，斯已矣。」[19]太宗對戶部使李惟清說到讀《漢書》情形：「朕讀《漢書·賈誼傳》，夜分不倦，（賈）誼當漢文時，天下治平，指論時事，尤為激切，至云長太息、堪慟哭者，蓋欲感動人主，不避觸鱗，真忠臣明國體者也。今廷臣有似此人者否？」[20]真宗曾下詔要崇文院把所校《晉書》新本，分賜輔臣、宗室。他同意參知政事畢士安的看法，這就是《晉書》記載的史事，雖然「多鄙惡不可流行」，但值得一讀，「惡以戒世，善以勸後。善惡之事，《春秋》備載。」[21]

宋代君王對編修歷代史書情有獨鍾。《冊府元龜》的編修，完全是政府行為。司馬光及其助手編修的《資治通鑑》，如果不是英宗、神宗的支持，不可能結篇。即如袁樞編的《通鑑紀事本末》，也受到孝宗的關注，史稿成書，孝宗分賜江上諸帥，說：「治道盡在是矣。」[22]

宋代帝王十分重視修史，實錄、日曆、國史、會要、玉牒以及過世帝王的寶訓、文集等當代歷史文獻的編纂制度嚴密。朝廷掌握修史大權，宰相監修國史。

4. 收藏文獻，廣為刊刻　太祖建隆初年（960 年），三館所藏書僅一萬二千餘卷，到了平定南方諸國，盡收其圖籍，其中四川、江南最多。凡得蜀書一萬三千卷，江南書兩萬餘卷。又下詔開獻書之路，於是天下書復集三館，篇帙稍備。太宗太平興國三年二月丙辰朔，詔賜名為崇文院。西序啟便門，以備臨幸，「盡遷舊館之書以實之。院之東廊為昭文書，南廊為集賢書，西廊有四庫，分經

---

18 王辟之：《澠水燕談錄》卷四《高逸》。
19 《續資治通鑑長編》卷三十二、卷二十九、卷五十六。
20 同上。
21 同上。
22 《宋史》卷三八九《袁樞傳》。

史子集四部，為史館書。六庫書籍正副本凡八萬卷，策府之文煥乎一變矣。」[23]

慶曆元年（1041 年）編修《崇文總目》，著錄書籍 30 669 卷，北宋末年編修《秘書總目》，著錄書籍 55 923 卷。靖康之難，金人掠京城財富，書籍亦遭厄運。孝宗年間，藏書增加；寧宗嘉定年間的《中興館閣續目》收錄書籍達到 59 429 卷。宋代帝王關心刊刻歷代文籍之舉。這裡可以引一條宋真宗關心刊刻書籍的記載：

（景德）二年五月戊辰朔，幸國子監閱書庫，問祭酒邢昺書板幾何，昺曰：「國初不及四千，今十餘萬，經史正義皆具。臣少時業儒，觀學徒能具經疏者百無一二，蓋傳寫不給。今板本大備，士庶家皆有之，斯乃儒者逢時之幸也。」上喜曰：「國家雖尚儒術，然非四方無事，何以及此。」先是，館閣博聚群書，精加讎校，經史未有印板者，悉令刊刻。或言《三國志》乃奸雄角立之事，不當傳布。上曰：「君臣善惡，足為鑒戒，仲尼《春秋》豈非列國爭鬥之書乎？」[24]

所謂「博聚群書，精加讎校，經史未有印板者，悉令刊刻」，足以表明朝廷對刻印書籍的重視。當時，遼金統治者都想方設法地蒐羅這些經史典籍，作為治國之資鑑。

即使在高宗紹興年間，戰事頻仍，朝廷還是下詔求書、鼓勵士人獻書。

5. 科舉興盛，拔擢寒微 宋代右文政策突出的一個方面是重科舉，「進士之舉至今，本朝尤盛」[25]，宋代科舉取士形成完整的制度，適應了品官地主階級參政的需要，「重要者有以下諸端：一是取消門第限制，凡有一定文化的讀書人，均得投牒應試，並擴大取士名額。二是廢除『通榜』的公薦制度，推行彌封、謄錄之法，取士一切以試卷為準，防止考場內外徇私舞弊之事。三是考試內容多樣化。進士科以詩賦為主，轉變為經義、詩賦、策、論並重。四是考中進士者即可授官。……科舉制度之改革，促進了文風之興盛，其表現為：一是讀書人遽

---

23 《資治通鑑長編》卷十九。
24 《資治通鑑長編》卷六十。
25 《澠水燕談錄》卷六《貢舉》。

增……二是雕版印刷術突飛猛進、官私刻本書籍大量湧現流通。三是學校發達，中央官學（主要是太學）、地方官學、各地學院等，入學人數之多也是空前的。」[26]

取士名額相當多。以真宗咸平三年為例，皇帝御崇政殿親試，命翰林學士承旨宋白等與館閣、王府、三司官二十一人於殿後西閣考覆，國子博士雷說、著作佐郎梅詢封印卷首。真宗親覽入第者，賜陳堯咨以下二七一人進士及第，一四三人同本科及《三傳》學究出身。「又命邢昺等十五人，考校諸科得四百三十二人，賜及第、同出身。又試進士五舉、諸科八舉及嘗經御試或年逾五十者論一篇，得進士二百六十人，諸科六百九十七人，賜同出身及試校書郎、將作監主簿。賜宴日，以御詩褒寵之。……所擢凡千八百餘人，其中有自晉天福中隨計者，校藝之詳，推恩之廣，近代所未有也」[27]。這一次取士一千八百多人，真是「推恩之廣，近代所未有也。」

朝廷把科舉權掌握在皇帝手中，及第舉人不得呼試官為恩門、師門及舉人向舉官自稱為門生。考試中規定考官迴避親友，採取措施杜絕請託，防止場屋中舞弊。但考場中事端並沒有杜絕。

應當提到一點，宋代有的帝王照顧出身寒微士子，是宋代科舉制度的一個特點，它打擊了門閥勢力的特權。《容齋四筆》卷十三《宰執子弟廷試》記載這樣的事：「太宗朝，呂文穆公蒙正之弟蒙亨舉進士，禮部高等薦名。既廷試，與李文正公昉之子宗諤，並以父兄在中書罷之。國史《許仲宣傳》云：仲宣子待問，雍熙二年舉進士，與李宗諤、呂蒙亨、王扶並預廷試。宗諤即宰相昉之子；蒙亨，參政知事蒙正之弟；扶，鹽鐵使明之子。上曰：『斯並勢家，與孤寒競進，縱以藝升，人亦謂朕有私也。』皆下第，正此事也。」因此，兩宋通過科舉，一批下層士人比較順利地進入到統治層，「雖未杜絕請託，然置甲科者多非人望。」[28]這適應了品官地主在政治上的需要；科場上以經義策問舉子，對於引導

---

26 參見何忠禮：《科舉制度與宋代文化》，《歷史研究》，1990年第5期。

27 《續資治通鑑長編》卷四十六。

28 《文獻通考·選舉三》。

士人讀書以求經世，起了一定作用。

6.「**進退遲速，不執一端**」 重科舉又不拘成規擢拔士人，洪邁的《容齋四筆》卷十二《祖宗用人》節中有一段記載：「祖宗用人，進退遲速，不執一端，苟其材可任，則超資越級，曾不少靳，非拘拘於愛惜名器也。宋琪自員外郎以正月擢拜諫議大夫，三月參知政事。太宗將用李昉，時昉官工部尚書，七月特遷琪刑書，遂並命為相。而琪居昉上，自外郎歲中至此。石熙載以太平興國四年正月，自右補闕為兵部員外郎、樞密院直學士，才七日，簽書院事，四月拜給事中，為副樞，十月遷刑部侍郎，六年遷戶部尚書，為使，八年罷為右僕射，從初至此五歲，用今時階秩言之，乃是朝奉郎而為特進也。當日職越名，唯有密直多從庶僚得之，旋即大用。張齊賢、王沔皆自補闕、直史館，遷郎中，充學士，越半歲並遷諫議，簽樞。溫仲舒、寇準皆自正言、直館，遷郎中，充職二年，並為樞密副使。向敏中自工部郎中以本官充職，越三月同知密院。錢若水自同州推官入直史館，踰年擢知制誥，二年除翰林學士，遂以諫議同知樞密，首尾五年。」

另外，朝廷又採取舉遺佚等措施，這些對於埋首經籍、講學求理的士子，無疑是起了鼓勵的作用。

7. **詔示子孫，不殺士人** 在宋代，被貶斥的士人與致仕的官員能從宮觀制度中，享受一定的待遇。特別是宋代從趙匡胤開始規定不殺士大夫，對於文化發展多少帶來寬鬆環境。王夫之在《宋論》中說：「自太祖勒不殺士大夫之誓以詔子孫，終宋之世，文臣無歐刀之辟。張邦昌躬篡，而止於自裁；蔡京、賈似道陷國危亡，皆保首領於貶所。」[29]「三代以下稱治者三：文、景之治，再傳而止；貞觀之治，及子而亂。宋自建隆息五季之凶危，登民於衽席，迨熙寧而後，法以斁，民以不康，由此言之，宋其裕矣。」[30]

總之，宋代的右文政策體現在各個方面，對文化發展產生多方面的影響。一是為儒學的更新、理學的產生，提供了條件；二是影響文化的走向；三是造就了

---

29 王夫之：《宋論》卷一。
30 同上。

一批有思想的文化人，他們關心國計民生，關心歷史前途；四是為不同的爭論、學派的形成創造一定的條件。

第三節 ·

宋文化與社會

一、宋文化與歷史的走向

宋代文化對歷史進程產生了多方面的影響，這裡既有對當時社會的影響，也有對中國封建後期社會生活各個層面的作用，還有對亞洲、對世界文化產生的影響。具體縷析這些內容對於認識宋代歷史在中國歷史中的地位，在世界歷史上的地位，都是有意義的。

宋代的政治變革結局，受當時歷史條件的制約，也和推行變法者的歷史觀念、時代文化思潮，有著密切的關係。歐陽修的史論與政論融合在一起，他寫《新五代史》，在一定意義上說，是以歷史宣傳他的變革思想，把變革歷史的觀念，寓於史論之中。他指出支配歷史盛衰的是「人理」，而人理具體的內容是重民、愛民。他在《新唐書·食貨志》中說：「古之善治其國而愛養斯民者，必立經常簡易之法，使上愛物以養其下，下勉力以事其上，上足而下不困。」又說：「損民而益君，損矣；損君而益民，益矣。」[31]他的史論宣傳治國要親君子而遠小

---

31 歐陽修：《易童子問》卷二。

人。在所謂的朋黨問題上，他認為「當退小人之偽朋，用君子之真朋」。另外，把集兵權於中央，作為唐、五代史的一條教訓，寫在史書內。他的文章與史書中的史論相互照應。而這又與他在慶曆新政中提出的主張相通。

可以說，宋代思想家包括程頤、司馬光、王安石、朱熹等，他們的變革主張與他們的文學、史學思想都是一致的。而他們的認識在他們從政時，則直接影響到改革的成敗。王安石變法沒有收到應有的成效，其中一條很重要原因是他復古的歷史觀念。王安石打著《周官》的旗號進行變革，從《周官》中尋求改革的方案。侯外廬先生對王安石的《周禮義》作了分析，說：「古之《周官》，為今日新法所從出；今日新法，更足證古之《周官》的實際。這樣，就大膽地進行訓釋了。說明這一關係，就揭露了王安石全部新法的根據。」[32]王安石看重實際，思想中有唯物主義的因素，但無可否認的是，王氏變革的歷史觀卻是固化在一定的、陳舊的思維範式裡，缺少一種通變的歷史觀。所以，馬端臨說他勇於言利，但不善於言利。而王安石變法失敗，又是導致北宋滅亡的原因之一。一種文化歷史觀念，左右政治人物的行動，對歷史、社會產生的作用是巨大的。宋代文化影響到兩宋歷史的走向。我們不能說文化決定歷史變動，但對歷史變動產生作用則是無疑的。

文化對歷史發展的作用，是多層次的，也是多方面的，有正面的，這是主要的；但也有負面的作用。這是我們談文化與社會辯證關係時所應當注意的。

影響中國封建社會後半期的程朱理學，體現在社會生活的各個方面。萬物一理，理一分殊，這種思維方式，對於學人認識社會自然有一定的意義，不能只看到程朱理學消極的一面。儒學更新後，尊王觀念、大一統思想、正統論、華夷之辨等，各個思想家看法不盡一樣，但從根本上說，它是適合了封建大一統王朝的需要。繁瑣學風經疏為簡明義理所代替，修身養性與齊家治國平天下一致，內聖外王的一致，這些修身的信條和追求，對於鞏固封建統治是有意義的。理學中易學的通變思想對認識社會、人生，有它特定的價值。無可否認的是理學的教條，

---

32 侯外廬：《中國思想通史》第四卷（上），443頁，北京，人民出版社，1959。

在南宋後期，特別是到了元朝，成為正宗的意識形態，通過國家科舉考試，影響、作用於社會生活的各個方面。封建綱常、名分等級的教條作為天理內容，它要求人們思想、行為、言論，都必須服從這種教條。「以理殺人」的悲劇在一代一代重演。文化對社會的作用不能低估。

還應當看到，程朱理學傳播，對亞洲的文化產生了深遠的影響，形成了人們常說的亞洲儒學圈。

儒學文化的傳播，在民族融合中，無疑是凝聚力，遼金西夏與蒙古的統治者傾慕漢文化，到後來，以致有的人主盡失故態，宛然漢家一少年。南方漢人「民亦久習胡俗，態度嗜好，與之俱化。」[33]我們說，宋遼金元時期是中國民族第二次大融合時期。民族的融合絕不是武力征討的結果，特定的文化交流、吸收對推動這種融合的發展，有重要的意義，同時又促進漢民族與各個民族文化的發展。

還應當看到，宋代文化中憂患意識體現在文學、史學等各個方面上，凝結成一定的道德觀念，產生了強烈的社會影響。宋代民族氣節觀是在這種濃郁的文化觀念中形成的，在民族交爭中起了積極的作用。我們可以引楊萬里在《通鑑紀事本末敘》中的話，他說：讀了這本書「如生乎其時，親見乎其事，使人喜，使人悲，使人鼓舞未既而繼之以嘆且泣也。」史書成為鼓舞南宋人抗擊金人的力量。

文學藝術對人們精神的影響是巨大的，即或是都市中講經說史，也是通過講唱，揚善抑惡，進行倫理道德說教。文人營造詩詞意境，行吟低唱，浩歌慨嘆，既有流連山水、離愁怨恨的抒發，更有對振興社稷前途的渴望，「西北望長安，可憐無數山」，「王師北定中原日，家祭無忘告乃翁。」人文精神與憂患意識、經世觀念交織，在人們思想上產生迴響，培育出一種時代感的情操。

文化各個領域相互作用，也是文化價值的一種反映。理學浸潤到文化各個部門；而文獻學中疑古精神與文獻整理及釋道的各種流派的教義爭鳴，對理學形成的影響，同樣是不可或缺的。

---

33 范成大：《攬轡錄》。

宋代科技文化對社會經濟、生產有重大的作用，火藥、指南針、活字印刷術等科技文化對世界歷史產生的影響，我們將在後面作出進一步論述。

可以看出，宋代以理學為核心的文化，影響人們的思想觀念，影響社會習俗、社會風貌，影響人們的心態，最終影響兩宋三百二十年歷史的走向。宋代文化在域外傳播，對亞洲、對世界的歷史產生的影響，體現出我們民族對世界文化的作用。

二、科技發展與社會進步

宋代是中國古代科學技術高度發達時期之一，許多科技成就在當時居世界領先地位。尤其是「三大發明」，不僅對宋代社會而且對整個人類文明都產生了巨大的影響。火藥的發明和使用，不僅使宋代的軍事裝備有了較大的改觀，並使利用火藥進行兵器製造成為手工業的一個新興的重要部門，更重要的是，它為人類進一步改造自然，提供了強有力的新手段；指南針的發明，對人類社會發展的影響巨大，對發展航海事業的作用尤其顯著。它增強了人類全天候航海的能力。指南針的發明和使用，促進了宋代航運業的發展，加速了宋與各國之間的文化交流和貿易往來。印刷術的發明和運用，不僅促進了宋代出版業和其他文化事業的發展，而且對於整個人類文化的保存、傳播與發展，所起的巨大作用是無法估量的。

耕織圖刻石拓片（清摹刻）（之一）

耕織圖刻石拓片（清摹刻）（之二）

　　科學技術的進步對社會的重大影響，還表現在農業生產進步上。在開墾農田方面，宋人在認識自然的基礎上，充分採用了新技術，如淤田就是利用河流決水的辦法，把河流中夾帶的大量泥沙淤浸到田地裡，使荒灘或不毛之地變成沃壤。圍田是把湖泊或江河一帶可以利用的廢棄土地加以攔圍，使其變成可耕之地。此法在江南頗為流行，尤其在太湖流域，南渡後「三十年間，昔之曰江、曰湖、曰

草蕩者，今皆田也」[34]。葑田又稱架田，是一種利用水面耕種居住的水上田地。圩田是將沿江及近湖的低窪地建起圍田，內以圍田，外以圍水。此外，在沿山沿海地區，還發明劈山造田、圍海造田等方法。這些方法在中古時代還不會嚴重地破壞自然生態環境，在特定的歷史條件下，它對農業發展是有利的。新技術的推廣和應用，使宋代的墾田面積大大超過前代。此外宋代在耕作技術、育苗技術、中耕技術、除草技術、烤田灌溉技術、施肥技術等方面也有較大突破。農業技術的推廣和使用，大力地促進了農業生產的發展。宋代發明了許多新技術來根治水患。北方河流泥沙含量多、河床不斷增高、易決口氾濫，政府投入大量人力修繕河堤、清理河道，在沿河兩岸廣植榆柳以保護水土。在南方，針對湖泊多、低窪地多、易積潦等特點，朝廷採用綜合的辦法修建水利工程，把引水、蓄水、灌溉、排泄統一起來，達到了既可防旱，又可排澇，收到了防澇、灌溉、水運等多方面綜合利用的效果。

宋代的科技進步，促進了社會經濟發展，是宋代綜合國力的重要組成部分。

---

34 衛涇：《後樂集》卷十三。

第二章

宋文化的
時代精神

　　文化的時代精神，是民族文化寶庫中的珍貴遺產，是這個時代文化的積澱，它體現出思想家對歷史前途的深刻思考，表現出振興民族的追求，也是這個時代風貌最重要的體現。作為中國封建社會進一步發展時期的宋代，它的文化與前一個時期的文化既有聯繫又有著明顯的差異，宋代文化精神是這種聯繫與差別的凝結。

　　應該說，宋代從一開始，就是既有發展，也有危機。過去我們只強調它的積弱積貧的一面，至少是不全面的認識。從總體上把握宋代的政治經濟文化軍事各個方面的

發展，宋代的綜合國力超過前代，我們不能只從軍事一個方面來評價宋朝社會發展的水準。宋代在軍事上是軟弱的，但在文化上融合力卻是巨大的。這正是宋代之所以在三百二十年裡，在內憂外患情況下，還是展現出自己的風姿，體現出中華民族的向心力和民族凝聚力的原因所在。宋代文化的精神，概括起來：一是濃重的憂患意識、經世觀念；二是注意創新和博采兼容的風度；三是活躍的都市文化中以及學術文化中萌發出的人文精神因素。到了南宋特別是理宗朝以後，這種因素被理學的教條所窒息了。研究宋代文化，應當討論這種文化精神。

第一節 ·

強烈的憂患意識
與經世觀念

　　文化精神，首先體現在學者、思想家的追求中，是一種學術文化上的精神境界。他們疑古、惑經，但不是否定經的地位，主要是解除前人在解說、注釋經書時製造的蔽障，反對曲解儒家的經籍，要求恢復經的原貌。疑經是為了更好地尊經，重新解經。他們以自己的理解，重新解釋經書。很多學人以語錄、講義形式，闡發義理。一般來說，他們進行學術研究沒有脫離社會實際，為的是振興社稷，儘管他們的答案不一，他們研經求理體現出一種信念。理學的宋初三先生之一胡瑗提倡明體達用之學，設「經義」與「治事」兩齋，把求理致用兩者結合起來。他為學生解經，反覆說明自己的信條，「懇懇為諸生言其所以治己而後治乎人。」他的學徒千餘人，「信其師說，敦尚行實，後為大學，四方歸之。」[1]

　　歐陽修以天下為己任，早年就立下了發展儒家學說的志願。他談到自己校補《韓愈文集》時的想法，說：

　　道固有行於遠而止於近，有忽於往而貴於今者，非惟世俗好惡之使然，亦其理有當然者，而孔、孟惶惶於一時，而師法於千萬世。韓氏之文，沒而不見者

1　蔡襄：《蔡忠惠公集》卷三十三《太常博士致仕胡君墓之志》。

二百年，而後大施於今，此又非特好惡之所上下。蓋其久而愈明，不可磨滅。……予固知其不足以追時好而取勢利，於是就而學之，則予之所為者，豈所以急名譽而干勢利之用哉？亦志乎久而已矣！故予之仕，於進不為喜，退不為懼者，蓋其志先定而所學者宜然也。[2]

他立志求道，至於政治上的沉浮，並不介意，「故予之仕，於進不為喜，退不為懼者，蓋其志先定而所學者宜然也。」這是怎樣一種境界！

張載把他探求學理的志趣，作了明白的說明，這就是：「為天地立志，為生民立道，為去聖繼絕學，為萬世開太平。」[3]宋代學術有理學、氣學、心學；理學有濂洛關閩之別，但他們在求理中體現出關注社會、關注歷史前途的精神。他們遭遇坎坷，包括程頤、朱熹在內，在仕宦生涯中都不是幸運者，但磨難不曾磨滅他們求理的決心。

宋代史學家治史，都有自己的追求。司馬光說：他用去十九年工夫，修成《資治通鑑》一書，其大旨在「專取關國家盛衰，繫生民休戚，善可為法，惡可為戒者，為編年一書」，使宋代人主「鑑前世之興衰，考當今之得失」，從而使宋朝能「躋無前之至治，俾四海群生，咸蒙其福。」[4]鄭樵修《通志》，要使史書成為治國大典。李燾、李心傳修當朝史，也是要從中找出興衰得失的教訓，尋找「中興」之路。

至於陳亮的事功之學，陳傅良、葉適的經制之學，都帶有強烈的現實感，使學術經世。陳亮一生數次入獄，也沒有磨損自己的意志。為社稷中興，他上書孝宗皇帝，無所顧忌，披肝瀝膽；與朱熹辯王霸義利，以明立功建業亦是大道。在給朱熹的書信中，陳龍川表白自己的心跡，展現出他的「推倒一世之智勇，開拓萬古之心胸」的豪邁之志。

在國家多事之秋，宋代思想家、文學家、史學家，都努力使學術經世，作有

2　《居士外集》卷二十三《記舊本韓文後》。
3　《張載集·語錄中》。
4　《進〈資治通鑑〉表》。

用之文。就宋儒來說，經世思想有這樣幾個類型：一是理學家主張通經致用，由修心誠意，進而修身齊家治國平天下。從學習儒家經籍得孔孟之正傳，求得治理天下國家的道理。另一種是，在強調讀經籍得天理之同時，以歷史驗證天理，又從歷史的盛衰變化中，找出可以資治的結論與認識。第三種是，著重從歷代制度中，找出可以經世的辦法和措施。

在各種思想中，又有許多差別，朱熹與陸九淵的「尊德性」與「道問學」的爭論，一個是主張為學當先發明本心，立乎其大，一個認為格物窮理，才是得聖學之階梯。但二者除同「尊孔孟，同植綱常」外，其共同點都是達到治國平天下的目的。司馬光的「資鑑」與陳龍川的事功之學立足點不一樣，但同樣是為宋朝能再度興盛。呂祖謙得中原文獻之傳，有「多識前言往行以畜其德」的家學傳統，既注意察言求心，又努力從歷史盛衰中總結出對治國有用的經驗教訓。

范仲淹像

可以說，憂患意識與經世思想相互聯繫，憂患意識是經世思想內在的意念，而經世主張則是憂患意識的體現。宋代文化精神導源於這種憂患意識，在理學、史學、文學各個領域內都能看得到，政治經濟文化各個方面的革新、更化的主張，都與這種觀念相關。

憂患意識又體現為特定的民族氣節觀。

兩宋憂患意識與堅持民族氣節的觀念有緊密聯繫。在與周邊少數民族統治者的交爭中，宋朝的懦弱迫使人們思考，憂患意識得到發展。田錫、王禹偁、范仲淹、李覯、歐陽修、司馬光等人，都多次從「憂國」的角度發出革除時弊的呼聲，他們的一些詩文流露出對宋在與遼、西夏的戰爭中失利表示不滿，批評宋朝軍事方面的弊端，力圖有所改革。梅堯臣在詩中多次抨擊宋在對西夏戰爭遭到的慘敗，指出其原因在於軍隊的腐敗、主帥的無能，他渴望著有朝一日能殺敵報

國。范仲淹行「慶曆新政」，王安石主「熙寧變法」，目的是富國強兵。

岳飛像

這種情形到了北宋末年發生了新的變化，金人的崛起，滅遼吞夏，覬覦中原，使許多人感到了民族危機的深重。「靖康之禍」給人們更大的震動，社稷覆亡，徽、欽二帝被金人擄去。國破家亡，人民流離失所，民族憂患意識空前高漲。為捍衛本民族的先進文化和反抗民族壓迫成為時人共同的道德規範。當金人第一次南下時，人民便自發地組織起來，掀起了無比壯烈的抗金鬥爭，汴京保衛戰，太原保衛戰，河間、中山各地保衛戰，陝州保衛戰，徐州保衛戰，楚州保衛戰，等等，充分體現了漢民族不畏強暴的英勇氣概。在社稷危亡的關鍵時刻，階級矛盾已降到次要地位。為了民族生存，人們摒棄了怨恨，如鍾相領導的農民起

南宋劉松年（傳）所作《中興四將圖》

義就曾響應宋欽宗的號召棄了怨恨，如鍾相領導的農民起義就曾響應宋欽宗的號召，發兵北上，勤王抗金。在北宋滅亡後，北方人民又組織起來，成為聲勢浩大

文天祥像

的抗金義軍。其中的「八字軍」、「紅巾軍」等人民抗金組織作戰頑強，沉重打擊了金兵。在民族生死存亡的關頭，湧現出了一批可歌可泣的抗金英雄，如宗澤、岳飛、王彥、陳東、李綱、韓世忠、虞允文等，他們的鬥爭和事蹟受到了人民的擁護和歌頌。

人們懷念故土家園，反對議和偏安，強烈要求抗金。陸游臨終前，作《示兒》詩，說：「死去原知萬事空，但悲不見九州同。王師北定中原日，家祭無忘告乃翁。」詩句表達了陸游念念不忘收拾舊山河的壯志豪情。

在抗金鬥爭中，湧現出了許多寧可玉碎、不為瓦全的壯烈志士。如王稟率太原軍民在糧盡援絕的情況下，浴血奮戰八個月，寧死不降。李彥仙英勇守陝州，王復在徐州殉職，趙立在楚州犧牲等，這些志士仁人為抗金而慷慨赴難，不願苟且偷生。至於文天祥的高風亮節，他的一身正氣，更為後世人們所傳頌。中國各個民族是友好的，他們對上層統治者的殘暴行徑，都是要反抗的。

總之，兩宋時期的憂患意識、堅持民族氣節的觀念，在中華民族歷史上產生了深遠的影響。

文化上的創新、兼容精神

一、創新精神

宋初的儒士們在思想領域掀起疑古思潮，至北宋中葉發展到高潮。疑古惑經之風，表現為不迷信古人，敢於疑傳、疑經，甚至以自己的觀點來改經、刪經。疑古惑經的目的是破除人們對古人的迷信，建立自己的學術體系。儒學的創新精神，首先體現在不墨守，敢於疑古惑經上。歐陽修著《易童子問》及《毛詩本義》，前者力辯《繫辭》以下，非孔子所作，後者則專攻毛、鄭之失，而斷以己意。劉敞學問淵博，長於《春秋》，其治經的特點在於以己意改經，後人對此曾有評說：「今觀其書，如謂《尚書》『願而恭』當作『願而荼』；『此厥不聽』當作『此厥不德』；謂《毛詩》『烝也無戎』當作『烝也無戍』；謂《周禮》『誅以馭其過』當作『誅以馭其禍』……《禮記》『諸侯以貍首為節』當作『以鵲巢為節』，皆改易經字以就己說」[5]。他疑《周禮》，有實績。王安石主持纂修三經新義，作為變法的理論依據。他撰經義，對先儒傳、注廢而不用，完全出於己意。

5　《四庫全書總目》卷三十三。

他對《詩》、《書》、《禮》、《易》等經典中的記事或議論多有批評，如他作的《策問》十道，其中一道云：「堯舉鯀，於《書》詳矣，堯知其不可，然且試之邪，抑不知之也。不知，非所以為聖也；知其不可，然且試之，則九載之氏其為病也亦永矣。……聖人之所以然，愚不能釋，吾子無隱焉耳。」[6]蘇軾也提出了類似的看法，他說：「聖人豈有以異乎人哉？不知其好惡之情，而不求其言之喜怒，是所謂大惑也……愚故曰《春秋》者，亦人之言而已，而人之言，亦觀其辭氣之所向而已矣」[7]，完全把自己撰述放在與聖人平等的地位上來發議論。程頤不僅改正《尚書·武成》篇，還改正《禮記·大學》篇。朱熹作《大學章句》，不僅把《大學》分為經一章，傳十章，而且以《大學》舊本有錯簡缺文為理由，自己補寫「格物致知」章。陸九淵一派的理學家，雖不刪改經文，卻用自己的思想觀點來解釋經文。

宋初開始颼起的疑古惑經之風，在當時的學術界影響甚大，它為宋儒突破藩籬、解放思想起到了很好的作用。宋儒們在學術上進行創新，提出自己的思想和主張，北宋仁宗慶曆年間，宋代學術進入到繁榮階段，學派林立，觀點各異，開展學術爭鳴，如王安石的新學、二程洛學、張載關學、三蘇蜀學，在北宋學術史上呈並立之勢。到了南宋，朱熹理學、陸九淵心學；浙學又有永嘉學派、永康學派。宋代文化的創新精神在學術上得到充分的體現。王安石荊公新學體系受到時人非議，但同樣是自得與創新的結晶。可以說從宋初以後的儒士都是力圖創新，只不過採取的方式有所不同。孫復等人不墨守先儒傳注以解經；李覯反對以古人之是非為是非；歐陽修解《春秋》一出己意，不阿同前人；蘇軾雖為歐陽修之門生，但在學術觀點上卻不一致。這一點朱熹評價得頗為中肯：「唐初諸儒為作疏義，因偽踵陋，百千萬言，而不能有以出乎二氏（毛、鄭）之區域。至於本朝，劉侍讀、歐陽公、王丞相、蘇黃門、河南程氏、橫渠張氏，始用己意，有所發明。」[8]

6　王安石：《王文公文集》卷三十。

7　《蘇軾文集》卷二。

8　《呂氏家塾讀詩記·原序》。

宋儒在學術上堅持求新。「荊公新學」突出了學術上的求新，反對守舊，而關學和洛學也同樣主張求新。張載認為「學貴心悟，守舊無功」[9]，「義理有疑，則濯去舊見以來新意」。[10]程頤也認為：「君子之學必日新，日新者日進也。不日新者必日退，未有不進而不退者」。[11]這種文化創新精神不僅體現在學術上，在文化領域的其他方面也得到充分體現。

　　宋儒在排佛的同時，開始反思儒學。復興儒學必須汲取新的養分來充實儒學。王安石、張載、二程、邵雍等開始把目光投向佛老典籍，他們大量閱讀佛老書籍，吸收佛道中的有用成分，以「唯理是求」的原則，或援佛老入儒，或以儒釋佛老，儒釋道三教合流的局面基本上形成。宋儒出於儒入於佛老，而又出於佛老返歸儒學，返求諸六經，完成了儒學融合佛老的歷史過程。當然也有溺佛而不知返者，這些人的學術表現出「雜」的特點。儒學在吸收了佛老的精髓後，形成了不同於傳統儒學的新儒學，這就是理學。理學的產生，是宋儒反思儒學、變革儒學的結果，是以儒家思想為主的儒釋道三教合流的產物，也是宋代文化創新精神和兼容精神的體現。

　　理學把自然界和人類社會完美地結合在一起，從本體論的高度論證了封建倫理綱常、封建統治是永恆不變的「天理」。理學的產生，不僅改變了儒學長期委靡不振的局面，為儒學在新的歷史條件下的復興開闢了新的天地，而且改變了以往儒學那種繁瑣經學形態，使之呈現出一種前所未有的精緻、深邃、圓融的哲理思辨風貌。這種學術被後世奉為官方哲學，並成為中國文化思潮的主流，它把自然、人生、社會融為一體，在熔鑄中華民族的民族精神、道德情操等方面，起到了重大的作用。

　　陳亮、葉適浙東永嘉學派提出的功利主義思想，更是哲學領域的新內容。從學術上講，宋代學派林立，爭鳴不斷，反映了文化學術的繁榮；從思想上講，許多哲學觀點的提出、思想體系的建立，也反映了宋代知識階層的思想創新。

<hr>

9　《張載集·經學理窟·義理》。
10　《張載集·經學理窟·學大原下》。
11　《河南程氏遺書》卷二十五。

在史學領域，宋代文化的創新突出表現在歷史觀點的發展、新史體的創立和新史料的發現上。宋代史學創新為後人稱道的主要有：一是司馬光的《資治通鑑》。從體例上講，是書為編年體通史巨製，可貴的是司馬光自覺地把資鑑觀點貫穿於一三六二年的歷史中。二是袁樞的《通鑑紀事本末》。此書雖採自《資治通鑑》，史料價值並不高，但創立了紀事本末這一新的史體，在中國史學發展史上是首創。三是鄭樵的《通志》。《通志》是紀傳體通史性巨著，紀傳部分新意不明顯，真正富有創新精神的是《二十略》。《通志・二十略》也就是正史中所說的書、志。從後人的研究心得看，鄭樵的二十略，禮、職官、選舉、刑法、食貨，多節錄《通典》等書；其餘十五略，鄭樵說完全出於「胸臆」，實有誇張，真正屬於他獨創的有以下幾《略》：《氏族略》探求古代社會的姓氏問題；《六書略》、《七音略》講文字音韻；《圖譜略》講歷代圖表學問的重要性，《校讎略》講圖書文獻；《金石略》講青銅銘文石刻文獻的學術價值；《昆蟲草木略》講動植物的種類及有關文獻。在其餘七略中，體例上雖不出前人範圍，但也有自己新的獨到見解。如《災祥略》既是天文、氣象、地質學上的材料，又是社會史上的材料。《災祥略》和《天文略》對天人感應的災祥說和史書中所謂的「春秋筆法」進行批判。所以鄭樵的《二十略》在史學上的創新是很明顯的，把史學研究的範圍擴大到前所未有的地步。四是朱熹的《通鑑綱目》。朱熹不僅創立了新的史體——綱目體，而且在歷史的通俗化方面做了卓有成效的工作。五是史學思想上突出了史學資治求鑑的社會功能。編纂史書不單是記載歷史，而且注重宣傳倫理綱常，史學思想出現了理學化的傾向。六是新史料的發現。金石學作為一門學問真正形成於宋代。所謂金石就是從地下發掘出來的關於古代銅器銘文和石刻。宋代收藏金石之風非常濃，人們收藏金石不僅僅是為了玩賞好奇，有些學者注意運用金石文獻研究歷史，以證史補史。七是方志體例的完備。宋代對方志的創新不在於大量修方志，而是創立了方志體例，使方志成為獨立的學問。首先要提到的是樂史的《太平寰宇記》。這部志書的最大創新在於編纂體例和內容有了新的突破，除記述地理外，「又編入姓氏、人物、風俗數門，因人物又詳及官爵及詩詞

雜事」。[12]「後來方志，必列人物藝文者，其體皆始於史。蓋地理之書，記載至是書而始詳，體例亦自是而大變。」[13]

　　宋代文學氣勢恢弘，在各個領域內出現新局面、新氣象，創新特點很突出。自歐陽修等人發動詩文革新運動後，宋代散文出現了新的景象。晚唐五代輕靡浮華的文風被文學家所摒棄，一種新的文風在文壇活躍起來，宋代散文注重文與道相統一，強調文章的內容和形式相一致。散文觸及現實生活內容，言之有物，語言流暢、結構新穎，成為宋代散文的特點。詩歌在宋代也發生了重大的變化，當宋初「西崑體」詩流行的時候，一些關心現實的詩人就舉起了革新的大旗，主張詩以言物，既關注現實生活，又有強烈的思想感情。到北宋後期，「江西詩派」的創立，開啟了宋詩發展的一個方向。在南宋以陸游為代表的愛國詩光耀詩壇，把現實主義和浪漫主義完美地結合在一起，使思想性和藝術性臻於完美的統一。詩話的出現，標誌宋人詩歌理論達到新的高度，這對以後詩歌的發展和創新起到了一定的推動作用。詞是宋代文學最傑出的成就，前後變化相當明顯，北宋前期，花間派詩風籠罩詞壇，男歡女愛、輕歌曼舞成為詞人筆下追逐的內容。柳永婉約詞一出，詞風為之一變，描寫都市生活，關注都市婦女內心情感成為柳詞的特徵。真正對宋詞有巨大創新的是蘇軾的豪放派詞風，其一掃綺豔柔靡的詞風，展現出雄奇奔放之勢。到了南宋，以辛棄疾為代表的愛國詞人，將豪放派詞風進一步發揚光大，憂國憂民，抒發愛國情懷成為宋詞的主要內容。宋代是詞的鼎盛時期，婉約、豪放兩派詞風交相輝映，顯示了宋詞的豐富和創新。在宋代文學中，都市文學的崛起可說是時代的新事物，話本小說這一嶄新文體的確立，對通俗文學的發展起到了相當大的推動作用。

　　在書畫領域內，宋代書畫家的作品更是絢麗多彩，許多畫家將視線移向現實生活，創作出了許多現實感較強的作品。他們善於總結前人成就，自立新意，成為一家。在書法史上，以蘇、黃、米、蔡四大家為主的注重意趣的風格，展現了宋代書法的變革創新精神。

---

12 洪亮吉：《重校勘（嘉慶）太平寰宇記序》。
13 《四庫全書總目》卷六十八。

在科學技術領域內，火藥、指南針、活字印刷術的發明對世界文明作出了重大貢獻。至於其他方面的發明創造，亦是彪炳史冊，影響深遠。

二、兼容精神

宋代文化之所以繁榮，開拓創新與融合是文化繁榮不可分的兩個方面。宋代文化表現出恢弘氣度，不斷融合外來文化汲取其他文化的精髓，從而創造出燦爛的宋文化。

宋代文化的兼容精神突出表現在儒釋道三教融合上。儒學是中國的傳統學術，歷來被封建統治者奉為官方哲學。東漢佛教傳入中國、道教產生以後，儒釋道三教開始了互為排斥、互為滲透的進程。五代以後儒學式微，佛道乘虛而入，嚴重動搖了儒學的地位。這就迫使宋儒開始反思儒學，汲取其他文化來充實儒學、復興儒學。佛道就成為其首選的對象。在進入北宋中葉以後，宋儒對佛道的態度發生了變化，一是士人嗜佛習道成風，二是從籠統的排佛道轉向從學術上批判佛道，三是大規模吸收佛道來充實儒學。王安石表明自己的文化態度是：「善學者讀其書，唯理是求。有合吾心者，則樵牧之言猶不廢，言而無理，周、孔所不敢從」。[14]「唯理是求」成為儒家融合其他學術的原則。宋儒把佛教的心性義理之學拿來充實到儒學中，把道教的「太極」思想糅入儒學中，就成為理學的重要命題。可見理學的產生，是儒釋道融合的產物。

對於佛道而言，同樣面臨融合儒學的任務。佛道儒學化可以說是三教合流的歷史趨勢。在宋以前，佛道儒學化步履維艱，到了宋代，文化的開放態勢為佛道入儒創造了條件。首先是佛道政治化出現，其次是將佛道教義比附儒家的倫理綱常。佛道的儒學化改變了其原有的地位，因此佛道與儒學在宋代呈現出互為滲透、互為融合的態勢，文化兼容精神在三教合流上得到了充分的體現。

---

14 惠洪：《冷齋夜話》卷六。

宋代學術非常發達，學派林立，觀點各異，但文化兼容精神同樣貫穿其中。北宋的荊公新學、二程洛學、張氏關學、三蘇蜀學、司馬光涑水之學是很重要的幾大學術派別，南宋又有朱熹理學、陸九淵的心學、呂祖謙的呂學；浙江地區學術又有永嘉學派、永康學派等學術派別。這些學術流派矛盾導致政治黨爭或學術爭鳴，如王學與洛學之爭，王學與蜀學之爭，王學與涑水之學之爭，朱陸之爭，朱熹與陳亮、葉適之爭等。學術上爭論的同時又在相互吸收，宋代學術之所以發達，與學術上的爭鳴和融合分不開。宋代政治上的鬥爭往往與學術爭論糾纏在一起。統治者利用「黨禁」打擊學術上不同的派別，但最後又只能弛禁、解除黨禁。一些學術在風波中經受考驗，並且為統治者認識到其價值，成為「官學」。

　　宋代文化的兼容精神還體現在其他方面。尊重外來民族的宗教習俗、文化習慣，並使之自覺地融入中國文化之中。由海上「絲綢之路」來華從事貿易的大食人，在宋時很多，宋尊重其文化習俗，允許其保留自己的文化習俗。這種平等的態度，轉而促使這些大食商人漢化，其文化融入了中華文化之中。

　　宋代文化的兼容精神在社會習俗方面也表現得較為突出。宋與遼、金雖是敵對的政權，但兵戈鐵馬阻擋不住文化習俗上的融合。宋代文化北傳並被遼、金認同；遼、金社會習俗南下並被宋人接納，中華民族文化在這種過程中不斷地增添新的營養、新的因子，從而不斷地壯大，如宋人的服飾及飲食就多受北方少數民族的影響，有時甚至成為一部分人追逐的對象。如北宋時契丹人服飾，漢人也樂於服用，「習尚既久」以為常。金人婦女的妝飾對宋代婦女影響很大，如宋代婦女仿金人女子把頭髮束起來甩到腦後，時人稱為「女真妝」，宮中婦女首先仿效，後來遍及全國。

第三節 ·
都市文化：
市井細民的精神需求

　　宋代文化的繁榮不僅體現在自然科學和社會科學方面，而且也體現在都市文化方面。

　　宋代的都市文化非常活躍，豐富多彩。都市文化主要是反映生活在都市人民的生活情趣、精神追求上，可以說是一種俗文化，與反映上層社會的如詩、詞、史學、哲學、教育、倫理等雅文化不同。宋代的都市文化從風格上講，主要體現在以下幾點：從文學形式上講有話本小說，從娛樂形式上講，主要有各種各樣的娛樂方式。如歌、舞、百戲、雜耍等；從飲食上講，主要有菜、酒、各種各樣的小吃等等。宋代的都市文化非常活躍，反映了宋代市井細民的精神追求。

　　宋代的都市文化豐富多彩，這與生產關係出現新的因素、商品經濟發展、都市經濟發達有關。宋代出現了像開封、杭州這樣擁有百萬以上人口的中世紀的著名商業都會，也出現了許多商業城鎮和小集市。商業經濟的發展，使宋代的城市空前繁華起來。藝人們迎合了都市百姓的口味，反映了市井細民的要求的情況，自然就會引起人們的注目。還有一點是宋代文學向世俗方向發展的趨勢，體現為人文精神，如柳永的詞就取材於市井，周邦彥的詞頗受市井藝人的喜愛。

　　宋代市民文化的活躍突出表現在都市文學和娛樂表演方面。

宋代市民文化之所以活躍，關鍵在於有了供民間藝人從事文娛表演的場所，即瓦子勾欄。瓦子勾欄其實就是在城市中固定的演出場所。在瓦子勾欄中匯聚著各種規模不等的專業演出團體，用欄杆等物組成一些小的演出場所，不管「風雨寒暑」，天天演出。在北宋的開封、南宋的杭州，瓦子勾欄很多，如開封大內東角樓街巷的瓦子最為集中，「街南桑家瓦子，近北則中瓦，次里瓦。其中大小勾欄五十餘座。內中瓦子蓮花棚、牡丹棚，裡瓦子夜叉棚、象棚最大，可容數千人」。[15]杭州的瓦子勾欄在南遷後發展更快，超過了開封。杭州城內有南瓦、中瓦、大瓦、北瓦、蒲橋瓦。北瓦最大，有勾欄十三座。城外有二十座瓦子。杭州瓦子之所以多，一則南渡後城內駐軍多西北人，「是以城內外創立瓦舍，招集妓樂，以為軍卒暇日娛戲之地。」[16]

　　城市中大批瓦子勾欄的出現，大大豐富了市民的文化娛樂生活。眾多的民間藝人聚集在勾欄中進行各種文娛表演，以供人們消遣娛樂。除瓦子勾欄外，在街頭巷口的一些開闊地帶，是游動的「路岐人」的活動場所，其境遇不如瓦子勾欄中的藝人，沒有固定的場所，這些藝人多是流入城市的破產農民，這些藝人和瓦子勾欄中的專業藝人一起共同繁榮了城市的文化生活，促進了宋代都市文化的興盛。

　　兩宋都市文化活動有以下幾個方面。

　　1. 百戲　宋代的百戲種類很多，屬於雜耍類的有踏球、蹴球、上竿、跳索、踏索、脫索、踢瓶、弄碗、踢磬、弄花錢、花鼓槌、壁上睡、虛空掛香爐、弄花球兒、弄斗、打硬、教蟲蟻、弄熊、藏人、藏劍、撮米酒、傀儡等。屬於角觝的有相撲、爭交比賽。屬於魔術方面的有藏人、藏劍、燒火喫針、七聖刀之類。屬於馴化動物方面有教蟲蟻、弄熊、魚跳刀門、使蜂喚蝶、追呼螻蟻，以及猴呈百戲、鬥雞等。百戲表演在宋代市民文化中占有很重要的地位，頗受人們的喜愛。藝人主要是在瓦子勾欄中表演，逢年過節以及大的節日活動，他們也被皇宮召集

---

15 《東京夢華錄》卷二。
16 吳自牧：《夢粱錄》卷十九《瓦舍》。

進宮表演。

2. 說唱曲藝　宋代的說唱曲藝，分唱、說兩大類。說即說書，有講史、講經、小說、說諢話四大類。說書人主要用講說的形式進行表演，又稱說話人，說書用的底本稱為話本。話本的出現，是中國文學史上的一件大事，標誌著宋代民間文學發展到一個全新的時期。講史即講史書，「講說前代史書文傳興廢爭戰之事」；[17]講經，「謂演說佛書」，還有一種說參請，「謂賓主參禪悟道等事」；[18]小說，主要內容有煙粉、靈怪、公案傳奇，通過一些簡單的故事，反映一些青年男女要求婚姻自由。由於小說的故事多為發生在市民生活當中，故頗受人們的喜愛；說諢話，「人以為口業報云」[19]，以唱為主的說唱曲藝，「諸宮調本京師孔三傳編撰，傳奇、靈怪、八曲、說唱。」[20]有小唱、嘌唱、要令、唱賺等，唱賺之「賺」最難，兼有諸家腔譜。從形式到內容，都很豐富。

3. 雜劇與南戲　宋代雜劇是在唐代參軍戲的基礎上發展起來的。北宋雜劇沒有南宋雜劇成熟，但地位在散樂傳學教坊十三部中，已為正色。宋代雜劇分豔段、正本、雜扮三部分。豔段演「尋常熟事」，正本即雜劇的正文，雜扮即雜劇之後散段。宋雜劇的故事多以滑稽諷刺為主要風格，政治性特別強烈，隱諫諍於戲曲之中。雜劇在宋代，從皇宮到民間，日益普遍，內容相當豐富。在雜劇發展的過程中，兩宋之際，在南方許多地方出現了一些不同唱法的地方戲，總稱為南曲戲文，是元、明南戲的始祖。南戲在北方雜劇的影響下，以南方民間散樂為基礎，吸收諸般伎藝的歌唱舞蹈等表演形式、手段，逐漸與故事性情節內容相一致，最後形成具有地方特色的戲種。

雜劇、南戲，在南宋城市娛樂活動中更為活躍，占有很重要的地位。在瓦子勾欄這樣最好的戲場中，雜劇表演是主要的方面，以它獨特的魅力吸引著觀眾。

宋代都城市民文化的崛起，表演娛樂只是其中的一部分。飲食文化也很有特

---

17 耐得翁：《都城紀勝·瓦舍眾伎》。
18 吳自牧：《夢粱錄》卷二十《小說講經史》。
19 洪邁：《夷堅乙志》卷十八。
20 耐得翁：《都城紀勝·瓦舍眾伎》。

色。京都及大一點的城市不僅有規模宏大、裝潢考究的酒樓，也有遍布大街小巷的小酒館；食品的種類更為豐富，製作技術更趨完美，簡直是一件件賞心悅目的藝術品。飲食文化的豐富也反映出都市文化的特點。

都市文化的興起成為宋代文化的一大特色，它更多地表達了人的個性，突破了傳統文化活動的程式，含有人文精神的因素。歌舞昇平的活動，背後卻是社會危機深重。都市文化又具有寄生性一面。也應當指出，下層百姓也通過種種活動，表達出對國家社稷危亡的擔憂，對腐敗吏治的憤恨，對社會不公的不滿，對違背人性的道德的抨擊，雖然它夾雜著綱常倫理的說教。

第三章

文化紛爭
與融會

　　唐宋之際中國封建社會所發生的重大變化，向宋代地主階級的知識分子提出了創立精緻的新的理論體系以進一步論證封建倫理綱常的永恆性的要求。創立新體系的基本途徑，就是糅合儒、佛、道三家，融合其文化精粹，從而改造舊儒學，建立和發展新儒學。而從實現這一途徑的完整過程上看，不同風格的文化融會，觀點各異的文化碰撞，紛紜繁雜的文化之爭，則是構築宋代儒家創建新儒學的文化全景，這其中，「義利之辨」、「儒佛融會」、「夷夏之辨」、「朋黨之爭」則是構建其全景的重要內容。

第一節 ·
王霸義利之辨

　　義利問題是中國傳統文化中的一個重要問題，是儒家倫理思想的一個重要內容，是中國文化思想界長期爭論的焦點之一。從歷史的角度來說，孔子是最早提出義利及其關係的。他說：「君子喻於義，小人喻於利。」[1]，即君子所以為君子，乃是他們明白義、重視義；小人所以是小人，乃是由於他們只了解利，重視利。義和利，是區分君子和小人的重要標誌，義和利是相互排斥的。所以，孔子提倡「見利思義」、「義以為上」[2]，從而規定了儒學以此道為中心，以此價值觀念為衡量其他價值觀念的最高標準。從此，貴義賤利的思想一直為先秦到漢唐的儒者所推崇。

　　當中國的歷史跨進宋代以後，每當出現社會改革或是新的社會文化思潮的時候，總是要伴隨著出現一場程度不同的義利之辨。

　　北宋從建國到仁宗慶曆年間，經過了八十年的時間。宋初各項措施的負面造成的惡果以及各階級、各階層所積聚起來的種種矛盾促使社會危機加深。而這種社會矛盾激化的集中體現，則是北宋王朝積弱積貧局面的形成和加劇。在內憂外患的社會形勢下，以范仲淹為代表的地主階級，推行社會改革，史稱「慶曆新

1　《論語·里仁》。
2　《論語·憲問》。

政」。李覯是這一改革的熱情擁護者。他的義利觀是這一社會改革的理論表現和現實反映。李覯針對當時的社會弊端，尖銳地批評了當時在社會上頗具流行的賤利思想，積極主張經濟改革，如以「平土」（均田）方法解決土地兼併問題，以「薄稅斂」，「平徭役」，防止官僚厚斂等方法，減輕農民的負擔等。並大膽提出：「愚竊觀儒者之論，鮮不貴義而賤利，其言非道德教化則不出諸口矣。然《洪範》八政，『一曰食、二曰貨』。孔子曰：『足食，足兵，民信之矣。』是則治國之實，必本於財用。蓋城郭宮室，非財不完；羞服車馬，非財不具；百官群吏，非財不養；軍旅征戍，非財不經；郊舍宗廟，非財不事；兄弟婚媾，非財不親；諸侯四夷朝覲聘問，非財不接；矜寡孤獨，凶荒札瘥，非財不恤。禮以是舉，政以是成，愛以是立，威以是行。舍是而克為治者，未之有也。是故賢聖之君，經濟之士，必先富其國焉。」[3]他從政治、法律、軍事、外交、道德、文化、禮教等諸多方面，來論證和說明物質財富決定一切禮製法則的思想，無疑包含著重物、重利主義的因素。更值得注意的是，李覯站在地主階級改革派的立場上，大膽言利，提出了富國的主張。他還認為「利」是應該講的，只要符合「禮」即可。不言利是一種「賊人之生，反人之情」的俗儒偏見。他說：「利可言乎？曰：人非利不生，曷為不可言？欲可言乎？曰：欲者人之情，曷為不可言？言而不以禮，是貪與淫，罪矣。不貪不淫而曰不可言，無乃賊人之生，反人之情，世俗之不喜儒以此。」[4]他批評孟子只講仁義，不講利欲，認為孟子的主張是一種偏激的觀點。他說：「孟子謂『何必曰利』，激也。焉有仁義而不利者乎？」[5]其實，孔孟也不是不講利欲的。他指出：孟子「其書數稱湯、武將以七十里、百里而王天下，利豈小哉？孔子七十，所欲不踰矩，非無欲也。於《詩》則道男女之時，容貌之美，悲感念望，以見一國之風，其順人也至矣。」[6]蘇洵也曾作了一篇《利者義之和論》的文章，主張「義者，所以宜天下，而亦所以拂天下之心」，是「對聖人戕天下之器也」[7]。他堅信，「君子恥言利，亦恥言夫徒利而已」。「利在

3　《李覯集》卷十六《富國策第一》。

4　《李覯集》卷二十九《原文》。

5　同上。

6　同上。

7　蘇洵：《嘉祐集》卷九《利者義之和論》。

則義存，利亡則義喪」。「義利、利義相為用，天下運諸掌矣」[8]。正確地闡明了義利之間的關係。相反，與其同時代的邵雍，卻與之觀點迥然不同，他大力提倡「貴義賤利」。他說：「天下將治，則人必尚義也；天下將亂，則人必尚利也。尚義則謙讓之風行焉，尚利則攘奪之風行焉。」又說：「君子喻於義，賢人也；小人喻於利而已。」[10]二程也認為，利「不獨財利之利，凡有利心，便不可。如作一事，須尋自家穩便處，皆利心也。聖人以義為利，義安處便為利。」[11]由此觀點出發，他批評李覯說：「天下只是一個利，《孟子》與《周易》所言一般。只為後人趨著利便有弊，故孟子拔本塞源，不肯言利，其不言孟子者，卻道不合非利，李覯（遘）是也。其信者，又直至不得近利。人無利，直是生不得，安得無利？且譬如倚（椅）子，人坐此便安，是利也。如求安不已，又要褥子，以求溫暖，無所不為，然後奪之於君，奪之於父，此是趨利之弊也。利只是一個利。只為人用得別。」[12]二程看來，利雖是一個利，但有公私之別。「義與利，只是個公與私也。」他們所反對的只是「私利」，並不反對「公利」。這樣，對利的解釋就更為進了一步。然而，就義利之釋的發展來看，上述種種觀點、看法以及社會輿論，為後來者王安石開始的「義利交戰」拉開了序幕。這場「義利交戰」，事關社稷興衰、國安民富，沒有迴避的餘地。於是，「慶曆新政」失敗以後，接著又出現了王安石的變法，從而使義利之辨又進入了一個新階段。

王安石在變法的過程中，不僅堅持鮮明的義利觀，而且以此來指導自己的改革活動，正確處理各種社會矛盾和利益關係。他認為，古今對義的理解是不同的，義的含義是隨著時代的發展而變化的，世界上沒有永恆的、一成不變的義。即使君臣之義也是有條件的，只有在「君之可愛」這一前提下，臣才「不可犯上」。這是常義，也是常理。如果條件發生了變化，像桀、紂那樣變成暴君，那麼臣下就不必恪守常義，而應像湯、武那樣，毫不猶豫地將其「放弒之」。這就

8 同上。
9 邵雍：《皇極經世・觀物內篇》。
10 同上。
11 《河南程氏遺書》卷十六。
12 《河南程氏遺書》卷十八。

是用非常之義舉，打破常義，使義更向前推進一步。

在變法過程中，理財是其中的重要內容。對此，王安石明確提出「利者義之和，義因為利也」[13]的觀點，在他看來，理財之義就是利，義利是統一的，不是對立的，只有使百姓無憾於無食，才能興禮義廉恥。與此同時，理學家張載也肯定並明辨義利關係，認為只有「利於民」才算是真正的利，張載以義和公利作為道德評價尺度的觀點，顯然比李覯更為實際，更進一步，並且有較高的境界，因此備受王安石讚許。這種以「義利並重」作為評價道德標準的思想，在北宋中期產生了積極而廣泛的影響，就連當時最重義理的二程，也不得不在堅持義利不相容的同時，承認有合於義理的「善」利存在。指出：「夫利，和義者善也，其害義者不善也。」「凡順理無害處便是利，君子未嘗不欲利……（只要）不遺其親，不後其君，便是利。仁義未嘗不利。」[14]顯然，這與傳統儒學所宣揚的「貴義賤利」的思想觀點相比，是個不小的差別。然而，就義利關係的整體來講，「貴義賤利」的傳統主張依然很強大，如司馬光言：「言利之人，皆攘臂環視，銜鬻爭進，各鬥智巧，以變更祖宗之法，大抵所利不能補其所傷，所得不能償其所之，徒欲別出新意，以為功名耳！此其為害已甚矣。」[15]如程顥所講：「凡此天下之理不宜有成，而智之所不行也。設令由此僥倖，事有小成，而興利之臣日進，尚德之風浸衰，尤非朝廷之福。」[16]

王安石變法失敗後，北宋政治更加黑暗，朋黨鬥爭沖淡了宋儒之間的義利之爭。宋室南渡後，隨著社會矛盾的加劇，理學家的空談仁義，鄙視功利的社會風氣甚囂塵上。他們認為北宋之所以亡國，是由於王安石「興利而忘

王安石像

13 李燾：《續資治通鑑長編》卷二一九。
14 《河南程氏遺書》卷十九。
15 《溫國文正公文集·與王介甫書》。
16 《河南程氏文集》卷一《再上疏》。

義，尚功而悖道」[17]造成的。李侗也認為「義利不分，故自王安石用事，陷溺人心，至今不自覺」[18]。所以，南宋的理學家認為，「義利之道乃儒者第一義」。義利之辨是關係到社會政治的好壞和國家興亡的大問題。如同朱熹所說：「其心有義利之殊，而其效有興亡之異，學者所當深察而明辨之也。」[19]這樣，義利之辨在南宋又重新揭開了戰幕。

辯論的一方以朱熹為代表，另一方則是以陳亮、葉適為代表。

朱熹用理欲絕對對立的形而上學觀宣揚「革盡人欲，復盡天理」的禁欲主義。他在《答陳同甫書》中說：「至若論其本然之妙，則唯有天理而無人欲。是以聖人之教，必欲其盡去人欲而復全天理也。」又說：「學者須是革盡人欲，復盡天理，方始是學。……而今只是分別人欲與天理，此長彼必短，此短彼必長。」[20]天理與人欲勢不兩立，只能一方戰勝另一方。在朱熹看來，天理就是義理，人欲即是功利；義理就是講仁義道德，功利就是講利欲。那麼，「革盡人欲」，就是去利欲、功利；「復盡天理」，就是只講義理，仁義道德。不僅如此，朱熹還把漢代董仲舒的「正其誼不謀其利，明其道不計其功」的觀點，作為他的白鹿洞書院的學規，並從多方面闡發了儒家的義利觀。他在注釋「君子喻於義，小人喻於利」的觀點時，以天理和人欲來解釋義和利。朱熹說：「義者，天理之所宜。利者，人情之所欲。」[21]即是說，義利之辨，實際上就是天理與人欲之辨。在義利關係上，朱熹提出了兩個命題：一是「重義輕利」；二是「以義制利」。這顯然是針對當時陳亮、葉適所倡導的功利主義而發。朱熹指責他們把義理與利害相混淆，「專去利害上計較」。這種重義輕利的觀點，雖然看到了道德對利益的反作用，然而輕視功利，忽視物質利益的重要性，更不懂得它對道德的決定作用，這對後世產生了非常大的影響。

---

17 《宋史・胡宏傳》。
18 《宋史・李侗傳》。
19 《孟子集注》卷十二《告子章句下》。
20 《朱子語類》卷十三。
21 《論語集注》卷二《里仁》。

針對朱熹的挑戰，陳亮等提出「義利雙行，王霸並用之說」，陳傅良、葉適等從功利主義的道德標準出發，提出了「功到成處，便是德；事到濟處，便是有理」[22]和「既無功利，則道義者乃無用之虛語耳」[23]的命題，強調道德行為的實踐性，把利和行作為道德評價的標準。講究利國、利民，而不在乎是否合乎義理。甚至認為只要「有救時之志，除亂之功，則其所為雖不盡合義理，亦自不妨為一世英雄」[24]。而葉適則更是明確地說：「『仁人正誼不謀利，明道不計功』，此語初看極好，細看全疏闊。古人以利與人而不自居其功，故道義光明。後世儒者行仲舒之論，既無功利，則道義者乃無用之虛語爾；然舉者不能勝，行者不能至，而反以為詬於天下矣。」[25]葉適認為，仁義的價值必須表現在功利上，沒有功利，仁義就成了沒有具體內容的空話，因而也就失去其存在的價值，只有把仁義與功利統一起來，才具有現實意義。

　　而對此觀點，朱熹則勸阻陳亮等「紬去義利雙行，王霸並用之說，而從事於懲忿窒欲，遷善改過之事，粹然以醇儒之道自律」[26]。朱熹不僅以功利是出於「計功謀利之私」，而且指責陳亮是「在利欲膠漆盆中」[27]。他批判陳亮之不重修德而重事功是「棄捨自家光明寶藏，而奔走道路，向鐵爐邊查礦中拔取零金，不亦惜（誤）乎！」[28]因此，他對於功利之學的傳播十分憂慮：「江西之學只是禪，浙學則是功利。禪學後來學者摸索一下，無可摸索，自會轉去。若功利，則學者習之便可見效，此意甚可憂！」[29]「習之便可見效」，這不僅從一個方面說明陳亮講實事實功，講求實際利益和效果；而且，實事上陳亮的主張在當時的確是順乎時代潮流的行之有效的實學，這就自然與朱熹的「正心誠意」，空談心性相矛盾。

22 陳傅良：《止齋文集》卷三十六《答陳同甫三》。
23 《習學記言序目》卷二十三《前漢書‧傳》。
24 《朱文公文集》卷三十六《答陳同甫書》。
25 《習學記言序目》卷二十三《漢書三‧列傳》。
26 《朱文公文集》卷三十六《答陳同甫書四》。
27 《朱文公文集》卷三十九《朱子語類》卷一二三。
28 《朱文公文集》卷三十六《答陳同甫書九》。
29 《朱子語類》卷一二三。

陳亮在與朱熹論戰時，以「堂堂之陣，正正之旗」，公開反對朱熹的空談之理，主張「義利雙行」。對於「義利之分」，陳亮在《問答·七》中說：「耳之於聲也，目之於色也，鼻之於臭也，口之於味也，四肢之於安佚也。性也，有命焉。出於性，則人之所同欲也；委於命，則必有制之者不可違也。」人的耳、目、鼻、口的私欲就是性，性是不可違背的，固此，也可以叫做命。陳亮從自然人性論的觀點出發，把人的私欲作為人的本性或天性，這就一反朱熹的理為性的說教。既然私欲是人的本性，是不可違抗的，那麼，私欲就應當是合理的，是不能去的。這樣看來，朱熹等理學家的要「盡去人欲」，豈不是違背天理，沒有天性嗎？

然而在這裡，雖然陳亮以利欲為天性，主張利，但他並沒有如朱熹那樣以人欲否定天理，以利否定義。他認為：既要肯定利欲為天性，但同時也要講義理。他說：「諸儒自處者曰義曰王，漢唐做得成者曰利曰霸。一頭自如此說，一頭自如彼做；說得雖甚好，做得亦不惡：如此卻是義利雙行，王霸並用。如亮之說，卻是直上直下，只有一個頭顱做得成耳。」[30]「義利雙行」，就是天理與人欲並行不悖，這顯然與朱熹的義利不兩立、「存天理，滅人欲」是相對立的。

義利之辨涉及的另一個重要問題，就是關於道德與事功的爭論，即動機與效果之爭。朱熹專講動機，不講效果。他認為，王霸之別在於義利之分，王者依義而行，霸者只是一個利欲。即使作為霸者的漢唐作出可以與三代媲美的事業，那隻是暗合，其動機「只在利欲上」。這就把動機與效果割裂開來了。在朱熹看來，客觀效果的好壞是可以不顧的，也是不需要以效果來檢驗動機的，只要動機好，如「三代專以天理行」，就一切都好，不好也是好；動機壞，如「漢唐專以人欲行」，則好也是壞，建功立業也全是利欲。

陳亮反對朱熹只注重動機的觀點，而重效果，講功效。他認為，即使是「執賞罰以驅天下者，霸者之術也」[31]，只要能收到驅使天下的功效，也是好的。陳

---

30 《陳亮集》卷二十《又甲辰秋與朱元晦祕書》。
31 《陳亮集·問答》。

亮批評朱熹等只講動機，是一些「不知事功之為何物」的人。他認為應從事功出發來看待事物，選拔人才。他說：「人才以用而見其能否，安坐而能者，不是恃也；兵食以用而見其盈虛，安坐而盈者，不是恃也。」[32] 這就是說只有通過「用」，即實踐或應用，看其能否有效果，才是衡量人才的標準。陳亮注重實事實功，講求行為、事物的效果，這無疑對空談心性，專講「正心誠意」的朱熹是一個有力的回擊和批判。但陳亮在批判朱熹專講動機，不問效果的時候，他們也已陷入了只講效果而忽視動機的片面性。當時陳亮的好友陳傅良概括他的見解時說：「功到成處，便是有德；事到濟處，便是有理。此老兄之說也。」[33] 後來，《宋元學案》也評論說：「功到成處，便是有德；事到濟處，便是有理，此同甫之說也。……功有適成，何必有德，事有倡濟，何必有理，此晦庵之說也。」[34] 這就是說，凡是有功效，就是「有德」；做到事濟，就是「有理」。也即是，只要做到功成事濟，就是正確的。這從強調實事實功來看，的確有正確的一面，但否定了動機，則又是不對的。

　　綜合上述，我們由義利之辨可以得出三點結論：一是義利這對範疇並不是凝固不變的、抽象的範疇，它的內容和形式隨著社會條件的變遷是不斷損益的。二是宋代義利觀的爭辯，是依據於當時社會形勢的變化而變化，是一個逐步推進和拓寬，波浪式前進的過程。正是經過了這一過程，宋代先哲們對義利的認識，才有了一個逐步深入，不斷深化的過程。在這裡，既有真理的閃光，也有失敗的教訓。三是宋代義利之辨有幾個基本派別：第一是義利對立派，基本觀點是先分義與利為二，將二者絕對對立起來，然後主張「貴義而賤利」，或者「以義代利」。第二是義利統一派，其基本觀點是先將義利合二為一，在利的基礎上將二者統一起來，提倡功利主義。第三是義利兼顧派，其基本觀點是在社會生活中，義利皆不可去，但要「以義制利」。在上述幾派中，以二程朱熹等為代表的儒家學派的「貴義賤利」的義利觀，在宋代，乃至中國古代歷史上始終占據統治地位，成為中國傳統思想文化的主流，成為對後世影響至深的封建文化思潮。

32　《陳亮集・上孝宗皇帝第一書》。
33　《止齋文集・答陳同甫》。
34　《宋元學案・龍川學案》。

第二節 ·
華夷之辨

　　有宋一代，由於過度的重文輕武，以致武力不競。這種情況構成了當時中國民族矛盾的突出特徵。從宋真宗景德元年（1004 年）的契丹南下，兵臨澶州，到宋仁宗寶元元年（1038 年）元昊稱帝，再起狼煙，十一世紀初期的這種局面，被歐陽修形容為「四夷不服，中國不尊」[35]。北宋的統一之舉，受到限制，而遼兵不斷南下，威脅宋的安全。在這種歷史條件下，特別是宋朝的知識分子產生了強烈的憂患意識，「使夷不亂華」，[36]成為邊境戰爭的當務之急。而在思想觀念領域內，關於「尊王攘夷」，明「華夷之辨」，關於內外之分的問題因而進一步突出起來。應該指出，中國境內各個民族都對祖國文化的創造，作出巨大的貢獻，漢族和各個少數民族都是祖國歷史的創造者，都是要求統一的。

　　華夷的觀念，孔子曾提出「裔不謀夏，夷不亂華」[37]的主張。裔，指邊地，《左傳·文公十八年》有「投諸四裔」，即是一種地域概念。而「夷」則主要是一種文化概念。至宋，華夷觀念基本上仍是包含這兩方面的內容，就是說，華夷之辨具有地域和文化兩方面的意義。

---

35 歐陽修：《居士集》卷九《本論》。
36 《范文正公集》卷八《上執政書》。
37 《左傳·定公十年》。

（一）地域概念上的華夷之辨

十一世紀初期，北宋建國已半個多世紀，然而恢復漢唐舊疆的願望不僅沒有實現，反而換來了屈己納幣的澶淵之盟。幾十萬軍隊，甚至連一個小小的元昊政權都對付不了。憂天下之憂，感慨論天下事，奮不顧身，可以說是當時知識分子的共同心理狀態。這種心理狀態所蘊藏的深層觀念便是濃烈的華夷意識。如宋仁宗景祐元年七月，元昊侵入慶州，宋軍敗績，主將被擒，蘇舜欽即時作長詩《慶州敗》以抒忠憤，該詩的結句即是，「羞辱中國堪傷悲」。[38] 石介在第二年作《西北》詩，亦云：「吾嘗觀天下，西北險固形。四夷皆臣順，二郡獨不庭。……堂上守章句，將軍弄婷婷。不知思此否？使人堪涕零。」[39]「二郡」即指夏（西）、遼（北）兩個周邊民族政權。結句的「使人堪涕零」，正與蘇舜欽詩同意，充分體現了十一世紀初期成長起來的北宋新一代知識分子關心社稷命運與前途的憂患意識。蘇舜欽另有《吾聞》詩，抒發其投筆從戎的雄心壯志，該詩的最後部分是：「予生雖儒家，氣欲吞逆羯。斯時不見用，感嘆腸胃熱。晝臥書冊中，夢過玉關北。」[40] 當時像石介、蘇舜欽這樣面對國難，慷慨激昂，不願坐守書齋，嚮往著奔赴邊關，獻身疆場的知識分子不在少數。范仲淹、尹洙、余靖、韓琦等以儒臣領武職的且不論，即以關學鉅子張載來說，他於宋仁宗康定元年（1040 年）二十一歲時即準備聯絡一批人去攻打被西夏占領的洮西之地，並寫信告訴當時擔任陝西經略安撫副使的范仲淹。范仲淹十分欣賞他的勇氣，但認為張載更適合於做復興儒學的研究工作，便教導他讀《中庸》，勉勵他，說：「儒者自有名教樂，何事於兵！」可見，在當時士大夫的思想中，復興儒家傳統文化和參加邊境戰爭，同樣是「尊王攘夷」的需要。石介所撰《中國論》，對「華夷之辨」講得更明確，「夫天處乎上，地處乎下，居天地之中者曰中國，居天地之偏者曰四夷。四夷外也，中國內也。天地為之乎內外，所以限也。」[41] 天在上地在下，中國內四夷外，在石介所勾勒的這幅宏觀結構的世界地圖中，「中國」被狹義地理解作

---

38 《蘇舜欽集》卷一。
39 《徂徠石先生文集》卷二。
40 《蘇舜欽集》卷二。
41 《徂徠石先生文集》卷十。

漢族政權的代名詞。在石介看來，漢族政權理該世世代代處於統治天下的位置上，成為宇宙和世界的中心，而「四夷」（包括契丹、黨項等周邊民族）對它則只能是臣屬的關係。故曰：「九州分野之外入乎九州分野之內，是易地理也」。這在今天看來，自然是可笑的大漢族主義言論，但在當時民族危機成為現實威脅的情況下，宋代學人產生這樣的想法從而激發深沉的憂患意識是毫不奇怪的。洛學創始人程頤在其《論政事》篇中也明確地說：「諸侯方伯明大義以攘卻之，義也；其餘列國，謹固封疆可也。若與之和好，以苟免侵暴，則亂華之道也。是故《春秋》謹華夷之辨」。[42]北宋末年的胡安國著《春秋傳》，謹華夷之辨的思想表現得更加突出。其書開宗明義，即論「《春秋》之旨」乃在「謹於華夷之辨」。他說：「《春秋》，聖人傾否之書，內中國而外四夷，使之各安其所也。」[43]從地域上辨夷夏，目的是「使之各安其所」，這很能說明辨華夷的根本所在。

南宋時期，統治者難以偏安一隅，宋朝統治岌岌可危。理論觀念上的嚴華夷之辨體現為抗戰與屈膝投降的鬥爭。以宋高宗為代表的妥協派，對金甘願稱臣納貢。朱熹在孝宗即位的第二年被召見，曾面奏三札。第一札說，陛下遇事猶豫不決，就是由於不講《大學》之道。他建議孝宗博訪真儒，講明此道，以修身為本。第二札提出，國家大計有三，即戰、守、和。他依據三綱五常，認為君父之仇，不共戴天。因此反對議和，而主張「合戰、守之計為一」（據他後來對友人說，實際上是主守）。第三札，大講周宣王「內修政事，外攘夷狄之道」，說是「其本不在乎威強而在乎德業，其備不在乎邊境而在乎朝廷，其具不在乎兵食而在乎紀綱」。講到抗金作戰，他認為應該考慮的是修德業，正朝廷，立紀綱。朱熹的三札，一面說反對議和，要為君父報仇，以維護三綱五常，一面又否定一切作戰準備，實際上是一種攘外必先安內，安內要先修身的主張。這種思想理論與反對抗戰的妥協派是相呼應相表裡的。永康人陳亮，在宋孝宗時期曾一再上書力主抗金，反對議和。認為南宋偏安於江浙，是一種恥辱。並對當時的理學家脫離國家安危的實際而空談性命之學的風氣，進行了無情的揭露。他說：「始悟今日

---

42 《河南程氏粹言》卷一。
43 胡安國：《春秋傳》卷二十三。

之儒士自以為得正心誠意之學者，皆風痹不知痛癢之人也。舉一世安於君父之仇，而方低頭拱手以談性命，不知何者謂之性命乎！」[44]這體現了陳亮鮮明的政治態度、價值觀念和榮辱哲學，是北宋以來嚴華夷之辨的一種外在表現。與陳亮一樣提倡實事實功的葉適，政治上亦是力主抗戰，收復失地的。他在給孝宗皇帝的上書中，劈頭就指出：「臣竊以為今日人臣之義所當為陛下建明者，一大事而已；二陵之仇未報，故疆之半未復，此一大事者，天下之公憤，臣子之深責也；或知而不言，或言而不盡，皆非人臣之義也。」[45]夷夏兩分，攘夷復宋的意識溢於言表。

總之，從地域上辨華夷是宋代的有識之士特別是宋代知識分子憂患意識的外在表現。而契丹族的遼則提出契丹、漢族是同源，「遼之先，出自炎帝」。[46]

（二）文化概念上的華夷之辨

宋代現實中越來越深刻的民族危機喚醒了知識分子對以尊王攘夷為己任的儒家主體文化的強烈認同和憂患意識，戰場上的失利又迫使他們通過大力復興傳統儒學而排斥佛、老異端。因此，文化概念上的華夷之辨之「華」，基本上是指儒家文化，華夷之辨之「夷」，卻具有包括佛、老及外域等異質文化在內的更為廣泛的內涵。

從文化變遷的立場上看，中國戰國時期的百家爭鳴，墨家、道家、法家等不同學術流派與儒家的大辯論，漢末魏晉以來，尤其是到唐代達於極盛的佛、老之學與儒學的激烈衝突，是中國文化史上兩個十分重要的時期，是緊接著出現的漢、宋兩次因文化整合的成功而帶來的儒學繁榮必不可少的文化準備或者說前奏。但宋政權所面臨的尖銳激烈的民族矛盾，直接刺激了儒家傳統文化首先以講究「夷夏之大防」為突破口而復興。儒釋道有融合的一面，但主要是以儒家文化

---

44 《陳亮集》卷一《上孝宗皇帝第一書》。
45 《水心別集》卷十五《上殿札子》。
46 《遼史》卷一。

融合釋道，但並沒有取消儒與其他異質文化的區別、對立和鬥爭。

石介所著《中國論》，既有地域概念上的華夷之辨，也有文化意義上的華、夷區分。石介認為，非君臣、父子、夫婦、兄弟、賓客、朋友之位，是有悖人道的。而造成「悖人道」的原因，正是文化意義上的「夷狄」之入侵。他說：「聞乃有巨人名曰『佛』，自西來入我中國；有龐眉名曰『聃』，自胡來入我中國。各以其人易中國之人，以其道易中國之道，以其俗易中國之俗，以其書易中國之書，以其教易中國之教，以其居廬易中國之居廬，以其禮樂易中國之禮樂，以其文章易中國之文章，以其衣服易中國之衣服，以其飲食易中國之飲食，以其祭祀易中國之祭祀。」「佛」來自印度，自然可以說是「胡人」，老聃是中國人，怎麼也說他「自胡來入我中國」呢？這便是石介沿用唐代韓愈的觀點：「孔子之作《春秋》也，諸侯用夷禮，則夷之；進於中國，則中國之。」[47]可見，石介文化意義上的華夷之辨同樣集於筆端。作為石介的老師、世稱「宋初三先生」之一的孫復，著有《儒辱》一文，則能顯出石介思想的師承關係。孫復說：

噫！儒者之辱，始於戰國，楊朱、墨翟亂之於前，申不害、韓非雜之於後。漢魏而下，則又甚焉。佛、老之徒，橫乎中國，彼以死生、禍福、虛無、報應為事，千萬其端，給我生民，絕滅仁義以塞天下之耳，摒棄禮樂以涂天下之目。天下之人，愚眾賢寡，懼其死生禍福報應人之若彼也，莫不爭舉而競趨之。觀其相與為群，紛紛擾擾，周乎天下。於是其教與儒齊驅並駕，峙而為三。籲，可怪也！

且夫君臣、父子、夫婦，人倫之大端也。彼則去君臣之禮，絕父子之親，滅夫婦之義。以之為國，則亂矣；以之使人，賊作矣。儒者不以仁義禮樂為心則已，若以為心，則得不鳴鼓而攻之乎？凡今之人，與人爭署，小有所不勝，則尚以為辱，況彼以夷狄諸子之法亂我聖人之教耶？其為辱也大哉！

噫！聖人不生，怪亂不平。故楊、墨起而孟子辟之，申、韓出而揚雄距之，

---

47 《韓昌黎文集校注》，17頁，上海，上海古籍出版社，1986。

佛、老盛而韓文公排之。微三子，則天下之人胥而為夷狄矣。[48]

孫復的所謂夷狄諸子之法，「諸子」自然是指儒家之外的老、莊、楊、墨、申、韓之流。莊、墨等等，同老子一樣，均是中國之人，孫復亦以夷狄看待。所謂天下之人胥為夷狄矣，和其弟子石介「中國不為中國矣」，都是同樣的意思，將儒家文化之外的所有異質文化都視為「夷狄諸子之法」。

據《河南程氏外書》卷十二引《龜山語錄》，程頤晚年自涪陵流放歸來，「見學者凋落，多從佛學」，只有楊時與謝良佐不變，因之感嘆說：「學者皆流於夷狄矣，唯有楊、謝二君長進。」所謂流於夷狄，指的正是純粹文化方面的異化，即轉向佛學。從這一邏輯出發，只要離開了以儒家為本位的傳統文化、人倫道德，便都成了「夷狄」。程頤在總結五代之亂的歷史教訓時說：「唐有天下，如貞觀、開元間，雖號治平，然亦有夷狄之風。三綱不正，無父子君臣夫婦，其原始於太宗也。故其後世子弟，皆不可使。玄宗才使肅宗，便篡。肅宗才使永王璘，便反。君不君，臣不臣，故藩鎮不賓，權臣跋扈，陵夷有五代之亂。」[49]所謂有夷狄之風，自然不是說李唐是異族建立的政權，而是指它文化方面的不純。在民族問題上，唐太宗待中華、夷狄如一；在意識形態方面，又奉儒、釋、道如一。這在趙宋一些學者看來，卻是儒家傳統文化在唐代不振的主要原因。所以宋代要尊王攘夷，加強中央集權，抵禦外侮，自然要反其道而行之。蘇軾在《王者不治夷狄論》中指出：「《春秋》之疾戎狄者，非疾純戎狄者，疾夫以中國而流入於戎狄者也。」[50]胡安國在其《春秋傳》卷十一的解釋中，對這種文化上的華夷之分作了更加清楚地說明：「中國之為中國，以其有父子、君臣之大倫也。一失，則為夷狄矣！」所謂父子、君臣之大倫，即具體化為三綱五常等社會準則的儒家倫理觀念。不難看出，宋之華夷之辨，更重要的還是文化的區別。

當然，宋代講究「夷夏之大防」，既有貴華夏而鄙「夷狄」，或者說「用夷禮則夷之」的一面，也有「夷之進於中國則中國之」即「變夷為夏」的一面。華

---

48 《孫明復小集·儒辱》。
49 《河南程氏遺書》卷十八，《二程集》第1冊，236頁。下引《二程集》不再註明冊、頁數。
50 《蘇軾文集》卷二。

夏文化，本是漢族和周邊民族的共同創造，也為中華各民族所尊奉。如西元九一六年遼主耶律阿保機自立為皇帝，參照的便是漢族國家的模式。遼王朝自建立伊始，許多做法都表示了對儒家文化的認同。十一世紀初期在位的遼聖宗耶律隆緒喜讀《貞觀政要》，既習漢籍又能吟漢詩，漢化的意向十分明顯。西夏自唐到宋初，本來就是中國西境的一個民族自治刺史州，西元一〇三八年元昊正式建國時，即仿漢宮儀自立為大夏皇帝。此後黨項族上層統治集團內部雖然常常發生奉行漢禮或蕃禮的爭議，但漢化的趨向，也占有明顯的優勢。對於這種趨向，宋廷大多採取積極促成的態度。宋廷經常贈送儒家經典以及經過漢人翻譯潤色的佛經等漢文書籍給對方；有時遼、夏也派使節來索取。宋廷派出去的使節，即使負有解決邊境問題的使命，也樂於在宴會之間同對方用漢文吟詩應酬，等等。同時宋朝也汲取其他文化。程頤曾說：「自三代而後，本朝有超越古今者五事」，其一是「百年無內亂」，其五是「至誠以待夷狄」。為什麼能夠這樣呢？程頤接著說：「此皆大抵以忠厚廉恥為之綱紀，故能如此。」[51] 廉恥，即儒家之仁義。歐陽修在《五代史記》中認為「禮義廉恥」為「國之大防」。程頤在歐陽修「廉恥」之前，另加「忠厚」二字，與歐陽氏提法略有不同。宋代文化在宗儒為本的基礎上盡用其學而融合其他文化的文化路徑，氾濫釋老，而返求諸《六經》，使儒學有了更新的可能。對於宋代關於「夷夏之辨」的議論，我們要作具體的分析。

---

51 《河南程氏遺書》卷十五。

第三節 ·

朋黨論
與「黨禁」

　　終兩宋之世，基本上沒有出現宦官干政的弊病，但唯有朋黨之爭卻正好相反。入宋以後，黨爭較之唐代可以說有過之而無不及。伴隨著宋代朋黨鬥爭，是各種不同思想文化觀念的交鋒，學術文化出現的百家爭鳴、派別林立的局面。

　　朋黨主要是指統治集團內部具有不同政治背景和經濟利益的對立的政治集團。利害衝突、政見分歧、地域偏見、血緣區別、門第觀念等都可以成為朋黨的起因。北宋開國不久，就出現了趙普與盧多遜兩個集團的明爭暗鬥。真宗朝，又出現了以寇準為首的北人黨和以王欽若、丁謂為代表的南人黨之爭。仁宗時期，以范仲淹為代表，積極推行慶曆新政，卻遭到宰相章得像及守舊派王拱辰等的激烈反對，范仲淹等被斥為「朋黨」遭受打擊，歐陽修作《朋黨論》，揭露守舊派以「朋黨」為名反對新政的險惡用心。宋神宗熙寧時期，王安石實行變法，得到呂惠卿、章惇等人支持，遭司馬光、范純仁、程頤等人的反對，史稱新舊黨爭。新舊兩黨自神宗時始，反覆爭奪政權，迄北宋被滅於金始已。這其中，如西元一〇八六年，司馬光病死，文彥博繼任左相。舊黨得勢後，便又開始分化為若干小集團。程頤因司馬光的推薦，進為崇政殿說書。程頤以皇帝之師自居，主張一切用古禮。翰林學士蘇軾譏諷程頤，程、蘇日漸對立。程頤門人諫官賈易與朱光庭等結為朋黨，以程頤為首，號洛黨。蘇軾與御史呂陶結為蜀黨。劉摯、梁燾、

王岩叟、劉安世等一夥御史台官員結為朔黨（河北人）。這樣，不僅使朋黨之爭更加錯綜複雜，而且影響到政治、思想文化各個層面。

崇寧元年（1102 年）蔡京以崇奉熙寧新法為名，列文彥博、司馬光、蘇軾等一百二十人，稱為「奸黨」。三年又列三百〇九人名單，刻在文德殿門東壁上，是為元祐黨人碑。後又刻石於天下。南宋，奸相秦檜不僅利用巨大的朋黨勢力，殘酷地迫害主戰派，而且也用來控制宋高宗。寧宗時期，趙汝愚、朱熹以理學為宗，結為一黨，後來招致韓侂胄、京鏜的激烈反對，稱其學為偽學，並於一一九八年，在宋寧宗的支持下，訂立偽學逆黨籍，共列趙、朱等五十九人。是為「慶元黨禁」。嘉泰二年（1202 年）弛禁。韓、京與趙、朱之黨爭，兼有政治與學術文化等內容。朋黨之爭可謂彼伏此起，錯綜交織。形成了各種不同的朋黨觀。

統治階級內部「君子」、「小人」並存，各自有黨，互不相容，「君子有黨論」是引人注意的一個論點。孔子曾說：「君子群而不黨。」[52]先秦乃至漢唐，其間儘管存在黨爭，但一般不承認「君子」有黨。宋則一反舊論，提出了不僅「小人」有黨，「君子」亦有黨。最早撰文闡明這個觀點的是宋初的王禹偁。他在直史館時所作的《朋黨論》中說：「夫朋黨之來遠矣，自堯舜時有之，八元八凱，君子之黨也，四凶族，小人之黨也，唯堯以德充化臻，使不害政，故兩存之。唯舜以彰善昭惡，慮其亂教，故兩辨之。由之而下，君子常不勝於小人，是以理少而亂多也。夫君子直，小人諛，諛則順旨，直則逆耳；人君惡逆而好順，故小人道長，君子道消也。」[53]王禹偁初步提出了「君子」有黨論，但在理論上沒有展開。慶曆年間，歐陽修亦撰《朋黨論》，其論點大致有三：其一，「君子」以同道為朋，小人以同利朋，此自然之理。歐陽修說：「臣聞朋黨之說，自古有之，惟幸人君辨其君子小人而已。大凡君子與君子，以同道為朋，小人與小人，以同利為朋，此自然之理也。」歐陽修指出了「君子」之朋與「小人」之朋的本質區別在於「同道」還是「同利」。其二，「君子」有朋而「小人」無朋，「小人」即使暫

---

52 《論語・衛靈公》。
53 《小畜集》卷十五。

為朋者，是屬偽朋。歐陽修說：「然臣謂小人無朋，惟君子則有之。其故何哉？小人所好者祿利也，所貪者財貨也，當其同利之時，暫相黨引以為朋者，偽也；及其見利而爭先，或利盡而交疏，則反相賊害；雖其兄弟親戚，不能相保。故臣謂小人無朋，其暫為朋者，偽也。君子則不然。所守者道義，所行者忠信，所惜者名節，以之修身，則同道而相益；以之事國，則同心而共濟。終始如一，此君子之朋也。」以「道義」、「忠信」和「利祿」、「財貨」為根本分界線，小人為了逐利而不可能真正為朋，一旦利盡甚至會反目為仇，互相賊害；而君子以道義忠信為紐帶，則能夠同道相益，同心共濟，修身事國，始終如一。所以，小人無朋，而君子有朋。其三，退小人之偽朋，用君子之真朋，則天下治。不然，亂亡其國。

歐陽修列舉了從堯舜至漢唐正反兩方面的大量史實，說明「夫前世之主，能使人人異心不為朋，莫如紂；能禁絕善人為朋，莫如漢獻帝；能誅戮清流之朋，莫如唐昭宗之世；然皆亂亡其國。更相稱美推讓而不自疑，莫如舜之二十二臣，舜亦不疑而皆用之；然而後世不誚舜為二十二人朋黨所欺，而稱舜為聰明之聖者，以能辨君子與小人也。周武之世，舉其國之臣三千人共為一朋，自古為朋之多且大，莫如周；然周用此以興者，善人雖多而不厭也。」[54]歐陽修是北宋仁宗時的大臣，積極參加與支持范仲淹領導的慶曆新政，當時新舊兩黨鬥爭異常激烈，呂夷簡、夏竦等保守派為了搞垮慶曆新政，便詆誣范仲淹、歐陽修、富弼等人是朋黨。歐陽修對此感到無比憤慨，遂作此《朋黨論》予以駁斥。因此，他的《朋黨論》可以說是站在慶曆新政倡導者的立場上對這場鬥爭所作的理論上的總結。

范仲淹在回答宋仁宗的問話時，說：「臣在邊時，見好戰者自為黨，而怯戰者亦自為黨。其在朝廷，邪正之黨亦然，唯聖心所察爾，苟朋而為善，於國家何害也。」[55]司馬光作為熙寧變法時期與新黨在政治觀點上完全對立的舊黨，與歐陽修、范仲淹一樣，亦持「君子」有黨論。司馬光認為：「夫君子、小人之不相

---

54 上引均見《歐陽文忠公文集》卷十七。
55 李燾：《續資治通鑑長編》卷一四八。

容，猶冰炭之不可同器而處也。故君子得位，則斥小人；小人得勢，則排君子，此自然之理也。」[56]蘇軾早年因「才識兼茂」而深得歐陽修的賞識，他在歐陽修《朋黨論》的基礎上，又作《續朋黨論》。蘇軾說：「君子以道事君，人主必敬之而疏，小人唯予言而莫予違，人主必狎之而親；疏者易間，而親者難睽也。而君子不得志，則奉身而退，樂道不仕；小人者不得志，則僥倖復用，唯怨之報，此其所以必勝也。」[57]蘇軾具體分析了往往小人易於得志而君子不得志的原因。「蘇門四學士」之一的秦觀於元祐時期也著有《朋黨》上、下篇，開章明義就說：「臣聞朋黨者，君子小人所不免。」與發端於王禹偁的「君子有黨論」完全一脈相承。

可見，至少從范仲淹主持的慶曆新政到司馬光發動的元祐更化，「君子」、「小人」各自有黨的觀點，一直被作為理論基礎而加以運用，並隨著北宋政治的發展，逐漸被深化、完善，以致形成了一個較為完整的理論體系。

南宋時期，朋黨鬥爭的複雜激烈不亞於北宋，然而對於這一政治現象能夠提出並系統闡發自己見解的，當首推葉適。葉適不同意歐陽修、蘇軾君子有黨的論點，進行了具體地分析評駁。認為，小人為黨而君子不為黨。他說：「自古小人害正，比而仇君子，人主必保護愛惜，每加擊逐，使君子恃以自安。」[58]就是說，自古以來總是小人互相勾結，形成朋黨，擾亂時政，仇恨君子，所以君主一定是對於君子「保護愛惜」，並譴責抨擊或放逐小人，從而使君子得到安寧。葉適「君子不為黨而小人為黨」的思想是直接繼承了孔子「君子矜而不爭，群而不黨」、「小人比而不周」[59]之論。葉適還認為，歐陽修「小人無朋，其暫為朋者偽也，必君子而後有朋」的說法，是不對的，這不符合古人的意思，這種觀點只能使人感到悲傷，而不足以成為根據。

伴隨著宋代錯綜複雜、激烈頻仍的朋黨之爭始終的，是朋黨間政治思想文化

---

56 《資治通鑑》卷二四五。
57 《經進東坡文集事略》卷十一。
58 《習學記言序目》。
59 見《論語·衛靈公》、《論語·為政》。

觀念的交鋒，換言之，朋黨間各種不同的政治主張和思想文化觀念的激盪，乃是宋代朋黨鬥爭中的一個重要組成部分。北宋仁宗慶曆年間，范仲淹、歐陽修、韓琦等人推行慶曆新政，試圖通過整頓吏治，革除舊弊，來加強封建統治，遏制積貧積弱局面的形成，然而卻遭到守舊派的激烈反對，范仲淹等也因此被說成是禍國亂政的朋黨而「一舉網盡」。神宗熙寧時期，王安石實行變法，以司馬光為代表的舊黨與之針鋒相對。其中政治思想理論觀念的對立亦是十分尖銳的。柳詒徵先生在其《中國文化史》中曾論述道：「宋之新黨近於管、商，舊黨近於黃、老。其根本觀念不同，故政策亦各有所蔽。」[60]柳氏所論，我們未必苟同，但值得肯定的是，王安石與司馬光在政治和文化觀念上的歧義和對立確是存在的。對此，司馬光在《與王介甫書》中說得很明白：「光昔從介甫游，於諸書無不觀，而特好《孟子》與《老子》之言……《孟子》曰：『仁義而已矣，何必曰利？』又曰：『為民父母，使民盼盼然，將終歲勤動，不得以養其父母，又稱貸而益之，惡在其為民父母也。』今介甫為政，首制置條例，大講財利之事；又命薛向行均輸法於江淮，欲盡奪商賈之利；又分遣使者散青苗錢於天下而收其息，使人人愁痛，父子不相見，兄弟妻子離散。此豈孟子之志乎？《老子》曰：『天下神器不可為也。為者敗之，執者失之。』又曰：『我無為而民自化，我好靜而民自正，我無事而民自富，我無欲而民自樸。』又曰：『治大國若烹小鮮。』今介甫為政，盡變更祖宗舊法，先者後之，上者下之，右者左之，成者毀之，棄者取之，矻矻焉窮日力，繼之以夜而不得息。使上自朝廷，下及田野，內起京師，外週四海，士吏兵農工商僧道無一人得襲故而守常者，紛紛擾亂，莫安其居者，豈老氏之志乎？」針對司馬光之書，王安石遂寫《答司馬諫議書》進行了有力駁斥。表明王安石與司馬光，非但政見不同，各自的哲學觀念、義利觀也迥異。司馬光要蹈襲孟軻、老氏之言，恪守祖宗舊法；王安石要議法度、舉先王之政、為天下理財，從而創立新學。

由於政見不同而形成朋黨之爭，黨派殊異而有不同政見，這樣，發展下去，即使同一政黨之間，也照樣能夠導致政見和思想文化觀念的分野。以致政之朋黨

---

60 柳詒徵：《中國文化史》下卷，521頁，北京，東方出版中心，1988。

會衍化出學術文化的黨同伐異。柳詒徵先生說：「宋代黨論，歷時最久。元祐黨案甫衰，慶元黨案復起（《宋元學案》有《元祐黨案》、《慶元黨案》兩表）。然偽學之禁，雖亦由執政者之分黨相攻，而韓侂胄、京鏜等初無政策可言，趙、留、朱、蔡等亦未嘗標榜政策，反對異黨。其事止類於後漢之黨錮，與北宋之黨爭不同也。自是而後，惟學有黨，而政無黨。」[61]我們說，政治和學術儘管是不可分的，但就歷史實際看，黨又分黨，恐怕既有政見的分歧，也有因學術文化之異所致。王安石新黨分化主要由於政治方面的原因，而司馬光舊黨於元祐中期暫時得勢之後，尋復分裂，至於洛黨、蜀黨、朔黨之別，其間的分野，兩方恐怕就是「始不以政策為重，而以黨派為爭矣」。[62]至於南宋的偽學之禁，將趙汝愚、朱熹、葉適等視為一黨，列入偽學逆黨籍，顯然主要不是以政見而是以所謂「偽學」為標準劃分的。

第四節 ·
儒釋道融會

　　佛教傳入中國後，對中國文化，乃至社會生活產生重大影響。特別是隋唐，佛教各派學者在吸收中國固有思想的基礎上進行理論創新，佛教的宇宙生成論、本體論、認識論和心性論在這一整個時代的文化中占有重要地位，影響了之後的中國文化，尤其是影響中國哲學的發展進程和面貌，為宋代新儒學的產生準備了豐富的思想資料。

---

61 柳詒徵：《中國文化史》下卷，526頁。
62 同上書，523頁。

趙宋王朝，從前代滅佛的經驗中認識到，佛教終不可滅，而相反，佛教教義有利於鞏固封建統治，所以一開始，就對佛教採取保護和提倡的政策。後周顯德二年（955年）四月，世宗柴榮曾下詔禁度僧民，停廢寺院。建隆元年（960年）六月，宋太祖登位不久，即下詔：「諸路州府寺院，經顯德二年停廢者勿復置，當廢未毀者存之。」[63]由此可見宋太祖對當時佛教的保護。至於對佛教的提倡亦有明顯例證。滄州沙門道圓，於後晉天福年間（936-943年）出遊西域二十餘年，於乾德三年（965年）十二月，與于闐使者俱還，獻見葉經及舍利。太祖親自詔見，問其山川道路及風俗，一一能記。太祖大喜，賜以紫衣，金幣。[64]乾德四年（966年）三月，僧行勤等一百五十七人請游西域，各賜錢三萬遣行。[65]開寶四年（971年）遣內侍張從信到益州造《大藏經》，依《開元釋教錄》所載佛經，次第雕版，到太平興國八年（983年）完成，共雕版十三萬塊，所收大小乘佛典及聖賢集傳，共一〇七六部，五〇四八卷。這是中國雕印全部藏經的開始，它不僅是中國佛教發展史上的一件大事，而且對周邊國家，如日本、朝鮮等國雕印佛經發生了重大影響。

　　真宗雖狂熱提倡道教，也大力提倡佛教。除繼續翻譯佛經外，並親自為佛經作注，又撰《釋氏論》，「以為釋氏戒律之書，與周、孔、荀、孟跡異道同，大指勸人之善，禁人之惡，不殺則仁矣，不竊則廉矣，不惑則正矣，不妄則正矣。苟能遵此，君子多而小人少。」[66]而對於各地寺院，真宗也屢加賞賜，如大中祥符四年（1011年），以黃金三千兩賜峨眉山普賢寺供增修之用。同時，他還廣設度僧的戒壇，除當時的京師外，各地共有七十二所，因而出家為僧尼者日益增多。到天禧五年（1021年），宋朝統治區內共有僧尼四十五點八萬多人，成為宋代僧徒最多的時期。

　　太祖、太宗對佛教的提倡和保護政策，為其後歷代皇帝所繼承。徽宗時雖一度提高道教的地位，使佛教受到一些壓抑，但不久就糾正了過來。而到了南宋，

63　《續資治通鑑長編》卷一。
64　《宋會要輯稿》「道釋」。
65　《續資治通鑑長編》卷七。
66　《續資治通鑑長編》卷四十五。

宋孝宗等皇帝，也都不同程度地認識到佛教的重要性，並相應採取措施，保護和提倡佛教在社會中的流行。

就佛教在宋代各個時期的發展狀況而言，不同的教種、教派在競爭中不斷發展壯大，而其中有的派系在恢復發展中也出現了分歧。自唐代會昌滅佛以來，佛教雖然受到打擊，但禪宗主張明心見性，立地成佛，毀其外不能毀其內；淨土宗修行簡易，認為一心專念阿彌陀佛名號，死後即可往生西方淨土的思想意識卻一直延續下來。唐末五代以來，乃至宋代，這種思想意識仍很流行。到了宋代，禪宗和淨土宗仍很發達，而天台、華嚴諸宗，在朝廷保護之下，也逐漸恢復發展起來，雖不若隋唐之盛，但在社會生活中也有相當程度的影響。由此可見，佛教及其佛學在當時的宋代仍有一定勢力。

而就佛教與儒學的相互關係來講，宋代以來，佛教宗派勢力雖在總體上處於衰微之勢，但它在隋唐時期所形成的豐富的佛學文化思想卻為排斥佛教的宋代新儒家所大量而充分地吸收，成為他們建構新理論體系的重要思想淵源。而相反，在當時大力弘揚儒學的宋代，許多佛教學者也迎合儒家思想，從而使佛教思想趨於儒學化。這兩個特點正是中國封建社會後期儒佛相互關係的基本特徵。

宋代儒學和佛學的關係有一個發展過程。宋代理學家大都以捍衛儒術，反對佛教為己任，對佛學中的出世主義、神祕主義持指斥態度，和佛教在世界觀、人生觀、價值觀等方面存在有根本分歧。然而，宋代理學諸大家，如周敦頤、二程、張載、朱熹等，在他們治學和創建新學說的過程中，多是「氾濫於諸家，出入於老、釋」的。周敦頤與禪師慧南、常總等人往來甚密，並結為好友，自稱「窮禪之客」。二程對佛學持兩面態度，既反對、排斥，又吸收、融攝。一方面，他們認為「若盡為佛，天下卻沒人去理」[67]；「楊墨之害，甚於申韓；佛老之害，甚於楊墨。……佛志其言近理，又非楊墨文比。此所以為害尤甚楊墨之害」。並且要學者對釋氏之說，「直須如淫聲美色以遠之」，不然的話，則會「駸駸然入於其中」。另一方面，二程對佛教的許多思想又頗表推崇。當有人問及莊

67 《河南程氏遺書》卷二上。

周與佛比如何時，程頤回答道：「周安比得他佛。佛說直有高妙處。莊周氣象，大抵淺近。」[68]程頤與靈源禪師過往頗密，讚歎禪家「不動心」，值得仿效。他們還認為：「釋氏之學，又不可道他不知，盡極乎高深。」[69]理學與佛學的相互關係，以張載的思想最具代表性。一方面，張載對佛教的「性空」、「幻化」、「寂滅」諸說進行過十分猛烈的抨擊，認為佛教的「性空」、「幻化」說是「以山河大地為見病」，[70]其所謂「寂滅」者，則是「往而不返」。另一方面，在思維模式、修行方術上，張載得益於佛教者甚多。至於陸王一派和禪宗的關係就更加密切了。這種與佛學大師交往密切，既反對佛教，同時又大量吸收佛教有關思想的現象，可以說是宋代新儒學的一大特色。

宋初的儒者學佛，以致出現了「儒門淡泊，收拾不住」的局面。甚至南宋的朱熹也說：「今之不為禪學者，只是未曾到那深處；才到那深處，定走入禪去也。」[71]他們看到了的佛學長處，深研極慮，以彌補儒學之不足。然而，事實的確如此，從宋代有代表性的儒者思想的發展過程中看，出入釋老，反求諸六經，吸納佛性，融會儒佛之精華，以建立起新儒學，可以說是宋代理學家共同的道路。

邵雍的思想與道的關係，近可以追溯到陳摶，遠可以追溯到魏伯陽。邵雍所受陳摶的影響，他的兒子邵伯溫說：「世以先生為神仙，善人倫風鑒，淺矣。至康節先生，實傳其道於先生。」[72]又說：「康節先生誦希夷先生之語曰：『得便宜事，不可再作，得便宜處，不可再去。』又曰：『落便宜是得便宜。』故康節詩云：『珍重至人嘗有語，落便宜是得便宜』，蓋可終身行之也。」[73]這說明，不僅邵雍之學來自陳摶，而且邵雍還經常以陳摶的話，作為言行的指導。陳摶道學對邵雍的影響，可謂深矣。

---

68 《河南程氏遺書》卷十七。
69 《河南程氏遺書》卷十九。
70 張載：《正蒙‧太和》。
71 《朱子語類》卷十八。
72 《邵氏聞見錄》卷七。
73 同上。

再如周敦頤。周敦頤的最高哲學範疇「太極」來源於《易傳》，最高的精神境界來源於《中庸》；「無欲」、「主靜」說淵源於佛學的禁欲主義，而他的《愛蓮說》一文，更顯示了他的佛學因緣。由此可見，周敦頤是以儒家經典《中庸》和《易傳》為核心，接受釋道的影響，發展儒家原有的「太極」和「誠」這兩個範疇，建立起自己的一套比較完整的把宇宙本原、萬物演化以及人性善惡、個人修行等聯繫在一起的唯心主義體系。

再如二程。二程的主要哲學著作是《遺書》和《易傳》。他們的最高哲學範疇「天理」（理）淵源於佛家的「真如」；「一物之理即萬物之理」的命題實際上即是佛教華嚴宗「理事說」的翻版；「性即理也」的命題則來源於孟子。「格物致知」的認識論則是對《大學》「格物致知」說的發展，而他的《識仁篇》中所堅持的「以誠敬存之」的修養方法，實即孟軻吾善養吾「浩然之氣」的「勿忘、勿助」法。由此可知二程是以儒家思孟學派為核心，接受佛學（當然也有道教思想）的影響而建立起自己的唯心主義體系的。

再如張載。張載的主要哲學著作是《正蒙》。他提出「太虛即氣」的唯物主義命題，比較徹底地批判了佛教以山河大地為虛幻，以心法起滅天地，以六根之微因緣天地的唯心主義思想。但他仍不能不受佛家思想的影響，特別在他的人性論中就可以看出佛家的影子。嵇文甫先生在《張載集序》一文中曾指出：「其（指張載）所謂『天地之性』，略等於佛家所謂『真如』；其所謂『氣質之性』，略等於佛家所謂『阿賴耶識』；『氣質之性』合『太虛』於『氣質』中，亦尤『阿賴耶識』，蔽『真如』於『無明』中；『氣質』由『太虛』凝聚而成，其本體即是『太虛』亦猶『無明』由『真如』不覺而起，其本體即為『真如』；『變化氣質』以『復性』，亦正猶『轉識成智』。」[74]張載所以如此，就是因為他也經歷了「出入於老釋者幾十年」這樣的道路。所以，儘管他力闢佛教，而仍不能不受佛教的影響。

再如朱熹。他則更是不言自喻。他曾自述在青少年時期的學習情況時說：

---

74 嵇文甫：《張載集序》，《鄭州大學學報》，1997年第3期。

「某舊時亦要無所不學，禪、道、文章、楚辭、詩、兵法，事事要學」[75]。他對上述禪宗名僧徑山宗杲，非常傾倒。第一次拜見李延平時，行篋中就只有宗杲的語錄。可以說，朱熹是以小程為宗主，兼採周張，在禪宗思想的影響下，糅合釋老，構成了一個精緻的唯心主義體系，而集理學之大成的。

如此等等，均可說明宋代理學家所受佛教的影響，說明佛教思想是新儒學所賴以形成的必要條件，是儒佛融會的有實證據，是宋代儒佛關係的重要方面。

在歷史上，儒、佛兩家曾得到這樣一種共識：即儒學在「治世」方面見長，而佛學則在「治心」方面取優，兩者形成一種互補性。如南北朝時期的宗炳曾說：「依周、孔明養民，味佛法的養神。」[76]而南宋孝宗也曾有過「以佛治心，以道治身，以儒治世」的說法。從儒學陣營裡看，柳宗元提出「統合儒釋」的主張，這不僅是儒學復興的需要，而且也為儒學理論體系的改造找到了具體道路。這樣一來，儒佛相互吸收，相互融會的客觀歷史條件已經成熟。

從理論上講，佛學是儒學重要淵源之一，它對儒學的影響是廣泛而深刻的。其主要表現有以下幾點：

第一，在本體論上，佛學對儒學影響深刻。在隋唐佛學中，華嚴宗與禪學最為晚出，但對儒學的影響也最為直接、最為深刻。佛教華嚴宗所研討的中心問題是「事」與「理」的關係問題。華嚴宗以理為本體，以事為現象，從多個視角闡述了本體與現象的關係。禪宗也講理和事、理和物的關係，如慧能印可的玄覺在其撰寫的《禪宗永嘉集》中就有《理和事不二》一章。溈山靈佑也講：「理事不二」[77]。二程講的理本來是指準則、規律之意，而程朱把理又跨越此意，提高為世界的本原、本體的地位，顯然是受了佛學的影響而所思所為。

與程朱理學比較而言，佛教，尤其是禪宗對陸王心學的本體論學說的影響更大。陸九淵不講理氣之分，不講理心之異，也不講人心道之別，他認為這些都是

75　《朱子語類》卷一〇四。
76　《弘明集》卷六《明佛論》。
77　《五燈會要》卷九。

統一的，甚至是相同的。他提出了「心即理」的命題，認為「宇宙便是吾心，吾心即是宇宙」。[78]這些都可以是直接導源於禪宗的理論：「萬法盡在自心，何不從於自心頓現真如本性。」[79]慧能把一切眾生乃至諸佛都歸結為「自心」、「心生種種法生，心滅種種法滅」，「故知萬法，盡在自心」[80]。兩者從思想到語言幾乎都是一致的。陸九淵所謂的「心」，與禪宗所說的「心」，不論在術語上，還是在具體內涵上，幾乎是毫無差別。陸九淵把「心」既視為天地範圍，包攬古今的宇宙的本體，同時又看成是一切道德的本原，這與禪宗將一切諸法乃至一切眾生、諸佛都歸結於一「心」，此「心」既是一切諸法的本原，也是眾生成佛的根據；既是抽象的本體，又是眾生當前現實之「人心」，不論在思維方法上，還是在思想內容上，都沒有什麼根本性的區別。如果說朱熹析「心」、「理」為二物，把「心」局限於人，僅僅把「心」看成是一種人身主宰和認識的主體，而使朱學與禪學存在著較大區別的話，那麼，陸九淵把「心」與「理」融為一物，把宇宙萬物乃至人倫道德的本體直接訴於「心」，就徹底消除了陸學與禪學在思維方法上和思想內容上的差別，而使之更加佛學化、禪學化了。

第二，在心本論上，佛學對儒學影響重大。宋代儒學作為一種時代思潮，既是義理之學，又叫「心性」之學。這說明「心性」問題是儒學研究和探討的時代主題。中國傳統文化，尤其是哲學，自孔子以來，一直把人的問題放在中心地位。而人的問題最集中的則是體現在心性問題上。從孔孟開始，經《大學》、《中庸》以及歷代儒家代表人物，形成了儒家心性學的傳統。而隋唐以來占統治地位的佛教文化，從本質上說就是心性之學。但佛學作為宗教文化，通過否定人的現實存在，實現所謂「清淨」之心，「圓明」之性，達到絕對的超越，其思辨性顯然有別於傳統儒學的心性論。心性論與本體論一樣，是儒家學說中相對較弱的環節，而佛學則在此方面闡發甚多，理性思辨頗強。因此，宋代新儒家們在建構他們的心性論和本體論的系統時，就必然會從佛學的心性論中汲取營養。

---

78 《陸九淵集》卷三十六《年譜》。
79 《壇經》。
80 同上。

禪宗的「知為心體」、「知覺是性」的思想給宋代儒學以深刻的影響。程頤同意「人性本明」的說法：「問『人性本明，因何有蔽？』曰『此須索理會也。』」[81]這裡不用「人性本善」，而說「人性本明」，顯然是受了禪的影響。事實上，在「北宗」和「南宗」的禪學中都談到心的修練。如「北宗」主張磨除妄念而「吸佛性」。弘忍在他的《修心要論》中也說：「既體知眾生佛性本來清淨，如雲底日，但了然守真心，妄念云盡，慧日即理……譬如磨鏡，塵盡自然見性。」這種修練方法為二程汲取。怎樣才能使「心」體現「天理」？二程提出了「主敬」術。具體來說，就是「坐禪入定」，說：「學者先務，固在心態。有謂欲屏去聞見知思，則是『絕聖棄智』。有謂欲屏去思慮，患其紛亂，則是須坐禪入定。如明鑒在此，萬物畢照，是鑑之常，難為使之不照。人心不能不交感萬物，亦難為使之不思慮。若欲免此，唯是心有主。如何為主？敬而已矣。……所謂敬者，主一之謂敬。所謂一者，無適之謂一。……但存此涵養，久之自然天理明。」[82]在這裡，二程所講的「主敬」，實則就是「坐禪入定」的同義詞，為使人心不去思念萬物，而與「天理」合一。這正是禪宗佛性所謂的「在本空寂體上生般若智」的認識論的儒家翻版。

　　朱熹對佛教的心性說多有批評。指斥佛教講性空，不懂得心中的性，理是真實而非空的，是只知心而不知理。但是，朱熹自己曾說「少年亦曾學禪」，「某於釋氏之說，蓋嘗師其人，尊其道，求之切至矣」。[83]不僅如此，朱熹本人也大談「人心至靈」，說：「此心本來虛靈，萬理具備，事事物物，皆所當知。」[84]「其體虛靈而不昧，其用鑑明而不遺。」[85]他還說：「人之良知，本所固有。」[86]這些說法和禪宗的人心本性是靈和不昧的思想極為相似。禪宗的知為心體的觀念對陸九淵的心學影響更大。他指出「心即理」說，認為天理、人理、物理都在吾心之中，宇宙的理與吾心中的理是一個，而且心和理是永久不變的。千萬世之前之後

---

81 《河南程氏遺書》卷十八。
82 《河南程氏遺書》卷十五。
83 《朱子語類》卷六十。
84 同上。
85 《朱子語類》卷十四。
86 同上。

有聖人出，東南西北有聖人出，都是同此心，同此理。陸九淵宣揚道德觀念是人心所固有的，也是永恆不變的。這也和禪宗的心體為知的思想是相一致的。

中國佛教宗派強調眾生本性是清淨的、覺悟的，眾生之所以陷於迷惑，沒有成佛，是由於本性被妄念浮雲所蓋覆，為各種情欲所矇蔽。眾生只要去掉妄念，排除情欲，返歸本性，就可成佛。這種心性修養理論是傳統儒學所沒有的。在唐代，李翱攝取這種思想，倡導復性說。復性說是以儒家的語言講佛家的佛性理論。張載、程、朱受到這種思路的啟發，把性區分為兩種，提出「天地之性」（天命之性）和「氣質之性」對立說，這種人性二元論的創立，使中國古代思想家關於人性善惡之爭，以及善惡的來源等問題的說明，有了較為合理的解決，使之能自圓其說，並為「天理人欲之辨」找到了理論根據。程朱還把「心」也區分為「義理之心」和「物欲之心」，強調天理和人欲的對立。天命之性、天理和佛教，特別是禪宗講的本性、佛性頗為相近。如果說禪宗所說的「佛性」多是披上一層佛性外衣的人心、人性的話，那麼程朱所言的「天理」、「天命之性」則是一種佛性化了的道德本體。兩者外表有異，但內涵卻無大殊。氣質之性、人欲則和佛教講的妄念、情欲相似。理學家認為，每個人「天理具備，元無欠少」，只是「為氣稟物欲所蔽」，若把物欲排除淨盡，天理便會自然顯明。他們由此提出「存天理，滅人欲」的命題，把它作為道德修養的根本途徑和理想境界。這更是佛教「去妄證真」的翻版。在這裡，程朱雖然把心和性分開，又把心和性區分為兩種，與佛教說法不同，但和佛教的區分為佛性和妄念，以及遏制欲念，保存本性的基本主張還是一致的。由此可以看出，儒學自李翱以來，心性學說的重大變化是和佛教帶來的新刺激、新活力、新觀念是分不開的。宋儒正是承襲了佛教的心性論，並加以改造，使之和儒家的綱常名教相結合，使之儒學佛學化，從而創立了和佛教既同又異的心性理論。

第三，對儒學的思維方式影響顯著。其主要表現為：一是使儒學更加自覺地注重體用範疇，探討本體與現象的關係。體用是中國傳統文化中的重要範疇。它是對本質與現象，本體與作用，二元與屬性等某種真實關係的現實反映。真正使體用上升到哲學高度，具有範疇意義。玄學家王弼以體用規定有無，使體用範疇得以擴展。隋唐佛教各宗派，都重視運用體用範疇。將源於儒家的範疇援入自己

的文化體系中。佛教天台宗慧思曾說：「今云體用無二者，非如攬眾塵之別，成泥團之一體，但以世諦之中，一一事相即是真諦全體，故云體用無二。」[87] 後來，智顗對體用又作了界說，即：「體字訓禮。禮，法也。」「用者，力用也。」如果說天台宗主張體用不二，體用如一的話，那麼華嚴宗既倡導體用個別，又主張體用雙融。宋代儒家繼承魏晉以來的體用範疇，其中包括佛教的啟發，從而提出了「理一分殊」的命題，闡發了宇宙萬物的構成和本原。他們以理為體的觀點和漢儒的思想有很大不同，進而闡述了儒家「天人合一」學說。二是注重心與物、心與性關係的探討和爭論，並闡述以心觀物，以物觀心，以物觀物，以心觀心的觀點，這好似是受了禪宗臨濟宗的「賓看主、主看賓、主看主、賓看賓」的直接啟示。三是禪宗不重視經教的簡易法門，對於陸九淵等人一掃注疏之繁，唱六經為我註腳，重自我內心領悟，也有直接的啟示。此外，在表述形式上，禪宗有語錄，理學家也有語錄。如《二程遺書》、《朱子語類》、《象山語錄》等。這說明文風方面也深受佛教禪宗的影響。

從一定意義上說，新儒學自程朱至陸王與其說是受佛教的影響，毋寧說是佛儒交融的產物更為準確一些。因為從宋代學術文化思潮的發展大趨勢看，不僅儒學受佛教的影響，同時佛教也深受儒家學說的影響。佛儒交融的結果，在儒家方面，出現了冶三教（儒、道、釋）於一爐的宋明新儒學，而在佛家方面，則出現了佛教的儒學化。

援儒入佛，疏通儒佛是儒佛融會的另一面。佛教的儒學化經歷了一個漫長而曲折的過程。隋唐時期的天台宗、華嚴宗和禪宗在建構自己的理論體系過程中，都程度不同地吸收了中國傳統思想作為思想養料，融會於自己的思想體系之中。當時一些佛教宗派的領袖人物，如智威、法藏、澄觀、宗密等人，雖然也情況不同地融通儒、道，但都站在各家的立場上，往往對儒、道先是加以貶抑，然後則又在一定場合和條件下包容、調和，視儒、道為末，佛教為本，從本末關係的角度來加以會通。但宋代的一些佛學大師卻一反常態，他們對儒學的態度開始由消

---

87 《大乘止觀法門》。

極變為積極，主動向儒學接近、靠攏，甚至於抬高儒學，有個別人把儒學看得比佛學更重要，以佛從儒，泯除佛、儒界限。這種使佛學儒學化的基本途徑，是折中儒、佛，使之融會。有趣的是他們為此而特別著力於讚揚儒家的中庸之道。如宋代的名僧智圓著《閒居編》，收其雜著及詩文，共五十一卷。在這部書的序言中，他說：「好讀周孔楊孟書，自號中庸子。」在卷三十四《病父傳》中又說：「嘗謂三教之大，其不可遺也。行五常，正三綱，得人倫之大體，儒有焉。絕聖棄智，守雌保弱，道有焉。自因克果，俾妄歸真，俾千變千態，復平心性，釋有焉。吾心其病乎？三教其藥乎？矧病之有三，藥可廢邪？吾道其鼎乎？三教其足乎？欲鼎之不復，足可折乎？」這段話表示，合儒佛為一，才算是真正的佛道，把無過無不及合於不偏不倚的「中庸」之論，才可為真正的佛性。再如宋代的另一位名僧契嵩著《鐔津文集》，是書共二十卷，盛倡三教融合。他以佛道的五戒十善比附儒家的五常，認為這兩者是「異號而一體」[88]，兩者名稱雖不同，但其本質則是一樣的。他還撰《中庸解》五篇，盛讚儒家的中庸之道，同時宣揚儒學是治世的，佛學是出世的，儒佛分工合作，相互配合。

---

88 《輔教編・原教》。

第四章

各族之間的文化交往與
宋文化在世界上的傳播

　　開放兼容是宋代文化的重要特徵。陳述先生在《〈遼代文化〉序》中就指出，遼文化是祖國中古文化北方的一支，今天的文化是南北兩系文化融合的結果。宋代文化以其燦爛的精神和物質文明成果為北方的遼、夏、金等各少數民族不斷吸收。同時又吸收周邊各族的文化精華。宋代文化對越南、朝鮮、日本以及東南亞諸國產生了深遠影響，並通過水、陸兩個「絲綢之路」遠達西亞和歐洲。同時，宋代對異域文化不辭溪壤博采眾長。因此，宋代文化是中國歷史上最輝煌的一頁。

北方各少數民族
對宋文化的吸納

　　北宋建立以後，雖完成了局部統一，但遼、夏、金與宋分立，所以其疆域遠沒有漢唐遼闊。而且社會生產關係落後，以游牧和狩獵為生的契丹（遼）、黨項（夏）、女真（金）族軍隊屢屢南下騷擾、掠奪。

　　遼、夏、金的先後南下，給中原地區先進的生產力造成破壞，給那裡的人民帶來深重災難，但同時，他們又受到漢民族文化的衝擊和影響，從而加速了這些北方少數民族從奴隸社會向封建社會過渡，其間，遼、夏、金的某些文化成分也為漢族人民吸納，但更多的是他們對中原地區文化的吸收。

一、遼、宋之間的文化交往

　　契丹是中國北方的古老民族之一，早在四世紀，中國史書上就有關於契丹歷史的記載。在唐太宗時，突厥衰落下去，契丹與唐朝的交往開始頻繁，在與中原漢族人民接觸中，受到中原先進生產方式的影響，加速了自身的發展。唐末，由於中原地區封建割據，戰亂不已，漢族軍民為躲避戰亂，成群結隊移居到契丹人生活的地方，每次遷移多達幾千人。漢人把先進的生產工具、生產技術帶到了北

方，使契丹人民除了畜牧以外，又開始了農業生產，並逐漸學會了鑄造鐵器、栽種桑麻、紡紗織布、建築城邑。到了西元九一六年，一個包括多民族的奴隸主政權——契丹政權，終於出現於中國北方，其創始人即歷史上的遼太祖耶律阿保機。阿保機以武力征服了鄰近部族，又不斷南下，俘獲大批漢人，西元九二六年吞併了渤海政權，西元九三八年幽云十六州之地又歸入契丹統治，西元九四〇年遼太宗耶律德光到了南京，九四七年契丹政權改稱為遼。在中原先進文明的影響下，遼不僅逐漸過渡到了封建社會，在其發展壯大的過程中，也打上了鮮明的宋代文化的烙印。

（一）雙軌政治制度

遼朝統治地區包括今黑龍江、吉林、遼寧、內蒙古自治區以及河北、山西的北部等地，就經濟形態來說，既有先進的封建經濟，也有奴隸主占有制經濟，還有氏族制的殘餘；就生產方式來說，既有北面大漠的畜牧業，又有南面平原的農業；就人口成分來說，既有契丹族人，更有大量的中原漢族人。因此，遼太宗明智地採取有效的治理方針，即「官分南北，以國制治契丹，以漢制待漢人」。[1] 所謂官分南北，是設南面官北面官之意。[2] 北面官多由契丹人擔任，手持指揮棒，身帶堅弓，掌兵機、群牧、選任武官之政；南面官由漢人充任，著漢服、文質彬彬，掌部族、丁賦、文官選拔之政。北面官的地位要高於南面官。南面官的最高行政機構為三省：中書省、門下省、尚書省。下設六部，州設刺史，縣置縣令，與宋制大體相同，像參知政事、翰林學士、節度使、觀察使、防禦使等南面官都有。即使北面官也有類似官職，只不過稱呼不同。正如《契丹國志》所云：「其惕穩，宗正寺也；夷離畢，參知政事也；林牙，翰林學士也；夷離中，刺史也，內外官多仿中國者。」[3]

遼之所以一開始就果斷地採用了「以國制治契丹，以漢制待漢人」的雙軌政

1　《遼史·百官志》。
2　遼國風俗，皇帝坐西朝東，北面與南面分立官員，在牙帳之北的稱北面官，在牙帳之南的稱南面官。
3　《契丹國志·建官制度》。

治制度，固然是由於多種經濟形態、多種生產方式並存和契丹少數民族與漢族人民雜居的現實所致，但也與隋唐以來契丹族與南方中原地區的聯繫始終沒有中斷、先進的漢文化和漢人知識分子不斷對其施加重要影響密不可分。西元九一六年耶律阿保機毫不猶豫地拋棄了契丹部落聯盟的選舉制，仿照漢族封建王朝的體制，自稱「天皇帝」，稱其妻為「地皇后」，建立了皇權世襲制的大契丹政權，向封建制邁出了一大步。居住帳篷、逐水草不斷遷徙的原始游牧生活很不適宜稱王稱帝，逐鹿中原建立霸業，於是，遼太祖在黃河沿岸建立了漢族式的皇都，而都城的建築就是在漢族知識分子康默記等人主持下完成的。此外，還制定法律、建孔子廟、仿造漢字偏旁製造了契丹文字，傳播漢族封建文化。這些舉措都有助於遼朝雙軌政治制度的建立和實行。

實踐證明，遼的雙軌政治制度既有利於封建制的鞏固和發展，促進了契丹民族的繁榮，還有利於契丹族和漢族及其他民族的相互溝通安居樂業，使中國東北地區的社會生產力有了大幅度的提高，為後來中國歷史上的大統一奠定了基礎。

（二）科舉制度

遼代科舉制度的實行不會早於遼太宗會同時期（938-946 年），因為遼太祖創業伊始，南征北戰，戎馬倥傯，無暇顧及，遼太宗繼位後干戈不休，基業未穩，這在客觀形勢上也不可能設科舉考試選拔人才。正如《契丹國志》所云：「太祖龍興朔漠之區，倥傯干戈，未有科目。數世後，承平日久，始有開闢。」[4]遼太宗耶律德光會同初年（938 年），時已大規模地獲得漢地和漢民，既得漢地，用漢人治理為宜，而求漢人之道，就需要用漢人的取士制度——科舉，所謂「太宗兼治中國……以漢制待漢人」[5]似應從此開始。不過太宗時的科舉是試無定期，是籠絡漢人的權宜之計，沒有形成正式的規章制度。遼代科舉制真正走上正軌並襲宋制還是在「數世後」。遼襲宋處表現在很多方面。

4　《契丹國志‧試士科制》。
5　《遼史‧百官志》。

1. 年限　宋代科舉之初為間歲貢舉,「英宗即位,議者以間歲貢士法不便,乃詔禮部三歲一貢舉。」[6] 即從宋英宗(1064 年)才開始改為隔三年一試。而遼代科舉走上正軌後即沿宋制,也是「限制以三歲,有鄉、府、省三試之設⋯⋯三歲一試進士」[7],這實際上是指遼興宗(1031 年)以後,因遼聖宗時(982-1030 年)尚為每年一次。

2. 科目　《契丹國志》談考試科目時說:「程文分兩科,曰詩賦、曰經義,魁各分焉。」意即詩賦、經義兩科分別考試,各有本科的狀元,又說:「聖宗時(982-1030 年),止以詞賦、法律取士。」[8] 遼罷試法律而改試明經完全因宋的緣故,《宋史・選舉志》載:「(熙寧)四年(1071 年),乃立經義、詩賦兩科,罷試律義。」這一建議是由王安石提出。此時,遼聖宗已死去近四十年,宋「罷試律義」,遼也去「法律」,資料所限雖不知具體改換時間,但聖宗之後其考試科目採取宋制,則毫無疑問。

3. 貢院　在禮部設置貢院,掌握貢舉之事,是宋朝的制度。《宋史》載:「設判部一人⋯⋯兼領貢院,掌受諸州解發進士諸科名籍及其家保狀、文卷、考驗戶籍、舉數、年齒而藏之。」[9] 遼也仿效之。遼景宗保寧八年(976 年)十二月「詔南京復禮部貢院」則是襲宋制明顯的佐證。[10]

遼代的科舉是為了籠絡漢人地主階級,擴充其統治集團,加強並鞏固契丹貴族的統治。一般而言,契丹人應舉,則治其罪,這是為了保持契丹人騎馬馳騁的尚武舊習,藉以維護其永遠的統治地位。雖則如此,在客觀上遼代的科舉制度卻選拔出了不少傑出人才,不僅擴大了遼的統治集團,在一定程度上鞏固了遼的統治,也為人民做了不少好事。在《遼史》中有傳或有附傳的舉進士的漢人中,曾任樞密使、南北府宰相、左右丞相、同中書門下平章事、參知政事等高級官員的

6　《宋史・選舉志》。
7　《遼史・百官志》。
8　同上。
9　《宋史・職官志》。
10　《遼金史論集》第3輯,4頁,北京,書目文獻出版社,1989。

即有十三人，除張孝傑黨附奸臣耶律乙辛，「久在相位，貪黷無厭」，「陷害忠良」，被列入《遼史·奸臣傳》外，其他多為名臣賢相。如張儉「在相位二十餘年，裨益為多」；如楊佶「居相位，以進賢為己任，事總大綱，責成百司，人人樂為之用」。[11]而未被《遼史》立傳的進士出身的名臣能吏、文人學士更是不乏其人。

另一方面，遼推行科舉制度，對社會文化教育的普及和發展也起到了積極作用，學而優則仕，遼朝境內各族上層人物積極讀書賦詩，求仕進，契丹很多貴族也習漢文讀經卷。

（三）史學

漢以後至宋，史學又一次空前繁榮，在統治者的倡導下，宋代撰修了大量的當代史、斷代史、通史、地方誌及類書等，諸如司馬光的《資治通鑑》、歐陽修的《新五代史》、朱熹的《資治通鑑綱目》等都對後世產生了深遠的影響。遼朝的統治者也十分重視本朝歷史的修纂，從遼太祖立國時起，隨著契丹文字的創立，注意修史工作。到了遼太宗時期，修史制度才漸趨完備。然而遼朝史學的大發展則在景宗即位（969 年）以後。契丹社會已基本完成了封建化，統治者為加強統治，大量吸收中原文化，實行科舉，大量翻譯漢文典籍，特別注重吸收宋王朝的統治經驗，因而宋朝重修國史的做法必然為之所借鑑，加上印刷業的發展，更為其史籍的大量修纂及印刷提供了便利，所以景宗、聖宗之後的遼朝中後期，史學得到了進一步發展。

在史學領域內，無論在修史機構、制度，還是在內容方面，確切地說，都是遼仿宋制。主要表現於四個方面：

1. 機構設置　遼仿宋而設國史院，遼在國史院中設有監修國史、史館學士、史館撰修、修國史、同修國史等官職，其名稱和職能多與宋相似。如監修國史一

---

11 《遼史》各本傳。

職，宋以宰相監領，遼則由樞密使（類似宰相）監領，其職能是監督撰修本朝歷史，故名監修國史。真正撰修國史的主要史官為修國史一職。

起居院也為宋初所置，掌修起居注，遼也隨之效尤，但改稱起居舍人院，隸於門下省。起居舍人院下設有起居舍人、起居郎、修起居注、知起居注等史官。

2. 內容種類　宋代官修的當代史有起居注、時政記、日曆、會要、實錄、國史等，遼朝修纂當代史的門類則主要是起居注、日曆和實錄。

宋修纂起居注由起居郎和起居舍人擔任，他們「輪番分值」，記載皇帝的言行，皇帝在正屋「則侍立於門外，在便殿則侍立於殿內，行幸則隨從」。起居注是記錄當朝皇帝言行最基本的資料，是修史的重要依據。由於資料缺乏，遼代起居注的具體情況雖不甚明了，但有起居注卻不容置疑，因《遼史》有如下記載：太康二年（1076年）十一月，道宗「欲觀起居注，修注郎不攧及忽突堇等不進，各杖二百，罷之」。[12]

宋設有日曆所主撰日曆。遼有無此機構雖未見記載，但卻有修撰日曆的史官的資料。統和二十一年（1003年）三月聖宗曾詔諭「修日曆官，毋書細事」。[13]

實錄為編年體史書，另有附傳，專記某一皇帝統治時期的史事，從聖宗起遼朝就有，而且是其史學著作中的主要內容。如邢抱朴與室昉同修的歷朝實錄共二十卷，曾得到聖宗嘉獎，這部實錄包括太祖、太宗、世宗、穆宗、景宗五朝，在聖宗統和九年（991年）成書，所以又叫《統和實錄》。

3. 秉筆直書的風格　秉筆直書是中國古代修史的優良傳統，遼繼承這一傳統。遼興宗重熙十三年（1044年）有司奏道：興宗「獵秋山，熊虎傷死數十人，韓家奴書於冊，帝見命去之。韓家奴既出，覆書。他日，帝見之曰：『史筆當如是。』」[14]由此可見在史官堅持直筆揭皇帝短時，皇帝有時也無可奈何。

12　《遼史·道宗紀三》。
13　《遼史·聖宗紀五》。
14　《遼史·蕭韓家奴傳》。

4. 正統地位之爭　遼自稱是炎帝之後，是統一的要求。遼朝統一了中國北方廣大地區，宋、遼以及後來金的發展為元朝大統一奠定了堅實的基礎。

然而宋朝統治者尤其是一部分史學家，在傳統的大漢族主義和正統觀念的支配下，仍視遼為「四夷」之邦，如歐陽修所修撰的《新五代史》就把遼列為「四夷附錄」。對此蔑視的做法，遼朝君臣上下極為不滿，遼史學家劉輝在向道宗奏請時說：「宋歐陽修編《五代史》，附我朝於四夷，妄加貶訾。」[15]於是開始與宋人爭奪正統地位。《遼史·世表》序說：「炎帝氏、黃帝氏子孫眾多，王畿之封建有限，王政之布濩無窮，故君四方者，多二帝子孫，而自服土中者本同出也。考之宇文周之《書》，遼本炎帝之後。」

遼朝修編的本朝歷史，認定自己的祖先出於炎帝之後，這既說明了遼對中華各民族作為一個整體的認同，又是我們中華民族凝聚力的體現。

遼的正統之爭因宋「四夷」觀而起，卻一直延續到金元兩代。

（四）城市建築

契丹族在大量俘獲漢人為其進行農業和手工業勞動之後，那種氈帳之類的居住條件肯定不能適應漢人的生產和生活，無論是從對漢人的方便管理還是從契丹人自身社會和經濟形態的改變上說都需要築城建房。從遼初至遼末，其建築風格方式就融有中原特色，愈往後，這一特色就愈明顯。以下以遼上京和中京為例加以說明。

上京的興建始於遼太祖神冊三年（918 年），分南北兩城，周遭二十七里，北城謂之皇城，高三丈，有城樓及四個城門；南城謂之漢城，高二丈，無城樓，有六個城門。上京興建是先有皇城後又增築漢城，其皇城城郭走向坐西向東，這完全符合草原游牧民族搭設氈帳坐西朝東的風俗。但到了天顯元年（926 年）增

---

15 《遼史·劉輝傳》。

建漢城並在皇城中築起大殿時，則依照中原的營建制度，建築物的走向改為坐北向南，還在皇城中新闢了朝南的承天門為正門[16]。改變了舊日風俗。儘管依漢制改變了建築走向，藉以表明契丹皇帝也是漢族和中原地區的最高統治者，但其城市布局沒有中軸線，也不東西對稱，大不同於中原都城。

中京建於遼代中期即聖宗統和二十五年（1007 年），此時宋遼兩國訂立了「澶淵之盟」，結為兄弟之邦，兩國來往十分頻繁，因此宋都城汴京的建築風格對遼中京的興建影響很大。汴京城為三重城，即外城、內城和大內，中京也是三重城，中京都採取南北向，自外城正中的朱夏門直達大內的閶闔門之間為一條直線形成中央大道，形成了中軸線，大道兩側對稱布局，尤其是朱夏門至陽德門間的寬闊大街和排水溝，更完全仿照汴京城的朱雀門大街而建。當然城中也有適合契丹習俗的布局。但就整體而言，從上京到中京的興建風格的變化，完全能說明契丹人民對中原文化吸納不斷加深的趨向。

（五）宗教、雕塑與繪畫

儒學在宋朝被二程、朱熹等人發展到了極端，成為統治階級的主導思想，但佛、道二教也極為流行，原因之一是統治者大力提倡的結果。宋太宗一方面在五台山、峨眉山、天台山等地大建佛寺，一方面又在東京興國寺設譯經院，大量翻譯佛經；而宋真宗還親自為佛經作注，又撰《崇釋論》大談佛儒是「跡異而道同」。與此同時，太宗、真宗等皇帝又在開封、蘇州等地遍建道觀，太宗還親自召見華山道士陳搏。這樣一來就儒家而言，出現了許多出家受戒的佛門弟子，連王安石、二程、三蘇、朱熹等也深受佛教思想的影響。就佛教而言，一方面讀禪說理，一方面又糅儒入佛；而道家的一些代表人物在其著述中更明顯地反映出三教合一的觀點。

宋朝儒釋道並存的做法對遼影響很大，遼太祖曾建孔子廟，命皇太子春秋設

---

16 《遼金史論集》第3輯，54頁。

奠，又建了佛寺、道觀；遼聖宗、興宗、道宗對佛教尤其偏愛。當時，建寺院、築佛塔、刻印佛經，朝野上下佛說盛行。民間百姓家甚至把甘做菩薩奴僕的心情反映在為孩子取名上，像文殊奴、觀音奴之類並不鮮見。而遼代的文學創作內容更多表現宗教故事，很受民間歡迎。可以說遼統治者基本上模仿了中原統治者對儒佛道兼收並蓄的態度，而儒佛尤為統治者所提倡。出土遼墓中的畫像《孝子圖》、山西應縣遼代木塔內發現的遼版佛經《妙法蓮花經》卷等都充分說明了這點。

　　兩宋的雕塑藝術對遼也有影響。山西太原晉祠聖母殿的四十多尊塑像是北宋雕塑的代表作，神龕中的聖母頭戴鳳冠、身披蟒袍、神情莊重、雍容富態，環繞四周的四十二尊侍女像雖姿態各異，但個個體態婀娜而豐滿圓潤。遼代的雕塑可以山西大同華嚴寺中的三十一尊菩薩塑像為例說明，它一方面借鑑了宋雕塑形象豐滿的特點，一方面又突出了鼻梁尖突而棱角分明的民族特色。

晉祠聖母殿侍女像

　　兩宋的繪畫藝術也達到很高的水平，尤以人物、山水、花鳥為最。遼的繪畫作品傳世極少，因遼法律規定凡將本國書畫傳入別國者處死，所以故鮮有人見之。不過一九七四年遼寧法庫縣遼墓出土了兩捲軸畫，其中《深山會棋圖》表現的是隱居文人的生活，據行家考證其技法深受中原的影響。

二、宋文化與黨項族

黨項族是羌族的一支，漢以來就居住在青海和四川西北部，以游牧為生。唐太宗時歸附唐朝，唐在其地設都督府州管轄，並賜拓跋部酋長姓李，以示和唐朝皇帝為一家，這是太宗的民族觀念。唐末黃巢農民大起義時，拓跋思恭酋長參與鎮壓農民起義，唐王朝封他為夏國公，統治夏州（陝西靖邊）、綏州（陝西綏德）、銀州（陝西米脂西）、宥州（內蒙古鄂托克旗東南）和靜州（甘肅靜寧）五州之地。五代十國時，其勢力擴展到河套地區並向河西走廊擴展，與那裡的吐蕃人、回鶻人尤其是漢人相往來，這不僅促進了民族之間的聯繫，而且發展了農耕，加速了社會進步。宋朝建立時，黨項族已進入了半農半牧的經濟生活，封建制的生產方式得到擴大，宋太祖時，黨項族統治者遣使入貢，太宗、真宗時酋長李繼遷時叛時降，西元九八六年遼冊封其為西夏國王，西元九八八年宋賜李繼遷的姓名為趙保吉。李德明繼位後利用宋遼矛盾，發展自己。德明死，其子元昊繼位，於一〇三八年稱帝，國號大夏，幾次攻宋，最終簽訂了和約：西夏取消帝號，仍由宋冊封為夏國王，宋每年輸西夏銀七萬兩，絹十五萬匹，茶三萬斤。在頻繁的交往中，宋文化對西夏的各個方面產生廣泛的影響，這裡擇其要點加以說明。

（一）官制

宋朝中央是中書省和樞密院分掌文武二柄，號稱二府，西夏官制大體仿宋，也在中央設中書省、樞密院，其下的機構和官品也相仿。正如《宋史》所云：夏「其設官之制，多與宋同」，「其官分文武班，曰中書，曰樞密，曰三司，曰御使台……自中書令、宰相、樞使、大夫、侍中、太尉已下，皆分命蕃漢人為之。」[17]

西夏的官制與遼相比之所以更與宋相近，原因不外乎以下三點：

1. 與漢族文明不斷地接觸 由唐到宋，漢族封建王朝為了消除邊患，一直對

---

17 《宋史》卷四八五《夏國傳》。

黨項族採取籠絡的政策，不斷冊封官職，賜予姓氏，黨項人雖時降時叛，但在中原先進文化的不斷薰陶下，在漢族人民先進的生產技術、物質文明的影響下，社會與經濟都得到了較快的發展，隨著其地盤的不斷擴大、漢族人口及農耕方式比重的不斷增多，中原王朝的政體官制及各種管理方式必然為其所重視。

2. 歷次交爭形成的格局　黨項族儘管於一○三八年建立了西夏政權，到一二二七年被蒙古所滅，共維持了一百九十年，但它始終不過是一個臣屬於宋朝的地方割據政權。臣服於宋雖非情願，而且幾次交兵都曾大敗宋兵，但連年征戰使其元氣大傷，為換取宋朝的大量銀兩綢緞的賞賜，接受了宋朝的冊封。作為宋朝的附屬國，採納宋朝的官制是可以理解的了。

3. 元昊通曉漢族文化　建立西夏政權的元昊是一位已經封建化的黨項領袖，他「通漢文字」[18]，因而容易接受宋文化，比較了解漢族的封建政治制度，對歷經幾多朝代實踐並不斷發展完善的宋朝官僚政體制度的優越性，有較為深刻的認識。

（二）文字

在吸收宋代文化方面，黨項人另一比較突出的特點是根據漢字的方塊形態和結構製成方塊的西夏文字。正如史書所載：西夏文字「形體方整類八分[19]，而畫頗重複」。[20]西夏文共六千餘字，由「元昊自製」。[21]在讀音方面西夏文字襲用漢音的字很多，如「正」、「名」、「聖」等字，和漢文讀音完全相同，而且西夏文字在音調上也有四聲。

西夏文字的形成為其傳播中原文化起了積極的促進作用。黨項族人用西夏文翻譯了大批儒家經典和兵書、史書，如《論語》、《孟子》、《孝經》、《爾雅》、《孫

18　王稱：《東都事略》卷一二七，附錄五《西夏》一。
19　八分：介於小篆、隸書之間的漢字體。
20　《宋史》卷四八五《夏國傳》。
21　同上。

子兵法》、《貞觀政要》等,以使更多的人領略中原傳統文化的魅力,借鑑歷代王朝興衰成敗的經驗教訓。

西夏王元昊不僅通漢文字,還通曉浮屠學(佛學),因此他組織人翻譯了《華嚴經》、《妙法蓮花經》、《般若波羅密多經》、《金剛經》等許多佛經。為更好地普及中原文化,黨項人編撰了不少字典類的工具書,如西夏文字典《文海》,夏漢字典《番漢合時掌中珠》等,致使儒佛思想在西北邊區得到了傳揚。

(三)生產技術及其他

中原比較發達的生產技術及各種物化了的文明成果不斷流入,對西夏的發展進步也有著舉足輕重的作用。流入方式一靠邊境貿易。北宋王朝同中亞貿易陸路必須通過西夏地區,因此西夏開設了許多固定的集市,商業貿易很活躍,其中最大的是保安軍和鎮戎軍兩處交易場所,黨項人用其所產的羊、馬、氈毯來交換漢人的糧食、茶葉、絲綢等物品。二靠漢人中的能工巧匠將農耕、冶鐵、手工業技術帶入。西夏政權設農田司推廣農耕,設文思院[22]利用漢族工匠從事工業、手工業生產,在夏州東設立鐵冶務。元昊時冶鐵業已比較發達,能採用較進步的豎式風箱設備,一般的生產工具、武器裝備都能在國內製造,這從榆林石窟中所遺留下來的壁畫《鍛鐵圖》可見一斑。另外史料記載也顯示出西夏所造的甲冑「堅滑光瑩、非勁弩不可入」。[23]三靠宋的賞賜。由前可知,西夏與宋簽訂和約,向宋稱臣的條件是宋每年向其輸大量的銀、絹、茶,之前的賞賜更是不計其數。這對改善黨項人民的生活和習俗十分有益。元昊未稱帝前,曾勸其父李德明反叛宋朝,德明嘆曰,是宋的賞賜才令「國中三十年不被皮毛而衣錦綺之衣」,[24]由此可知,宋代物化了的文明成果的傳入,對西夏社會的進步是很重要的。

---

22 文思院:屬工部,掌金銀、犀玉工巧及彩繪、裝飾等。

23 《西夏書事》卷十四。

24 《東都事略》卷一二七,附錄五《西夏》一。

三、宋文化與女真族的封建化

女真族是中國東北的一個古老民族，居住在白山黑水（長白山、黑龍江）一帶，過著游牧生活，夏天隨水源、草原移動，冬天住在土穴中。隋唐時稱靺鞨，分粟末靺鞨和黑水靺鞨兩部，五代時黑水靺鞨附屬於契丹改稱女真也叫女直（避遼興宗宗真諱），「在南（遼陽以南）者籍契丹，號熟女真；其在北者不在契丹籍，號生女真」。[25]生女真「地方千餘里，戶十餘萬」，[26]分為七十二部落，其中完顏部最強大，完顏阿骨打就出生於此。女真族一直受遼的奴役和剝削，不僅每年要向遼貢獻北珠、貂皮、獵鷹、名馬、良犬等，其官員還任意侮辱女真婦女，特別是遼派出的銀牌天使，「每至其國，必欲薦寢者，舊輪中下戶之室女後惟擇美好婦人，不問其有夫及閥閱高者」。[27]由此激起義憤。一一一三年完顏阿骨打揭竿而起，打起反遼的旗幟，幾經征戰大敗遼兵。一一一五年夏曆正月元旦，阿骨打稱帝，史稱金太祖，國號大金，建都會寧府（黑龍江阿城縣南），繼之又攻克遼黃龍府，一一二○年攻下遼上京，一一二二年攻克西京，一一二五年金太宗生擒遼天祚帝，金統一了北方。

女真族開始只是無官府、無文字的氏族部落，由於遼之前就與漢人雜居，後接受遼的統治逐漸學會了農耕、冶鐵等，阿骨打還命大臣完顏希尹參照漢字和契丹字製成了女真字，因此，金滅遼後女真族實已半封建化，但仍有濃郁的奴隸主占有制成分。真正使金徹底封建化還是在滅遼後。金對宋發動南侵後，隨著中原占領區的不斷擴大，搜刮的中原財富不斷增多，特別是宋欽宗靖康二年（1127年）汴京失陷，金人不僅俘獲了徽宗、欽宗二帝及后妃、百工、技藝、內侍、僧道、婦女、醫人等三千人北去，還將宮中庫藏的金銀、絹帛、珍玩、寶器、圖籍、儀仗、天文儀器等中原文明的精華洗劫一空。靖康之恥宣告了北宋的滅亡，也同時加速了女真人的封建化過程。

---

25 《金史》卷一《世紀》。
26 《金史紀事本末》卷一《帝基肇造》。
27 《金史紀事本末》卷二《太祖建國》。

（一）官制

金立國之初，採用的是勃極烈制度，即在皇帝以下設立勃極烈諸人為金國最高的輔佐皇帝的統治機構，在地方上以兵民合一的猛安謀克組織[28]來統治人民。隨著中原地區不斷地被吞併，被編入猛安謀克組織漢人的不斷反抗，金太祖時已部分實行了遼宋官制，金太宗時更是明文規定新降地區「新附長吏職員仍舊」。[29]到金熙宗天會四年（1138 年）金正式廢除了勃極烈女真舊制，「建尚書省，遂有三省之制」。[30]金熙宗之所以能果斷地沿襲宋制，是因為他自幼從漢族學者韓昉學習漢文經典圖籍，能做詩寫漢字，「雅歌儒服」，曾被女真舊貴族認為「宛然一漢家少年子」。[31]他對漢族文化心嚮往之，自然一即位就如一漢族皇帝模樣，大刀闊斧實行改革，最終使金朝的「城郭、宮室、政權、號令，一切不異於中國」。[32]

（二）儒家思想與科舉制度

女真貴族剛入中原，排斥漢族文化，金兵占領孔子故鄉曲阜時放火焚燒了孔廟，甚至下令禁止人民穿漢服，強迫漢人依照女真人習慣剃髮，違者即死。漢人被俘後要在耳朵上刺字，作為奴隸出賣。但是，漢族的文化對各少數民族具有很大的吸引力，即使其貴族統治者也莫能例外，金朝會逐漸受漢文化薰陶，漸染華風。金太祖就十分重視遼的禮樂圖書典籍，曾下詔：「若克中京，所得禮樂圖書文籍，並先次津發赴闕。」[33]金熙宗由於自幼讀經書，因此繼帝位後，則「宮室之壯，服御之美，妃嬪之盛，燕樂之侈，乘輿之貴，禁衛之嚴，禮儀之尊，府庫

---

28 猛安是部落單位，謀克是氏族單位，初以血緣關係為紐帶，每一猛安又分至十個謀克，其首領為勃極烈。後打破血緣關係，三百戶為一謀克，十謀克為一猛安。實行軍事性質的管理制度。
29 《金史·宗望傳》。
30 （金史·百官志一》。
31 《三朝北盟會編》卷一六六引《金虜節要》。
32 《宋史·陳亮傳》。
33 《金史·完顏杲傳》。

之限，以盡中國為君之道」。[34]無獨有偶，海陵王的師傅張用直也是漢儒，所以他稱帝以後又讓其教授太子，並言之：「朕父子並受卿學，亦儒者之榮也。」[35]所以女真貴族進入華北、中原地區以後，都逐漸學習漢族統治者的經驗，特別是由熙宗始，提倡儒家學說，在上京會寧府建築孔廟，撥款修建曲阜的孔廟，並把《論語》等重要典籍譯成女真文字；封孔子後裔為曲阜縣世襲縣令，特授「衍聖公」的稱號。

上行下效，許多女真貴族主動學習漢文化，儘管已有了女真文字，但上自皇帝下至平民都學習使用漢語，許多漢族儒生被女真貴族請去為子弟講授儒家經典史籍，以致到金世宗時，許多女真人反而不通曉女真的語言文字了。

在推廣漢文化的同時，為鞏固加強金人統治，他們又採用宋朝科舉制度，以培養人才，籠絡漢族知識分子。金太宗即位不久，就於天會元年（1123 年）十一月始設科舉制，當然因為草創科舉尚無定期，數額也無定限，但開考科目卻與宋同，分詞賦和經義兩種。金熙宗更大力推行科舉制，對所有女真人、漢人以及契丹人等都一律量才錄用。到海陵帝以後，科舉制就完全正規化了。

金人通過廣開科舉，大大籠絡了各族尤其是漢族知識分子，蒐羅到大批願為其效力的士人，可以說金朝是中國入主中原的少數民族統治王朝中最重視科舉取士的王朝，是科舉取士最多的朝代，「金朝進士的總平均數與南宋相當」。[36]這些漢族士大夫，對於建立和鞏固金朝的統治起了相當重要的作用。

（三）對猛安謀克制度的衝擊

猛安謀克是女真族部落氏族性質的軍事行政管理組織，帶有深重的奴隸制色彩，部落酋長（勃極烈）嚴密地控制著所管轄的人口。金朝前期女真貴族入主華北、中原以後，主觀上非常希望沿襲舊有的管理組織與生產方式，以加強其統

---

34 《三朝北盟會編》卷一六六引《金虜節要》。
35 《金史·張用直傳》。
36 《遼金史論集》第3輯，253頁。

治，為此採取了一系列措施。如一方面對於被征服地區的勞力強行把他們編入猛安謀克中將他們轉為奴隸，為加強控制還將漢人大量遷徙金朝內地；一方面又把金朝內地的猛安謀克組織遷往華北、中原，作為樣板來逐步改變華北中原地區人民。然而主觀願望和客觀效果恰恰相反，他們並未料到漢族文化對其他民族文化的影響之大。被強遷金內地的漢人不僅促進了那裡的經濟發展，提高了那裡的文化，也改變了那裡的民風；而散布在中原內地漢人中的猛安謀克組織卻如泥牛入海，根本抵擋不住高度發展的漢族封建經濟和文化的汪洋大海的衝擊，他們不斷賣掉奴隸、出租土地，進而讓奴婢從良。這種結果直接原因固然是漢族人民的反抗和中原先進的經濟形態的作用，但與中原文化的傳播也密切相關，所謂「盡令漢人佃蒔，取租而已」。[37]同時，金朝統治者內部的漢族或漢化的契丹官員的勸諫也有重要作用。據《燕人塵》載：「初宋帝至燕山，金國諸王郎君慫恿金主如契丹故事獻俘分賞，樞密劉彥宗力諫而止。」[38]同知北京留守劉璣也曾諫金世宗「凡奴隸詐良，不問契券真偽輒放為良」。[39]

（四）鑄造業、火藥武器和印刷術

中國東北一帶是女真族的最初活動區域，隨著中原地區的漢人及其他各族人民的被迫遷徙於此，他們與女真人民共同開發了東北地區，使農業、手工業生產發展很快，冶鐵鑄造技術更是達到了空前的水平。黑龍江阿城縣南即原金上京會寧府遺址一帶，考古工作者發現了冶鐵遺址，在遼寧綏中縣城後村的金朝村落遺址中，出土了大批鐵農具，有手鋤、鎬、鏟和形態不一的鐮刀、鍘刀等，還出土了鐵矛以及其他鐵製生活用具，其鑄造水平已高出遼的同類產品，其犁鏵已接近北宋的洛陽鏵。在金人統治過的河南、山西一帶發現的金代小型鐵礦坑和熔鐵遺址，其出土的鐵製兵器，無論從種類、造型和工藝水平看都已超過了宋代。[40]

37 《金史》卷四十七《食貨志·田制》。
38 《遼金史論集》第3輯，232頁。
39 《金史·劉璣傳》。
40 洪煥椿：《宋遼夏金史話》，156頁，北京，中國青年出版社，1980。

利用火藥製造武器是宋人對中華及世界文明所作的偉大貢獻之一，北宋時利用火藥製造的武器已相當出色，諸如火箭、煙球、火蒺藜、霹靂火球、毒藥煙球等。而當時對火炮技術一無所知的金人攻下汴京後，從俘虜手中得到了各種火箭、火炮的式樣和製作技術，促進製造武器業的發展，到了南宋高宗建炎四年（1130 年），金人入侵江南被扼困江中時，就用火箭打敗了韓世忠的水軍。金人很善於就地取材，南宋將領陳規在守衛德安（湖北安陸）時使用的飛火炮，是用竹竿置入火藥燃放，北方缺竹，金人則用十六層很厚的紙卷捲成兩尺長的筒代替之。到金末元初時，金人用火藥製造炸彈技術比宋毫不遜色。金哀宗正大八年（1231 年）蒙古軍進攻開封，金朝守禦中就使用了一種「震天雷」來反擊，「震天雷」是以鐵罐盛藥，用火點燃，其聲如雷，爆炸燃燒面積可達半畝地之廣。一二七九年元兵攻擊宋靜江府（廣西桂林）時，守將即用這種震天雷守城，堅持達三個月之久。

金朝境內雕板印刷也相當發達，卷帙浩繁的佛經以及大量的漢文醫書、詩詞、戲文被印刷而運銷各地。印刷術之所以發達，與造紙手工業的成就分不開，稷山（山西稷山）的竹紙和平陽府（山西臨汾）的白麻紙是金著名的手工業產品。金的印刷術發展很快，從而出現了印刷業的中心城市——平陽城。平陽刻印的《四美圖》如今看去仍線條精細清晰、人物姿態生動傳神。

（五）詩歌、戲劇和繪畫

金朝詩歌襲宋而來，初期並無特色，至金中葉開始學習蘇軾的技巧與風格，正如後人所說的「蘇學盛於北」，[41]但一般作家並未學到蘇軾的意境開闊、才氣縱橫的一面，只學到了對閒適生活的詠歎和以議論入詩。至金衰落時期，民族矛盾和階級矛盾日益尖銳，詩歌創作才發生大變，大批作者開始描繪內憂外患的現實，訴說民不聊生的慘狀。最能代表金代詩歌這一特點及成就的當屬元好問（字裕之，號遺山），他寫了不少關心民生疾苦的詩，暴露了金末社會的黑暗，而奠

---

41 翁雲綱：《齋中與友人論詩》。

定他文學史上地位的則是「喪亂詩」。如：「道旁僵臥滿累囚，過去觥車似水流。紅粉哭隨回鶻馬，為誰一步一回頭。」「隨營木佛賤於柴，大樂編鐘滿市排。擄掠幾何君莫問，大船渾載汴京來。」[42]詩人用白描手法描繪了汴京淪陷後蒙古兵屠殺掠奪的暴行，字裡行間滲透了血淚。清人趙翼有曰：「國家不幸詩家幸，賦到滄桑句便工。」[43]的確，就悲憤淒切的情感而言，元好問的這類詩具有南宋愛國詩篇的氣象。這些詩廣泛而深刻地反映了國破家亡的現實，具有詩史的意義。

金朝的院本雜劇也受到宋代官本雜劇的影響，主要表現在角色上。宋雜劇由五個演員扮演，分別叫末泥、引戲、副末、副浮、裝孤等，[44]金雜劇演員也大致如此，但金雜劇又有所發展。首先是演出從宮廷府第走向瓦肆行院，演出對象成了廣大人民群眾；其次是結構內容愈加龐雜，據宋人周密《武林舊事》記載的官本雜劇段落只有二百八十本，而元代陶宗儀《南村輟耕錄》記載的院本雜劇段落卻多至六百九十本。[45]發展了的金雜劇成為元雜劇的雛形。

隨著宋金文化交流的發展，金朝的繪畫和雕塑藝術也取得了一定的成就。金朝畫家武元直的傳世名作有《赤壁夜遊圖卷》，大江峭壁，中流一舟，石欲穿雲，樹欲含煙，深得宋山水畫意韻。山西大同善化寺中的金代佛像雕塑，形態飽滿，刀法圓潤流暢，尤其是訶利帝南天神像，真實生動典雅而富有個性，與宋代雕塑宛然無二。

---

42 《癸巳五月三日北渡三首》其二。

43 《題遺山詩》。

44 中國科學院文學所編：《中國文學史》（二），698頁，北京，人民文學出版社，1963。

45 同上書，702頁。

宋文化對亞洲
文化的影響

宋代時期，中國文化在越南、朝鮮、日本等國得到廣泛傳播，對其文化發展產生了重要影響。

一、宋文化在越南的傳播

越南古稱交趾，又曰安南，位於中南亞半島東部，東、南瀕臨北部灣和南海，北與中國廣西、雲南相接，西與老撾、柬埔寨為鄰。宋文化在越南傳播，產生了廣泛的影響。

（一）程朱理學的影響

據載，西元九六八至九七九年建立大瞿越南的丁部領曾把爵位賣給僧侶，使得僧侶能直接參政。之後的黎朝（980-1009 年）又派僧侶到中國請經，直到宋賜封越南獨立。隨著程朱理學地位在中國的上升，儒家思想在越南的影響日益擴大。後李朝李聖宗時（1054-1072 年），越南始修文廟，建國子監，塑周公、孔子像，並首次舉辦科舉考試，從儒生中選拔治國賢良。

由於程朱理學繼承並倡導先秦孔孟「民為邦本」、「仁者愛人」、「舉賢任能」、「王道德治」以及忠君愛國、抑惡揚善等基本思想，並將之更理論化系統化，更適於國家穩定、家庭和睦的需要，因而程朱理學在越南的各個階層和各個領域都廣泛地融於人們的觀念之中。

1. 史學方面 勸善懲惡的思想是中國史學家一貫的思想和實踐，西漢司馬遷編撰《史記》的原則是「善善惡惡賢賢賤不肖」，[46]司馬光編撰《資治通鑑》時提供了讓統治者以資借鑑的大量正反史實，越南史書也充滿了這種觀點。越南史學家吳士連在黎聖宗洪德十年（1479 年）所上《擬進大越史記全書表》中說：「必善惡具形褒貶，始足示於勸懲，必翰墨久役心神，方可觀於著述。勸善懲惡，不亦明乎？」寓褒貶於史書、勸善懲惡有其重要的社會意義，它有助於提高人的道德修養，幫助形成正確的價值取向，從而促使達到程朱等人所期望的君明臣賢、父慈子孝、尊卑有序、社會安定的理想標準。

2. 文學方面 宋朝以前由於儒家思想尚未普及，貫穿儒家教義的文學只是上層人物的專利，其中大都是北上中國習學者，其中成績卓著的是唐朝時的姜公輔。姜為愛州（越南清化省）人，唐德宗時「第進士，補校書郎，以制策異等授右拾遺，為翰林學士……德宗器之……乃擢公輔諫議大夫，同中書門下平章事」。[47]與張九齡同朝為相。他的傑作《白雲照春海賦》和《對直言極諫策》被錄入《全唐文》。宋以後的儒家思想對越南文學影響有一大特色──從貴族的大雅之堂走向了民間，他們的文學作品中也充滿了仁義忠信的思想。

後黎朝愛國知識分子阮廌（1380-1442 年），字抑齋，曾跟隨黎太祖起義，是義軍的首腦之一。他認為「為將之道，以仁義為本」，「凡圖大事以仁義為本」。因此，他撰寫的一代雄文《平吳大誥》充滿了「以大義而勝凶殘，以至仁而易強暴」的必勝信念和愛國激情。儒家主張養民、生民，反對征戰，因為戰爭尤其是頻繁的不義之戰使生靈塗炭，因而揭露戰爭給人民帶來痛苦的閨怨詩也是

---

46 《史記‧太史公自序》。
47 《新唐書》卷一五二。

儒家文化的產物。鄧陳琨的《征婦吟》是其中佼佼者，「愁上隴頭，怨出閨門」——形象地刻畫出妻子望穿秋水的身影，滲透了閨中少婦對戰爭的怨恨。

程朱理學固然給越南社會帶來了穩定的秩序，但「滅人欲」的道德規範卻也似條條枷鎖套住越南的廣大勞動婦女，從而引起強烈的抗爭。「娘啊，孩兒要出嫁；孩子，娘的心思正和你一樣。」近代黎貴淳的這首詩（用越南民族文字字喃創作），以一個少女和寡婦的內心剖白，控訴了虛偽的封建禮教。

受宋影響，越南在官品服飾方面也呈現出強烈的尊卑色彩。宋代官員服色有規定：一品到四品官服紫，五品、六品官服緋，七至九品官服綠。於是，越南陳朝末期就參照宋對其官服的顏色作了更嚴格的規定：一品穿紫，二品大紅，三品桃紅，四品著綠，五、六、七品穿碧色，八至九品著青色，無品爵的只穿白。[48]這種規定不只是形式，而是責權利的象徵，標誌著封建等級制度已日趨完善，也表明了宋儒的綱常倫理規範體系在越南官吏制度中的廣泛影響。

越南周圍的一些國家都佛教氛圍甚濃，而越南南部的部分地區即歷史上的占婆王國，自四、五世紀也已全面印度化，尤其是唐以前佛教在越南曾多領風騷，但為什麼最終儒學卻繁榮昌盛呢？原因如下：

1. **鞏固封建統治的需要**　程朱理學把家庭人際關係、國家君臣之間的道德倫理同如何為國遴選人才、建立完善的官僚政治體系納入到一個嚴密的網絡之中，中國的社會基礎是以父系血緣關係為紐帶、家國一體的宗法制度，這一制度要求君臣有義、父子有情、夫妻有別、長幼有序，要求人人必須以君主和父親家長為核心，尊嫡敬長盡忠盡孝。程朱認為這種倫理綱常是宇宙的本原，即所謂的「理」，「未有君臣已先有君臣之理，未有父子已先有父子之理」，[49]這「理」，「不為堯存，不為桀亡」。[50]它存在人性之中，但又常被「人欲」所掩蓋。因此要想維繫國家秩序和家庭安定，就必須「存天理，滅人欲」，[51]就必須用儒家「仁義

---

48 [越]明崢：《越南史略》初稿。
49 《朱子語類》卷九十五。
50 《河南程氏遺書》卷二上。
51 《朱子語類》卷十三。

禮智信」去教化人民，而教化的途徑只有靠通過科舉選拔出的優秀儒生來教化人民，並由這些儒家學者建立起一套尊卑有序的官僚管理體制，才能達到君明臣賢、上下親善、綱常永固。對此，越南統治者如獲至寶，全面吸收。如前所說，宋之先佛教占優，儘管十一世紀初開始修文廟、開科舉，但僧侶仍出入宮廷無禁，在各個村社，權力仍多操縱在僧侶之手，十分不利於形成尊卑有序的封建王朝的一統天下。為此，十三世紀初陳朝一方面重建國子監，大比取士，舉辦太學生考試，成立國學院，同時還開設了不少私塾，邀請名宿大儒講解四書五經，積極宣揚儒家道德規範；一方面還對佛教僧侶大加撻伐，既將僧侶逐出了朝堂，又下令凡年齡不足五十歲的僧尼一律還俗，並讓體健的僧人從軍打仗。經此重創，僧侶一蹶不振，與上層截然分離，而儒學聲威日隆。

2. 教化與仿效　中國歷代統治者在與鄰邦交往時，大都要充分表現出天子的威儀和中華文化的風采，自宋以後，更時時不忘以程朱理學的仁義道德來教化四夷。

3. 漢文字的傳入　漢字約於西元前二世紀傳入越南，是越南使用的第一種文字，也是越南沐浴中華文明的重要媒介。西元前一一一年，漢並越南設三郡，建立了穩固的漢政權，漢字書寫制度遂得以推行。其間，錫光和任延兩位太守「建立學校」，傳播漢字，「導之禮義」，功不可沒。[52] 東漢末至東晉十六國時期，中原大亂，內地漢族人民及封建士大夫紛紛南逃交州（越南）避難，唐時，一批中國學者詩人南下，如王福畤（王勃之父）、杜審言、沈佺期等，他們都促進了漢字的推廣。而漢字的輸入必然導致漢文化特別是儒學的傳揚。隋唐在安南所推行的科舉制度與內地相同，同時又開辦學校，大力發展文化教育，因此，至唐漢文字同漢文化一道得到了普及。十二世紀中葉前越南歸中國所屬，漢字是官方文字，越南獨立後仍借用漢字，再往後越南有了民族文字字喃，則與漢字並行，但無論是官方文告還是科舉考試都使用漢字，重要的史學、文學、醫學專著也全用漢字書寫。例如，十一世紀李朝發布的《遷都詔》和《刑書》就用漢字書寫，

---

52 《後漢書·南蠻傳》。

十三世紀陳朝的《國朝通禮》、《刑律》、《課虛集》[53]以及黎文休的《大越史記》、吳士連的《大越史記全書》、張登桂的《大南實錄》等著作也皆用漢字寫成。一九七一年越南社會科學委員會出版的《越南歷史》（第 1 集）後附主要參考資料一百四十六種，其中用漢文書寫的多達一百二十六種。[54]這說明漢文字對傳播漢文化及越南發展本國文化所起的作用。

（二）宋代其他文明的傳播

兩宋時期是中越兩國人民文化交流的重要階段，除程朱理學之外還有許多方面的中國文化也在越南傳播。

1. **書籍傳播佛學**　越南黎文老說：「本國自古以來，每貨中國書籍……以明道理。」[55]越南很重視從中國進書，多次向宋政府請求贈書和購書，一般來說，宋王朝對其要求都給予了滿足。贈與購的圖書中除儒家經典外還有大量的佛經。宋朝統治者是儒佛道都提倡，但對越南最有影響的是儒學，其次是佛教。個中原因與宋政府賜書內容不無關係。據不完全統計，自宋真宗景德二年（1005 年）首次向越南贈雕板所印的《大藏經》起，至宋神宗元豐十五年（1092 年）贈《大藏經》止，前後八十年間越南就從宋廷得到了《大藏經》四次，《道藏經》一次，以及九經等中國書籍。[56]由此也可略見越南在十三世紀前為什麼儒學尚未占優勢之端倪。

2. **醫藥學**　中國醫學傳入越南很早，但越南中醫學到了十世紀後才有較大的發展，原因之一是，宋時隨著兩國文化經濟交流的增多，傳入越南的中草藥也隨之增多。當時中越兩國之間買賣藥品十分容易，如宋末元軍南下，為了國家安全，越南陳聖宗派遣陶世光到龍州（廣西龍州）打探元人情況，就是藉助「買

53　周寶珠等：《簡明宋史》，576頁，北京，人民出版社，1985。
54　沈立新：《中外文化交流史話》，112頁，上海，華東師範大學出版社，1991。
55　《明英宗實錄》卷七二九。
56　周寶珠等：《簡明宋史》，575頁。

藥」之名的。[57]越南王朝也常用中國醫生治病，如南宋紹興六年（1136 年）李聖宗心神恍惚，日趨加重，國內無人能治，還是中國陝西長安僧人明空用精神療法給治好的，因而受到尊重，被封為國師。

3. 音樂與戲劇 中國的音樂與戲劇很早就到過越南，兩宋間中國藝人到越南演出的機會有增無減，如雜劇演員廖守忠到越南演出後就受到了黎朝開明王龍鋌的欣賞。由於越南朝野上下對中國音樂戲劇的喜愛和中國藝術家多次去越南獻藝，因此，有些在中國已失傳的曲子卻在越南意外地保存下來，如杖曲鼓「黃帝炎」，是宋人在越南發現的。[58]

以上所談僅屬宋代文化的精神文明層，而物質或物化了的文明成果流入越南並促使其發展進步的事例也不少，諸如紙墨筆硯、絲織工藝、漆器、錢幣等。以絲織工藝為例，北宋時絲織生產地就遍布全國，除兩浙和四川兩中心外，河北東路、東京東路、淮南南路、江南東路以及整個沿海地帶都比較發達。婦女們在織機上「交臂營作，爭為纖巧」，[59]「繭絲織文纖麗者，窮於天下。」[60]織錦工藝則於此時傳入越南，越南絲織女很快掌握了這一工藝。史云：李朝太宗二年（1040年）二月，「詔盡發內府所藏宋錦，頒賜群臣。初，帝教宮女織錦繡，至是織成。……乃詔悉出宋錦……示不服御宋錦衣也。」[61]這也從一個側面反映宋絲織業的影響。

物化了的文明成果的傳入一是靠兩國政府間的貿易交換即所謂的「貢」、「賜」，二是私商經營的一般貿易。據《宋史》、《宋會要》記載：交趾（越南北方）和占城（越南南方）向宋派出的朝貢使團分別達五十次左右，其貢品主要是香料、藥材、犀、象、象牙、犀角、玳瑁等，而宋回賜的主要是金銀、銅器、錢幣及絲織品等。私人巨商輸入中國的與政府貢品大同小異，帶回越南的還有紙、

---

57 [越]黎文休：《大越史記》陳聖宗紀卷五。
58 沈括：《夢溪筆談》卷五《樂律》。
59 李覯：《直講李先生文集》卷十六《富國策第三》。
60 《宋史》卷八十九《地理志》。
61 [越]黎文休：《大越史記》李太宗紀卷二。

筆、草蓆、涼傘、絹扇、漆器、書籍。兩國間各種層次的交往，對越南物質文明的建設起了積極的促進作用，同時也豐富了宋文化。

二、宋文化對朝鮮的影響

朝鮮位於亞洲東部朝鮮半島上，北同中國相鄰，西鄰黃海，東濱日本海，東北與俄羅斯接壤，東南隔朝鮮海峽與日本相望。自先秦始，中國文化對朝鮮就有諸多影響，兩宋開始，這種影響日益擴大，在朝鮮的社會生活各個方面都體現出來。

（一）釋、道與儒學

西元九一八年高麗統一朝鮮，高麗王朝（918-1392 年）一方面崇尚佛教，一方面重視儒學，同時還欣賞道教。

1. 佛教　高麗王朝視佛教為國教，即所謂「安身立命」之教，因此，立國伊始就廣建寺塔，建立了一系列崇佛尊佛制度，如從名僧中選國師，聘為王室顧問，在太學中增設佛科，考試優異的僧侶授之以法階；為使佛教興隆，又採取了向北宋請經，派僧侶入宋求法、迎宋僧入朝傳法等措施。

入宋請經。佛經是佛教之經典，漢文的佛教經典總稱之為《大藏經》。宋以前，《大藏經》多為佛徒手抄傳誦，因而未能廣泛流布。北宋初年隨著印刷業的發展，宋於太祖開寶四年（971 年）在成都印刷《大藏經》，由於當時活字印刷尚未出現，而此經多達六六二〇餘卷，光刻板就達十三萬塊，因此，至太宗太平興國八年（983 年）剛印刷完畢，高麗馬上遣名僧如可赴宋（989 年）請賜《大藏經》。西元九九一年高麗再次派人赴宋，宋又贈送《大藏經》一部。一〇二二年高麗又遣使攜帶禮物再求佛經一部，宋真宗深受感動，又賜給第三部《大藏經》。幾次請經，為佛教在朝鮮的傳播發揮了重要作用。

入宋求法。北宋期間，朝鮮曾派多名僧侶赴宋求法，如諦觀、圓應、義天、壽介等，其中以義天對朝鮮佛教的發展建樹最大。他學過華嚴經、天台宗、唯識宗、習律宗等，學成回國後於一○九七年在京都創建國清寺，正式成立朝鮮佛教的天台宗，與歷史久遠的曹溪宗並立於國中。

迎宋僧傳法。北宋名僧惠珍、省聰被請入朝鮮專為其在佛寺設壇講法傳經，大受歡迎，並受到高麗國王的召見。宋高僧的入朝布道也為佛教在朝鮮的傳揚發揮了推波助瀾之作用。

2. 儒學　倘說佛教為「安身立命」之教，那麼儒學則是「齊家治國」之學，因此高麗王朝對儒學也十分重視，其標誌有二：（1）官學私學講授儒家經典。開國之初高麗太祖就於西元九三○年創建學院講授儒學，西元九五八年科舉制實施，其開考內容是儒學經傳，之後又定出考試內容細則，主要以三禮（《禮記》、《周禮》、《儀禮》）、三傳（《左傳》、《公羊傳》、《穀梁傳》）為主。十一世紀初，私學勃興，首都開京私學多達十二所，其教授內容除了三傳、三禮，另有《周易》、《尚書》、《毛詩》等。（2）派學生入宋習儒，北宋儒者入朝任職。北宋建立後兩國長期友好，高麗不斷派人入宋學習儒家經義，他們包括康戩（968年）、金行成（976年）、崔罕、王彬（986年）、金端、甄惟底、趙爽、康就正、權適（1115年）、權通（1117年）等。北宋儒家學者文人也有許多到高麗任職，如進士張廷（1052年）、盧寅（1060年）、陳渭（1061年）、慎修（1068年）、章忱（1102年）等，張廷、盧寅、陳渭被任命為秘書省校書郎，慎修官至守司徒左僕射參知政事。[62]他們加速了儒學在朝鮮的傳播。

儒學的傳播與發展，使高麗湧現出不少儒家學者，如鄭沆、郭輿、崔沖、金富軾等，崔沖（984-1068年）尤稱得上一代儒學翹楚。他文科狀元及第，歷任國史修撰官、參知政事、文化侍中等職，有《崔文憲公遺稿》傳世。他在儒學上的主要功績是七十歲以後首創私學，弟子如雲、聲名卓著，朝廷科舉考中者多出於他門下，不僅開朝鮮私人辦學之先河，而且大大促進了儒學思想的普及和發

62　李保林等：《中國宋學與東方文明》，339頁，開封，河南大學出版社，1996。

展，被譽為「海東孔子」。

3. 道教 佛、儒兩大教（學）派的聲威日隆，並未能占盡道教布道的地盤，高麗自開國初就是佛道混雜，所設立的八關齋名為佛戒，實則道醮，反之所建之道觀也是佛道雜用。道教的一席之地緣於帝王之提倡和躬行。高麗國王醮祭之見聞史書上時而有之，如一〇五一年文宗親醮於毬庭，一〇八七年宣宗親醮於會慶殿，一一〇二年肅宗命太子醮三界百神於毬庭，一一〇七年睿宗置天尊像於玉燭亭，令月醮，等等。[63] 此外，恭請宋之道士來高麗講法和遣員赴北宋求法也為道教能與儒佛同樣氣焰騰騰起了拾柴添火的作用。史載，一一一〇年宋徽宗應邀曾派兩道士到高麗，而此前後，高麗道士多次入宋求法。一一一三年在入宋求法回家的李沖若的建議下，首都開京「始立福源觀，以奉高真道士十餘人」，「其齋醮科儀一如宋朝」。[64]

高麗之所以呈現出三教鼎足而立之勢，與此時的趙宋王朝以理學（被程朱發展了的儒學）為主，佛、道並存，三教互為借鑑、吸納的思潮有關係。北宋時期一方面中原各地佛寺遍布，教派林立，翻譯、雕刻印刷經書，為佛經作注從未間斷，全國僧徒幾達四十萬，而尼僧也有六萬之多；另一方面太宗、真宗、徽宗三朝時開封、蘇州等地的道觀遍立，為一時之甚，華山道士陳摶承蒙太宗召見，徽宗竟披掛上陣，自稱是神霄帝君臨凡。更有甚者，真宗於大中祥符元年（1008年）演出了一連串的「天書」鬧劇，虛構了一個趙姓祖先趙玄朗，奉為道教的天神，尊為「太上混元皇帝」。[65] 與此同時，儒學被二程和朱熹發展到了極致，成為趙宋王朝的統治理論。但三家在長期的鬥爭並存中，相互取長補短，尤其是儒家學者從佛道中學到抽象思辨的能力和邏輯推理的本領，並借用佛道中的一些概念和命題，最終創立了糅儒佛道為一體的新儒學——程朱理學。

談宋代文化對外國的影響，不能囿於兩宋的時間框架，因為宋代文化在中國文化史上是最燦爛輝煌的幾頁之一，它的深遠影響幾達元明清，而程朱理學在朝

---

63 楊昭全等：《中朝關係簡史》，154頁，瀋陽，遼寧民族出版社，1992。
64 徐兢：《宣和奉使高麗圖經》卷十八「道教」。
65 周寶珠等：《簡明宋史》，483頁，北京，人民出版社，1985。

鮮的傳播與發展就是由元開始，到明達至一個新的時期。

（二）宋文化的廣泛影響

1. 文學和史學　北宋初期，朝鮮文壇對唐之李白、杜甫、白居易的詩十分推崇，其詩歌多仿唐詩，如著名漢學家鄭知常的漢詩《送友人》中的名句「大同江水何時盡，別淚年年添作波」，很有李白送別詩的韻味。隨著時光流轉，柳宗元、蘇軾的文章開始備受青睞。高麗仁宗時出現了《李翰林集注》、《柳文事實》、《唐宋樂章》、《太平廣記》等一批著述，此後，北宋文人來高麗定居的逐漸增多，有盧寅、張廷、陳渭、慎修、章忱等，他們皆為北宋進士，他們與高麗文人廣為結交，互相切磋，還為其撰寫碑誌序跋，宋之文風漸盛。到了高麗中期，盛行蘇東坡詩文，於是宋風勃然而起。由前已知宋詩的顯著特點一是喜愛用典，一是愛國主義，高麗詩人既借鑑又發展，形成了以中國史實借古喻今的風格，然而最受歡迎的還是蘇東坡詩文豪邁奔放的意韻。李奎報[66]談《東坡集》在高麗盛行之景況時說：「自古以來，未若東坡之盛行，尤為人所嗜也。……自士大夫至於新進後學，未嘗斯須離其手，咀嚼餘芳者皆是。」[67]

詞是宋代文學成就的典範，而宋詞受到朝鮮文人青睞並進而在這異域他鄉花滿枝頭，則是到了元代即高麗後期。當時高麗文壇中心人物是李齊賢、李穀、李穡、鄭夢周等，他們在詩詞歌賦各個領域都有開拓。李齊賢尤為知名，他與李奎報齊名，被認為是高麗文學的雙星。李齊賢的漢詩固然因深得中國南宋愛國主義詩人的要旨而備受人們稱道，但他所創作的歌詠中國山川風光的詞也很精彩，使高麗當時文壇為之一新。如《洞仙歌·杜子美草堂》一詞：「百花潭上，但荒煙秋草，猶想君家屋烏好。記當年，遠道華發歸來，妻子冷，短褐天吳顛倒。卜居少塵事，留得囊錢，買酒尋花被春惱。造物亦何心，枉了賢才，長羈旅，浪生虛老。卻不解，消磨盡詩名，百代下，令人暗傷懷抱。」對杜甫一生坎坷和不幸寄

---

66 高麗中期文學成就最顯著者之一，一生創作漢文詩近萬首。
67 《東國李相國全集》卷二十一。

予了無限同情。

在史學領域，北宋末年，高麗就仿宋置史官修史。史云：「平章事韓安仁奏：睿宗在位十七年，事業宜載史冊，貽厥後世。請依宋朝故事，置實錄編修官。制以寶文閣學士朴升中、翰林學士鄭克承、寶文閣侍制金富軾充編修官。」[68]自此開始，金富軾等編修的《三國史記》成為朝鮮現存的最古老的史書。

2. 書畫和雕塑　宋初中國流行的唐代歐陽詢的楷書高麗人最愛臨摹，當時高麗的王宮神風門「題榜文字」就採用了「歐率更（即歐陽詢）之體」[69]。宋徽宗大觀二年（1108年）高麗安和寺竣工，特遣使入宋請求宋著名書法家為該寺書寫匾額，宋徽宗和蔡京[70]欣然滿足其要求。徐兢於宣和五年（1123年）出使高麗時，還親眼見過上述題字。宋代的繪畫同樣得到高麗人的欣賞。宋神宗熙寧七年（1074年），高麗派使者赴宋「訪求中國圖畫」，並「銳意徵求」，費錢三百餘緡。熙宗八年（1076年）高麗遣使臣帶領畫工數人摹繪北宋都城汴京相國寺壁畫，歸國後重繪在高麗最大寺院興王寺正殿的兩壁上，頗得時人「寶惜」。[71]由於高麗人十分注重向宋人學畫，其繪畫技藝日臻完美。例如高麗時代李寧的《禮成江圖》、李栓的《海東耆老圖》都屬北宋畫風，李寧的畫還受到宋徽宗的讚賞。而李朝姜希顏的山水人物畫則頗有南宋畫的筆意。致使宋繪畫評論家郭若虛說：「高麗國敦尚文雅，漸染華風，至於伎巧之精，他國罕比，固有丹青之妙。」[72]

宋朝雕塑品不斷地流入朝鮮，對朝鮮雕塑藝術的發展起到了促進作用。宋神宗熙寧七年（1074年）高麗向宋請求「畫塑之工以教國人」，宋廷下詔「募願行者」前往；[73]神宗元豐年間（1078-1085年）宋又向高麗興王寺贈送了「夾紵佛像」。因此，朝鮮浮石寺的木雕釋迦如來和寂照寺的鐵鑄釋迦如來，都帶有宋雕

---

68 《東國通鑑》卷三十，睿宗十七年九月條。
69 徐兢：《宣和奉使高麗圖經》卷四《昇平門》。
70 二人為北宋著名書法家。
71 徐兢：《宣和奉使高麗圖經》卷十七《王城內外諸寺》。
72 郭若虛：《圖畫見聞志》卷六《高麗國》。
73 《宋史》卷四八七《高麗傳》。

塑的鮮明風格。

3. 醫學、算學、印刷術和火藥武器 宋對高麗醫學上的影響主要表現在兩方面：一是醫書。高麗政府常遣使向宋求賜醫書，宋多次相贈，高麗還大量雕刻印刷中國醫書，如一〇五八年「忠州牧進新雕《黃帝八十一難經》、《川玉集》、《傷寒論》、《本草格要》……張仲卿（景）《五臟九十九版》」等。[74]二是醫生。高麗政府還常入宋請名醫，宋神宗元豐元年（1078 年）高麗遣使求醫，宋令翰林醫官前往；徽宗重和元年（1118 年）應高麗之請，宋又派兩位名醫赴高麗，歷兩年才返回。朝鮮自此才「通醫者眾」，並正式設立藥局並建立醫官制度。[75]

中朝兩國對算學都很重視，不僅算學選士方法相同，且算學課士內容也一樣，如《九章算術》是中國《算經十書》中的最重要一部，該書自北宋傳入朝鮮，兩國都用來課士。[76]

印刷術是中國的一大發明，初為雕板印刷，約於十世紀末傳入朝鮮，自 一〇二一年（高麗顯宗十二年）始，依據宋遼版本，歷時六十餘年，到一〇八七年首次刻印完《大藏經》，以後又刻印了大批儒書、史書和醫書。十一世紀後期，畢昇發明了活字印刷術。於十三世紀初傳入朝鮮，經過朝鮮印刷工人的創新，將陶活字變成了銅活字，使活字印刷進一步發展，約在一二三四年高麗使用銅活字印刷了《評定禮文》五十卷。[77]

此外，在陶瓷、建築、火藥等許多生產工藝和科學技術上，朝鮮都從宋獲益很多。特別是火藥在軍事上的運用。宋代的火藥武器製造技術於十四世紀由元朝傳入朝鮮，使朝鮮軍工業有了長足的進步，製造出許多新火器，諸如火箭、火筒、火炮、大將軍、二將軍、六花炮、鐵翎箭、蒺藜炮等，[78]這些武器在後來的

---

74 楊昭全等：《中朝關係簡史》，161頁。
75 徐兢：《宣和奉使高麗圖經》卷十六《藥局》。
76 《宋史》卷一五七《選舉志》。
77 周寶珠等：《簡明宋史》，563頁。
78 《高麗史》卷四十四。

抗倭鬥爭中發揮了巨大的威力，使「賊守船者燒死殆盡，赴海死者亦眾」。[79]

三、宋文化在日本

日本，又稱為「扶桑」，位於亞洲東部，是孤懸在西太平洋上的一個島國，東瀕太平洋，北臨鄂霍茨克海，西隔東海、黃海與中國遙望，是中國一衣帶水的鄰邦。日本自古以來就受到中國文化的廣泛影響。隋唐以後，佛教鼎盛，宋明以降，程朱理學的傳入，佛儒結合，成為統治者的精神支柱。隨著兩國友好往來的增多，日本在書畫、文學等精神文明及物質文明方面都深深打上了宋文化的烙印。

（一）理學與禪宗

兩宋以前中國儒學與佛學思想都已傳入日本，但一直到宋末，就整體而言佛教仍占優勢，因為佛教尤其是其中的禪宗思想更符合當時統治者的需要。十二世紀末，日本關東首領武士建立了武士中央政權——幕府，以天皇為首的朝廷和中央已形同虛設，猶如中國春秋戰國後期時被架空了的東周朝廷。幕府中掌權的是武士，他們篤信宗教，特別關愛佛教中的禪宗教義。禪宗教派宣揚安於現狀，對不合理的社會現象不反抗、講妥協，又提出「興禪護國論」，這對於雖已用武力奪取了政權，但宗教領導仍把握在貴族手中的幕府武士來說格外投其所好。他們正希望被推翻了政權的貴族階級不要搗亂、安於現狀，而禪宗派教義的傳布以及將禪宗確立為在日本流行的真宗、蓮宗等所有佛教各派的領導地位，有利於幕府的統治。所以，他們先後修建了建長寺、圓覺寺、壽福寺等大的禪寺，為禪宗的推廣興風播雨。

不過，佛教在日本的興盛以及禪宗真正獨領風騷主要還是趙宋王朝的影響。

---

79 《高麗史》卷一一四。

北宋初，日僧紛紛入宋求取真經，其中最早且在日本最有影響的是奝然。西元
九八三年，他帶領弟子六人乘宋商船赴宋，在都城受到宋太宗的熱情接待，宋太
宗不僅賜予法濟大師稱號，而且贈給他一套長達一千多卷的《大藏經》。這部
《大藏經》就如一粒火種在日本立刻熊熊燃燒成佛教勃興的大火。到了南宋，入
宋日僧有增無減，之中雖各派都有，但以禪宗為主，學成回國後都積極宣揚禪宗
教義。或是出於對中華文化的崇拜景仰的緣故，直到中國東渡的僧侶蘭溪道隆到
達日本，幕府武士才藉助宋朝中國高僧的聲威，建立了禪宗祖廟，始以道隆為開
山祖師。由此，武士們熱心參禪，將軍們也落髮受禪，於是禪宗大盛，宗教的統
治權很快便轉移到幕府武士手中。

禪宗在日本的流行，為後來程朱理學在日本的傳播創造了有利條件。因為一
來禪宗是中國化了的佛教宗教，它本身已融盡了不少儒家思想，如蘭溪道隆雖是
佛僧，卻也是理學的信仰者，其著述充滿了宋儒思想，他在《建長寺小參》中
說：「蓋載發育，無出於天地，所以聖人以天地為本，故曰聖希天；行三綱五
常，輔國弘化，賢者以聖德為心，故曰賢希聖；正心誠意、去佞絕奸，英士踏賢
人之蹤，故曰士希賢。乾坤之內，興教化，濟黎民，實在於人身。」語中的「聖
希天」、「賢希聖」、「士希賢」皆出自宋理學家周敦頤的《通書·志學》。二來
程朱理學吸收了禪宗和華嚴宗的思想內涵，講究修養方法，特別是理學家們把一
切萬物之「理」同社會綱常倫理聯繫起來，要求人們「存天理，滅人欲」，建立
一個尊卑有序、安分守己的社會。這種思想觀念更加符合幕府武士們實行政治統
治的需要，所以理學思想一旦傳入日本，馬上與禪宗結合為一體，成為統治者的
思想工具和精神支柱。

程朱理學何時東漸日本，一般認為是日本僧人在西元一二三五年赴中國宋朝
留學歸國後所為。[80]留學的僧人於一二四一年回日本，帶去了大批理學經典，其
中有：胡文定的《春秋解》，無垢先生的《中庸說》、《晦庵大學》、《晦庵中庸
或問》，朱熹的《論語精義》、《孟子精義》與《五先生語錄》（即周茂叔、程顥、

80　李保林等：《中國宋學與東方文明》，379頁。

程頤、張載、朱熹語錄）等。此後，日本與中國的僧侶和儒者通過西來求學和東去講學，使程朱理學在日本很快生根開花結果。並最終形成了以藤原惺窩（1561-1615 年）為代表的朱子學派，以中江、藤樹（1608-1648 年）為代表的陽明學派和以伊藤仁齋（1627-1705 年）、以荻生徂徠（1666-1728 年）為代表的古學派。

（二）理學與日本文化

程朱理學傳入日本並形成流派後，對日本文化層面產生了廣泛的影響。

首先表現在為政治鬥爭服務上。幕府武士奪取了政權，天皇朝廷勢力不甘寂寞，以理學為武器與之展開搏殺。「天理君權」論是朱熹的一大觀點，他指出「天分即天理也，父安其父之分，子安其子之分，君安其君之分，臣安其臣之分」。[81]朱熹提出此說主要是為徽宗、欽宗被金人擄走後而偏安於江南一隅的南宋朝廷正名。而這種名分說則被日本天皇拿來作為同幕府鬥爭的有力思想武器，他把削弱幕府的權力寄託於程朱理學名分論上，想以正名分奪回或讓武士政權自覺交出皇權。

其次表現在維護封建道德上。宋明以後，程朱理學把家庭人際關係之間、國家君臣之間的道德倫理規範，同用孔孟之道教化百姓，建立起完善的官僚政治體制全都納入一個嚴密的網絡之中，要求人們忠孝節義、盡忠盡孝，這固然對維護封建統治功不可沒，但其「滅人欲」的腐朽的道德觀卻對後世產生了極大的副作用，緊緊箍制住人們的七情六欲，尤其是「餓死事小、失節事大」之條款，簡直是套在中國婦女頭上的枷鎖。理學傳入日本，其倫理綱常同樣是日本婦女身上的枷鎖。日本統治者將其法律化，以維護封建統治，如鎌倉幕府於貞永元年（1232年）制定了《貞永式目》法典，其根本宗旨是「使從者對主盡忠，子對父盡孝，妻順夫」。這對於穩定社會秩序十分有效。幕府如同中國宋朝統治者一樣，又專

---

81 《朱子語類》卷九十五。

對婦女制定了種種法律、戒規。《貞永式目》第二十四條明文規定：寡婦「忘貞心而改嫁者」，必須將所繼承的領地交給亡夫的子女，亡夫無子女者予以沒收。這無疑是「失節事大」在日本領土上的活學活用。

（三）對宋文化多方面的學習、借鑑

1. 文學　日本文學很早就受到中國文學的影響。唐朝時影響漸深，後宇多帝寬平六年（894 年）《白香山詩文集》曾在日本大流行，因白居易的詩通俗易懂，日本文學從中受到不少營養，如日本最著名的長篇小說《源氏物語》桐壺卷就是受到了《長恨歌》的啟迪。到了鎌倉、室町幕府時代（1192-1338 年），韓柳古文和蘇東坡、黃山谷的詩代替了白香山，初學者必讀之書為宋人黃庭堅編的《古文真寶》和周弼編的《三體詩》。此時，漢詩文代表作家中對蘇軾作品情有獨鍾者甚多，將中國故事融於日本文學作品中或借鑑宋人編撰方法的現象更比比皆是，如元久元年源光行著的《蒙求和歌》十四卷，收二百五十個故事，基本上是宋人徐子光《蒙求補註》的翻譯；藤原茂范的《唐鏡》十卷是用和文記述從伏羲到宋太祖的歷史；江戶幕府時期的文化，文政年間（相當於清嘉慶、道光時代），日本文壇詩則法宋，文則奉唐宋八大家，而南宋四大家中，范成大、楊萬里、陸游作品最為流行。出版界中宋文學也大放異彩：市河寬齋編《三家妙絕》、大窪詩佛刊《宋三大家絕句》、柏木昶編《宋詩清絕》，政府也出資出版了《唐宋八大家讀本》。至於江戶幕府時代以後在日本訓點、翻譯、改編並流行的中國通俗文學，如《通俗三國志》、《皇明英烈傳》（改編為《通俗元明軍談》）、《精忠說岳》（改編為《通俗兩國志》）、《忠義水滸傳》等，雖不屬宋代作品，但之中充滿了宋明儒家思想，並且有些本來就是宋代的故事，因而仍可視為宋代文化對日本文學沐浴的結果。

2. 藝術　日本的繪畫與書法都源於中國，由隋唐時傳入。宋代的繪畫是以題材豐富、筆法細膩、畫法多變、色彩淡雅見長，湧現出許多現實主義的作品，很受日本藝術家的歡迎，尤其是不拘形似的山水、水墨畫。他們有的來中國學習，有的請宋畫家赴日，出現了欣賞宋畫的熱潮。十五世紀末，日本畫家雪舟遠遊中

國，充分吸收了宋代夏珪、馬遠等人的技法，把日本水墨畫推向了高峰。[82]宋朝禪宗在收徒時，師者要以其肖像贈其徒，以資證明師徒關係，這種風氣很快也傳入日本，使日本的肖像畫隨之發展起來。受唐宋畫風薰染，日本漸漸形成了典雅流麗的獨特畫風——大和繪，日本繪畫又反轉輸入中國，也受到宋人高度評價，如北宋首都開封相國寺的市場裡，專門出售日本國扇子，扇上的繪畫「意思深遠，筆勢精妙，中國之善畫者或不能也」。[83]中國書法名帖在隋唐時已有不少傳入日本，王羲之的模仿者最普遍，到宋時，日本書法已進步飛速，出現了不少名家，如奝然善隸書，寂照最工王（羲之）體，野人若愚學王羲之極棒，以至被評價為「章草特妙，中土能書者亦鮮及」。[84]

3. 書籍與印刷術　兩宋雕版印刷的進一步發展，使宋朝的各種書籍源源不斷流入日本，從宋太祖九八三年賜奝然《大藏經》開始，佛經及儒家理學之經史不斷抵日，甚至包括一些珍貴的輕易不予外傳的書籍，諸如《太平御覽》之類，也於一一七九年破例輸往日本。輸往途徑主要有二：一是由入宋日僧和商人攜帶回國，如日僧俊芿一次就帶回中國儒道書籍二百五十六卷，雜書四百六十三卷；一是由入日宋商和宋僧捎往日本，像《白居易文集》、《東坡指掌圖》、《五代史記》等。印刷精美的中國圖書流入日本，大大刺激了日本印刷術的發展，首先是日本禪宗仿效中國禪宗寺院刻印佛經佈施。十一世紀初理學勃興，日本僧俗又紛紛刻印儒家經典。北宋慶曆年間，中國發明了活字印刷術，經不斷改進，木刻活字於十四世紀傳入朝鮮，朝鮮改造為銅活字後又傳到日本，渠道是由明末豐臣秀吉侵朝時擄入。一五九六年印《蒙求補註》、一五九九年印《四書》、一八五五年印《太平御覽》一千卷，一八九五年又印釋藏八千五百卷。[85]活字印刷術對日本印刷事業產生了重大影響。宋代文化在日本傳播的意義是深遠的。

4. 陶瓷業　瓷器為中國獨創發明之一，是在陶器生產的基礎上經過千百年的經驗和智慧的積累之後才形成的一種新式工藝化工產品，不僅有廣泛的實用性，

---

82 鄭師渠：《中國傳統文化漫談》，166頁，北京，北京師範大學出版社，1990。

83 《宋朝事實類苑》卷六十《風俗雜誌·日本扇》。

84 周寶珠等：《簡明宋史》，570頁。

85 梁容若：《中日文化交流史論》，20頁，北京，商務印書館，1985。

而且頗具審美價值。瓷器在唐代已製作精良，至宋由於使用了氧化銅造出了紅色釉，並創造出青紅彩色釉瓷，因而一改唐瓷三色的狀況，使瓷器更加色彩斑斕。一二二三年日本人加藤四郎和左衛門景兩人在福建學習製瓷技術，五年後回國，經過多次失敗，終於在山田郡的瀨戶（愛知縣瀨戶市）燒試成功。從此，「瀨戶燒」名噪一時，加藤也被尊為日本的「陶祖」。

5. **錢幣**　隨著中日通商的發展，南宋期間大量宋幣輸往日本。眾所周知，宋代中國商業十分發達，北宋都城汴京為當時世界最繁華的大都市，發達的商業、流通的需要促使鑄幣業迅速發展。兩宋期間的鑄造業對大量製造貨幣毫無問題，但中國周邊國家（日本也在其內）冶煉能力就顯得力不從心，日本國內商業流通對貨幣的需求量與其貨幣供有量發生了矛盾，為維持正常商業貿易，只有從宋朝大量輸入宋幣以解燃眉之急，致使宋朝貨幣大量外流。南宋理宗時，一次就運去銅錢十萬貫。經考古發現，日本出土文物中，僅宋代銅錢就多達五十六萬多枚，其中北宋錢占二十三萬多枚。[86]由此不難想像，當時宋幣在日本商業流通領域該占有多大的分量。

6. **醫藥學**　中國醫學由唐傳入日本，到宋代又有新的發展，其標誌一為大量醫藥書籍外傳日本，像《太平聖惠方》、《和劑局方》以及法醫學專著宋慈的《洗冤錄》等不僅由宋傳入，而且一直沿用到十九世紀。標誌二是大量中草藥運往日本，有麝香、金益草、銀益草、紫金膏、巴豆、雄黃、硃砂等。醫書醫藥輸往日本主要靠官船所為，而中日僧侶和商人也錦上添花。據史籍不完全統計，僅北宋期間宋船往來中日之間就達七十多次，至於南宋由於日本政府對海外貿易採取了積極政策，兩國間貿易往來更加頻繁。

　　除了上述所說，中國宋代文化在建築、雕塑以及飲茶習慣等方面都對日本文化產生過程度分量不等的影響。

---

86 周寶珠等：《簡明宋史》，568頁。

第三節 ·

海上「絲綢之路」
與宋文化的輻射

　　西元前一三八年，漢武帝派遣張騫幾次出使西域，打開了一條中西方絲綢貿易的通道，即從崑崙山脈的北麓或天山南麓往西穿越蔥嶺（帕米爾高原），經中亞細亞，最後到達波斯、羅馬帝國，這就是舉世聞名的「絲綢之路」。在此後許多世紀中，以絲綢貿易為主的中西文化交流大多經由此線。不過，由於帕米爾高原和茫茫大漠的阻隔，中華文明要通過這條「絲綢之路」達至西方極為艱難。而唐末以後，周邊戰事不斷，穿越這條通往歐洲的「絲綢之路」就更加艱難。因而兩宋期間，中國與西方及東南亞的交往實際上基本已改為東南海路，形成了一條水上的「絲綢之路」。北宋都城開封是當時全國水運中心。城內有四條東西向的河流——五丈河、金水河、汴河和蔡河，尤其是汴河，東西貫穿全城，是在隋朝大運河的基礎上進一步開拓而成的，是北宋全國水上運輸的大動脈；而南宋都城杭州位於沿海，周圍港口眾多。所以，宋文化就主要通過這條水上「絲綢之路」傳往世界各地。為了較為完整說明問題，我們在一些地方要突破朝代斷限，應當是允許的。

一、阿拉伯：宋文化向西方傳播的中介

　　宋代驚人的科技成就和發達的文化很多是經阿拉伯商人之手而後又西進歐洲的。阿拉伯古稱為大食國，是七世紀崛起於阿拉伯半島的伊斯蘭教國家，它橫跨歐、亞、非三洲。八世紀的阿拉伯帝國已包括如今的敘利亞、伊拉克、巴勒斯坦、埃及、阿富汗、阿曼、沙特阿拉伯、坦桑尼亞、索馬里等。中國與阿拉伯國家有著悠久的傳統友誼和貿易來往，唐朝以後，雙方的海上貿易逐漸增多。到了兩宋，經貿文化交流愈加繁榮興旺，僅自宋太祖開寶元年（968年）至宋高宗紹興元年（1131年），大食向宋派出的友好使節達三十多次。同時，許多大食商賈也常向宋廷貢獻方物。據《宋史》載，當時由海路與宋朝通商的阿拉伯國家「西亞有白達（伊拉克巴格達）、弼斯羅（伊拉克東南沿海的巴士拉）、甕蠻（阿拉伯半島東部的阿曼）、勿拔（阿曼的木爾巴特）、層檀（沙特阿拉伯西部）；在非洲的有勿斯里（埃及）、層撥（坦桑尼亞的桑給巴爾）、弼琶羅（索馬里沿岸）等。[87]

　　阿拉伯與宋代中國的海外貿易和文化交往之所以能如此，除去宋朝對海外往來十分重視之外，關鍵還在於當時中國的造船技術在世界居領先地位。漢武帝時，儘管中華文化已呈現出一派燦爛景象，但由於不太重視造船業的建設，與境外交往多憑陸上張騫打通的絲綢之路，中國船隻只偶爾涉足南洋，南洋遼闊的水域裡卻到處漂浮著天竺船、波斯船、扶南船和印尼船，正如《漢書·地理志》言及南洋時所云：「所至國皆稟食為耦，蠻夷賈船轉運致之。」北宋則不然，因陸路交通已十分艱難，則全力發展造船業，很快就後來居上。所造的近海商船規模宏大，「舟如巨室，帆若垂天之雲，拖長數丈，一舟數百人，中積一年糧、豢豕、釀酒其中，置死生於度外」，[88]而馳往「大食」（阿拉伯）、「西海」（地中海）及「木蘭皮國」（非洲等地）的船隻則「又加大矣。一舟容千人，舟上有機杼、市井」，[89]既寬大舒適，又堅固安全，阿拉伯商人來中國港口貿易，紛紛搭乘中

---

87 周寶珠等：《簡明宋史》，589頁。
88 《嶺外代答》卷六《木蘭舟》。
89 同上。

國的船舶。因此，到南宋時，不僅海外貿易已成為國庫重要的收入來源之一，而且高度發達的宋代文化成果在這一時期也多經阿拉伯人之手漂洋過海西進歐洲。

（一）指南針

利用磁石指南的特性製造指南儀器在戰國時已有。《韓非子・有度》說：「故先王立司南，以端朝夕。」但那時用的是天然磁石，磁石指南也不夠準確靈敏。真正用人造磁鐵製成的成為中國古代四大發明之一，並為人類進步作出偉大貢獻的指南針，是在北宋時出現的。指南針一經發明很快就被應用於航海貿易事業。北宋徽宗重和二年（1119 年）朱彧寫的《萍州可談》中說：「舟師識地理，夜則觀星，晝則觀日，陰晦觀指南針。」宋代尤其是南宋，與中國進行海上貿易的國家很多，而阿拉伯商人尤其多，不少阿拉伯商賈坐船到廣州經商，一住經年，以致其子遠渡重洋前來尋找。阿拉伯商人在來中國經商時，多至印度的故臨就改乘船身大、結構堅、航速快，又有指南針導航的中國船隻，這樣幾經換船，兩國水手和船工多次切磋，阿拉伯人很快就掌握了指南針的製作技術。在阿拉伯文獻中，最早提到指南針的年代要晚於北宋。一二三〇年有個叫穆罕默德・奧菲的阿拉伯人在他的波斯軼聞集《故事總匯》中，第一次記述了一個在航海中如何憑一尾用磁石擦過的魚兒找到航路的故事。[90] 所謂磁石擦過的魚，可能指的就是中國宋仁宗時編寫的《武經總要》中記載過的用人造磁片製成的指南魚。由於指南針在航海中的應用價值極大，立即普遍受到外國航海家的重視，大約在十三世紀初，指南針又經阿拉伯人之手傳往歐洲及世界各地。英國的斯蒂芬・T・梅森在其《自然科學史》中有如下記載：「在十三世紀，磁針羅盤在歐洲出現。」

（二）火藥

火藥也是中國古代的重大發明，最初是在唐朝由煉丹家發明並傳入阿拉伯一

---

90 沈立新：《中外文化交流史話》，66頁，上海，華東師範大學出版社，1991。

些國家的。火藥中的主要成分是硝，阿拉伯人稱其為「中國雪」，波斯人則稱之為「中國鹽」。但他們此時同中國的煉丹術士一樣，只知道用硝來煉金、治病和做玻璃，硝用於軍事被做成火藥並利用火藥做成了各種威力凶猛的火箭、火槍和火炮則是宋代的傑作。開寶三年（970 年）兵部令史馮繼升就向趙匡胤獻火箭法，開寶八年宋攻南唐時曾用了兩萬支火箭和火炮。不過火藥和火藥武器雖然都先後傳入阿拉伯並達至歐洲，但時間和渠道並不相同。火藥西傳的渠道是通過海上「絲綢之路」，火器則是陸路戰爭西傳（下文另講）。宋朝後期，中國的帆船常滿載貨物和大批阿拉伯商人往返於阿拉伯和泉州、廣州之間，船上滿載的各式貨物中時常不乏火藥，因此，阿拉伯商人是火藥這種新發明的最可靠最快捷的傳遞者和仿造者。這個時間約為一二二五至一二四八年間（南宋末）。據較早的阿拉伯史載，阿拉伯國家約在十三世紀初才完成了硝用於配製火藥、製作火器的試驗，到十三世紀後期，哈桑所著的阿拉伯兵書《馬術和軍械》則更加明確地記載了火藥配方中的一些成分的用量。阿拉伯國家介於中國和歐洲間，由於地緣因素，阿拉伯文化以及從中國吸收到的中華文明對歐洲的影響很大，火藥製作技術就是歐洲從阿拉伯人那裡獲取的。歐洲現存的最古老的一種專談「火攻術」的書籍——《制敵燃燒火攻法》是最好論據，它是在十三世紀下半葉由阿拉伯文譯成拉丁文，再傳入歐洲的。這本書談了軍事方法十四項，九項都與火攻有關，對歐洲震動很大，然而他們還不會製造火藥，是後來同阿拉伯國家的戰爭教會了他們，當然這是在吃盡了用火藥製成的火器的苦頭之後。

（三）瓷器

中國的瓷器與絲綢齊名，古代西方人既稱中國為「絲國」，又稱為「瓷國」。唐以後中國瓷器開始外傳，但數量十分有限，因為它主要靠陸路由新疆運至中亞、波斯、阿拉伯一些國家。宋代瓷器已臻成熟，從質地和外觀上都更勝於唐瓷，全國各地出現了不少燒製瓷器的名窯，各種特色各異的瓷器深受人們的喜愛。宋代海上貿易空前繁榮，一批又一批的阿拉伯和波斯商人攜宋瓷由廣州繞馬來半島、經印度洋達波斯灣，再轉運埃及，最後極少部分才輾轉至歐洲。物以稀為貴，當時中國宋瓷在歐洲價值連城，據說「撒克遜選帝侯奧古斯特二世曾通過

外交談判，用六百名魁偉健壯的御林軍衛兵從普魯士國王威廉手裡換回一百二十七件中國瓷器，成為世界外交史上的一件奇聞」。[91]

宋代瓷器西傳，埃及為中轉站，它地跨亞非兩洲，北臨地中海，自八世紀起就屬阿拉伯帝國，其人口絕大部分是阿拉伯人。兩宋時代許多埃及商人就頻繁往來於中埃兩國之間，他們把從中國運回的瓷器及其他貨物，除一部分滿足自己需要，剩餘都被轉運到地中海沿岸的許多歐洲國家。考古學發現埃及的福斯特（開羅古城）遺址中，發掘出了許多宋代的中國瓷器，其中有浙江餘姚上村越窯出產的鳳凰紋畫花、蓮瓣形浮雕、皿底內部蓮花紋和圓足底等花樣的青瓷片，也有畫花飛鳥紋河南臨汝汝窯青瓷片和蓮瓣形河北曲陽定窯白瓷片。不僅如此，埃及阿拉伯藝人從法蒂瑪王朝（969-1171 年）開始仿造宋瓷，這些仿造的瓷器在福斯特的遺址中發現不少（瓷片）。不難想像當年這些「假冒」的中國宋瓷在歐洲市場上會時常以假亂真。

二、宋文化傳入其他東南亞諸國

宋代文化的重要內容——程朱理學傳入了中國近鄰越南、朝鮮和日本，產生廣泛的影響，在社會經濟、生產生活以及文化領域內，都能看得出這種影響的存在。宋代文化中的傑出的科技成果傳入了阿拉伯，再傳至歐洲與非洲，極大地推進了那裡的文明發展進程，從某種意義上說具有劃時代的意義；對位於中國南疆的老撾、緬甸、柬埔寨、泰國、菲律賓、文萊、印度尼西亞、馬來西亞和新加坡等東南亞諸國，宋代文化通過海上「絲綢之路」的傳播，同樣對他們產生了相當廣泛的影響，具體地討論這個問題，是一件有意義的事。

老撾，古稱越裳、瀾滄等，距今已有兩千多年的歷史。《尚書大傳》云：「交趾之南有越裳國，周公居攝六年，制禮作樂，天下和平。」[92]但老撾十四世紀後

---

91 沈立新：《中外文化交流史話》，135頁。
92 《尚書大傳》卷五《周傳七》。

引入佛教，不久即奉為國教。

柬埔寨，古稱扶南，又曰真臘，雖然西元二四三年扶南王范旃就「遣使獻樂人及方物」與中國通好，[93]但自從一世紀扶南國成立之日就受印度文化影響，而五世紀的「扶南王憍陳如」根本就是一個「天竺婆羅門」。[94]

泰國，原稱暹羅，泰文字借用高棉字母創製於十三世紀，而這種字母最早則來自南印度，南傳佛教為其國教，素有「佛教王國」之稱。

可為什麼這些國家所受到的以儒學為精神支柱的宋文化影響相對的不如越南等國家？究其原因有三點：

第一，早期漢文化開放性不夠。儒學自漢以後昌盛，儒學的核心是仁，中國歷代的統治者大都欲以仁義為本，對內普施仁德教化，對外主張睦鄰友好，除非遇到異族侵略，很少無端挑起戰火。從地貌看，中國西南險峻複雜的青藏高原聳立，西北一望無際的戈壁大漠橫亙，因而中原內陸腹地向東南開拓極為方便，然而中國的各個朝代基本上都不離開大陸本土向外擴張，漢至唐宋間，向南最遠只達到越南的北部和中部。中華文明始終只以黃河、長江流域為中心輻射，未能傳到東南亞更多的地區。中國是五千年文明古國，中華文化兼收博取、不辭溪壤，秦漢以降已呈一派輝煌之勢。但無論是儒家的「求諸己」還是道家的「自足」說，都愛以自我為中心，視文明欠發達的周邊為「四夷」。在這種觀念的支配下，漢唐文化都向外滲透不夠，尤其是早期對同南洋交流缺乏興趣，相對地說不太重視航海業的發展，致使儒家文化未能適時南播。

第二，印度文化的影響。中國漢朝獨尊儒術時，印度佛教也不斷外傳，但兩者的重大區別在於印度文化以鮮明的開放性特點努力向外傳播。據斯里蘭卡的史籍《摩訶波薩》記載：印度的阿育王（約西元前 273-前 232 年）就懷著極大的熱情派出十個布道僧赴各國傳播佛教，其中蘇那和烏陀兩僧侶被派到「金地」（馬

---

93 《三國志》卷四十七。
94 《太平御覽》卷七八六。

來西亞、泰國和緬甸等地），布道僧與大批印度商人一道漂洋過海把佛教輸入東南亞諸國。西元前二六一年，阿育王征服了南印度的一個大國羯陵伽（奧里薩），在這次戰爭中，阿育王逼使大批南印度人外逃海外以求生存，戰爭移民使佛教的傳播更加轟轟烈烈。四至五世紀，印度文明發展到一個新階段，而中國正值南北朝混亂時期，因此，扶南（柬埔寨）、緬甸、印度尼西亞等國紛紛接受印度文化，甚至連占婆（越南南部）也受影響。

第三，漢文字的障礙。文字是傳播文化的工具，與語言的意義、文化的內涵密不可分，因此，漢字若能適時輸入必能導致中華文化的傳揚，越南、朝鮮與日本宋文化影響比較深，可以從文字上找到一些說明。其他東南亞國家卻沒這種優勢。柬埔寨、泰國的文字直接間接受到南印度文字影響且不說，其他國家的文字即使受到中國文字的一些影響，但對傳播漢文化起不了太大的作用。

即便如此，宋文化對這些國家的影響還是存在的。宋代文化包含著政治、經濟、教育、文藝、科技等各個方面，囊括了宋代整個社會的精神和物質文明的巨大成果。宋代文明對東南亞諸國產生廣泛而深刻的影響。中國宋代擁有先進的科學技術，擁有大量優美的詩詞文章。宋代物質文明、精神文明發展程度很高，東南亞不少國家都樂於與中國通好，與中國進行十分廣泛而頻繁的經濟文化交流。

宋太宗太平興國二年（977 年），文萊遣使節至中國貢送方物；宋真宗咸平元年（998 年）九月，菲律賓的蒲端國（菲律賓班乃島西部之武端）首次派使節訪問宋廷並朝貢；宋徽宗崇寧五年（1106 年），蒲甘（緬甸）王遣使入宋朝貢；崇寧二年（1103 年），泰國首次派使節訪問中國並朝貢；政和六年（1116 年）十二月，真臘（柬埔寨）王遣使十四人來中國入貢。……諸國朝貢物品無非是象牙、犀角、雀尾、檀香、珊瑚、珍珠、檳榔、藥材等土特產之類，而宋廷回賜的則為紙、墨、筆、硯、絲、絹、紗、緞、瓷具、漆器、茶葉、錢幣等大都代表當時中國最先進的物質文化成果。到了南宋，這種雙邊經濟文化往來愈加頻繁。據《宋史》、《宋會要》不完全統計，僅三佛齊（印度尼西亞）就向宋朝派出了外交使節三十多次。頻繁的雙邊往來，加速了東南亞諸國由蠻荒向文明跨越的進程。交往之前，老撾人性獷悍，身及眉目皆黥繡花，柬埔寨人男以竹筒掩體，女以樹

葉蔽形，由於對中國朝貢不絕，他們長期地接受了漢文化的洗禮，移風易俗，漸染華風，如老撾民族開始沿用干支紀年法，開始書寫漢字對聯；緬甸蒲甘王朝所建的佛塔開始採用中國式的橫門，而柬埔寨更是蠻荒之氣漸消，男女開始穿衫圍布，並終於「非復裸國矣」。盛飯也用中國的瓦盤或銅盤。[95]光陰飛轉，千百年過去了，但宋代文明南傳的遺跡並未被湮沒，一八八二年新加坡皇家山出土了北宋時代的銅錢和瓷器碎片，就是歷史的見證。

值得一提的是元初周達觀等從一二九六至一二九七年對真臘的一次訪問。這次出訪的重大意義在於他給後人留下了一部重要著作——《真臘風土記》，書中對其山川、城郭、宮室、官屬、三教、人物、服飾都作了生動的記載，是宋末元初柬埔寨各方面情況的真實寫照，是世界文化典籍中對柬埔寨早期歷史的比較全面的記載，書中《欲得唐貨》一章說：「其地不出金銀，以唐人（中國人）金銀為第一，五色輕縑帛次之，其次如真州之錫鑞，溫州之漆盤，泉州之青瓷器，及水銀、銀硃、紙箚、硫黃、焰硝、檀香、草芎、白芷、麝香、麻布、黃草布、雨傘、鐵鍋、銅盤、水珠、桐油、篦箕、木梳、針」等，凡此種種，反映了宋末元初中國物品大量流入柬埔寨的盛況。《真臘風土記》成書於南宋初亡之後，因而實際上書中列舉的所有中國物品皆宋代物質文明成果。

青瓷殘片（南宋）（新加坡出土）

中國宋代文化是中國文化史上最燦爛輝煌的一頁，直接開元明清文化成就之先河，如果沒有宋代手工業、商業、造船業、科技發明及對外交流的開拓進取，或許就沒有周達觀乘風破浪出訪真臘，也或許沒有《真臘風土記》的傳世；進而言之，或許更沒有明朝走出國門的步伐進一步加大，沒有鄭和船隊七次下南洋，足跡遍及泰國、菲律賓、馬來西亞和印度尼西亞等地，從而把中國的文化交流活動推至又一高潮。

---

95 參見周達觀：《真臘風土記》之《器用》、《異事》諸條。

而在物質文明往來占盡了宋與東南亞諸國文化交往之風流的同時，宋儒理學思想在東南亞諸國加快文明建設的進程中也占重要地位。在東南亞諸國中有一個龐大的華裔群體，他們絕大多數於十九世紀中葉遠涉重洋遷入東南亞。由於受儒家傳統文化尤其是程朱道德規範約束至深，在異域他鄉漫長的繁衍生息過程中，在與外民族複雜而頻繁的交往中，這一文化傳統並沒有喪失，只是在新的環境中帶上新的特點。他們與當地人民和睦相處，共同創造文化。像菲律賓華人，「男子娶當地女子為妻者時或有之，女子嫁當地男人者則少而又少」，[96]像馬來西亞華人重男輕女，常把女兒送與馬來人撫養。[97]這其中的父系血緣關係和家國一體的宗法制度一直是中國封建社會的統治基礎，自宋以來，這一基礎作為程朱君臣父子的道德倫理的基石被進一步加強，因而維繫父系血緣關係仍是海外華裔儒家觀念的一部分。

　　講禮儀行孝道是另一儒家傳統。華人在泰國、馬來西亞都是第二大民族，在新加坡占總人口的百分之七八十，可以說華人是東南亞國家政治經濟文化生活中的一支不可忽視的重要力量，其文化風俗習慣有著廣泛的影響力。在泰國，華裔家庭大都沿襲儒家禮儀：以孝敬父母、尊老敬長、虔誠祭祖、彬彬有禮為行為規範。馬來西亞華人同馬來人婚姻嫁娶，他們的後代仍然保持著不少華人傳統的文化風俗及服飾，甚至所說的馬來語也不同於當地，而是在華語基礎上發展起來的峇峇馬來語。[98]在異國當地諸多文化的撞擊中，理學文化儒家思想顯示出它的意義來。

三、火器、印刷術的西傳

　　阿拉伯國家作為海路上連接中國與歐洲的中轉站，曾把大量的宋代優秀科技成果火藥、指南針等傳遞歐洲，但是由火藥製成的各種武器和在宋代已發展至頂

---

96 陳鵬：《東南亞各國民族與文化》，256頁，北京，民族出版社，1991。
97 同上書，125頁。
98 《東南亞史論文集》，393頁，鄭州，河南人民出版社，1987。

峰的雕板印刷技術卻沒能由阿拉伯商人之手迅速傳至歐洲，而是靠元代蒙古大軍的陸路戰爭西傳的。蒙古西征共有三次。宋寧宗嘉定十一至十六年（1218-1223年），成吉思汗親率大軍第一次西征，蒙古大軍先滅西遼後占領花剌子模（俄土爾克斯坦）及中亞，同時又出兵歐洲。一二二三年滅南俄聯軍八萬人於喀爾科河畔。宋理宗端平三年至淳祐元年（1236-1241年），元太宗窩闊台派成吉思汗的長子術赤之子拔都、次子察合台之長子拜苔兒、三子窩闊台之長子貴由、幼子拖雷之長子蒙哥為帥進行第二次西征，蒙古軍的鐵蹄踏過烏拉爾河，攻占了俄羅斯的廣大領土，一直攻到孛烈兒（波蘭）、馬扎兒（匈牙利）等地。宋理宗淳祐十二——寶祐六年（1252-1258年），拖雷的第六子旭烈兀率兵進行第三次西征。這次西征更是勢如破竹，因為蒙古人已從對金和南宋的戰爭中得到了宋製造火器技術的真傳，一二五六年滅掉木剌夷國（伊朗），攻陷了報達國（巴格達），兵進敘利亞、蘇丹。三次西征成吉思汗祖孫以其剽悍的武功兼併了歐俄大部分土地，幾乎整個亞洲大陸也都在蒙古人統治之下。西征，尤其是第三次西征，位於歐亞之間的國家根本抵擋不住蒙古大軍用火藥製成的火箭、火炮、蒺藜炮等威力極大的火器，望風披靡吃盡了苦頭。不過，聰明的阿拉伯人很快從戰爭中學會了戰爭，蒙古兵的管形火器對其教訓實在過於深刻，他們立即對其進行研究，不僅很快便掌握了火藥武器的製造技術，而且將蒙古人傳去的火筒和突火槍加以改進，發展成了兩種新式火器。

　　從某種意義上講，戰爭也是科學技術的較量，誰掌握最先進的武器，誰就能成為強者和勝者。在後來的阿拉伯與歐洲人的戰爭中，阿拉伯人又用學到的中國火器教訓了歐洲人；歐洲人也是在同伊斯蘭國家的戰爭中才真正學會了火藥和火器製造的。據西方文獻記載，法國、英國、德國和俄國使用火藥、鐵火罐、鐵炮等都在十四世紀中期，具體而言，法國為一三三八年，英國為一三四〇年，德國為一三四六年，俄國則遲至一三八二年。在這之先，歐洲同穆斯林進行了一系列戰爭，戰場上歐洲人重蹈阿拉伯人受盡火器痛苦之覆轍，慘遭失敗。如在一二九〇年的亞加之戰中，馬穆魯克使用三百九十二座拋石機，用它來發射火球、火瓶和火罐，擊毀了對方的防禦工事，迫使法蘭克人撤出，宣告第八次十字軍東征的徹底失敗。火器技術從陸路通過戰爭由中國傳至阿拉伯又傳至歐洲，時間先後至

少相差四百年。

雕版印刷術的西傳同樣是靠戰爭經由陸地的渠道。雕版印刷術的發明始於唐，至宋則達到巔峰，兩宋期間阿拉伯人與中國通商頻繁，按說十分易於傳播過去，實際上這種類型的印刷術由阿拉伯再向西方的傳播十分緩慢，主要原因是阿拉伯人不喜歡。他們長期拒絕中國的雕版印刷，是因為印刷用的刷帚是用豬鬃做的，在他們看來是褻瀆神明。因此，在雕版印刷傳入歐洲的幾百年間，中國乃至越、朝、日等國都在大規模地印刷佛家和儒家文獻時，在歐洲基督徒的寺院裡卻正孜孜不倦地手抄古書，橫互亞歐之間的阿拉伯成了印刷術傳播的中介地帶。隨著蒙古人的入侵和十字軍的東征，中國與歐洲在阿拉伯有了正面的接觸，中國雕版印刷技術也逐漸為歐洲人所認識並仿效。

令人感興趣的是，雕版印刷的西傳據說源於中國的紙牌。紙牌起源於唐末，至宋則花樣繁多，並在民間普遍流行，成為人們娛樂的工具，這當然歸功於宋代雕版印刷術的日臻完美。蒙古人在與宋的戰爭與交往中很快也喜歡上了紙牌，並在蒙古軍隊中流行起來。蒙古人西征，紙牌也順勢進入阿拉伯，穆斯林或許因反對雕版印刷而使紙牌「在伊斯蘭教世界裡沒有充分立得住腳」，但東征的十字軍士兵卻喜歡上這種娛樂工具，而紙牌「這種遊戲很快地輕輕越過近東」[99]進入歐洲各國，在德國、西班牙、盧森堡、意大利、法國等國家流行起來。紙牌竟成了「歐洲最早的雕版印刷物中的一種……在十五世紀的初期，印刷紙牌成為威尼斯和日耳曼南部的一種重要工業」。[100]可以說是紙牌推動了歐洲印刷業的產生。不久，意大利、德國、荷蘭先後成為最早的雕版印刷基地，到十五世紀中葉，威尼斯則成為歐洲印刷業的中心，新建立印刷所近百個。

歐洲的活字印刷也直接受中國宋代畢昇發明的泥活字印刷的影響，它的傳播途徑是陸上「絲綢之路」。考古學家在敦煌發現了維吾爾文木刻活字，這就是說早在元代木刻活字前即已傳入中亞（元朝科學家王禎在泥活字基礎上創造了木活

---

99 [美]卡特：《中國印刷術的發明和它的西傳》，162、163頁，北京，商務印書館，1991。
100 同上。

字），維吾爾文字與歐洲文字都可用字母活字，所以歐洲活字印刷似應由此而來。十五世紀活字印刷術傳到歐洲後，各國大膽改革，出現了用鉛錫銻合金製成的活字，用這種活字印刷的第一部拉丁字母的《聖經》一四五四年出自德國人谷騰堡之手。

馬克思曾指出：「火藥、指南針、印刷術——這是預兆資產階級社會到來的三大發明。火藥把騎士階層炸得粉碎，指南針打開世界市場並建立殖民地，而印刷術變成新教的工具。總的說來，變成科學復興的手段，變成對精神發展創造必要前提的強大的槓桿。」[101]馬克思的這段議論，精闢而又深刻地道出在宋代得到完善的中國三大發明對推動世界進步的偉大意義。

第四節 ·
域外文化
的內傳

文化交流常常是雙向互往的，雖然對每個國家或民族來說，文明程度有高下懸殊之分，但尺有所短，寸有所長，更何況與中國比肩而立的文明古國還不止一個，它們都有其獨特而精彩的民族文化和文明成果。只有採取拿來主義的態度，博採眾長，以他山之石攻己之玉，使其他國家或民族的文化精髓為我所用，並融入中華民族宏偉浩瀚的文化體系之中，中華文化的發展才具有強大的生命力，才會像長江黃河般滔滔滾滾永無止息。

---

101 《馬克思恩格斯列寧斯大林論科學技術》，36頁，北京，人民出版社，1979。

中國與東西方許多國家的文化往來源遠流長，僅就東南亞諸國說，漢唐時文化交往就十分頻繁。到了兩宋時期，域外文化對中華文化的影響更為顯著：像越南的李朝（1009-1224 年）兵法於十一世紀傳入中國，為宋人所用，並在戰爭中見效。蔡延慶本是北宋一文人，由於學了「安南行軍法」，竟在邊疆屢立戰功，宋神宗對此十分欣賞。[102]像朝鮮的高麗紙、松煙墨經常作為禮品向宋朝贈送，在宋人中有很高的聲響。尤其值得稱道的是畢昇發明的泥活字傳入朝鮮後，朝鮮印刷工人在吸收借鑑畢昇的經驗後，很快地將泥活字創新為銅鑄活字，使活字印刷術進一步發展，並又反饋入中國。又如中國使用的摺扇就是宋代從日本輸入的，因此宋人稱摺扇為倭扇。蘇轍有詩為證：「扇從日本來，風非日本風」，「但執日本扇，風來自無窮。」當時（宋神宗熙寧年間），汴京大相國寺中已有這種日本摺扇出售。摺扇傳入中國後，很快便與中國的傳統文化結合起來，明清兩代不少著名書畫家在摺扇上題詩作畫，創作出許多藝術珍品。

阿拉伯的伊斯蘭文明對宋代的影響也不可小覷。阿拉伯國家中有埃及、波斯等許多文明古國，其社會和自然科學的成就曾為世界矚目，對世界許多國家都產生過重要影響。自唐代始，中阿兩帝國就開始了多層次的經濟文化交流，許多阿拉伯商隊從陸上經中亞細亞、天山南路一帶向長安進發，有的則取道馬六甲海峽從水路北上交州、廣州，在長安、廣州、揚州、泉州等形成了多處商業中心，許多前來經商的穆斯林在中國娶妻生子永遠不歸。這些人漸與漢族融為一體，伊斯蘭的許多先進文化技術自然就傳入了中國。到了宋代，伊斯蘭文明對宋代文化的影響更廣泛。宋代是中國古代科學技術發展的高峰時期，聞名於世的四大發明有三項是在宋代得以完善並廣泛應用於實際的，而中國的這三項發明又都是經阿拉伯傳到西方的；與此同

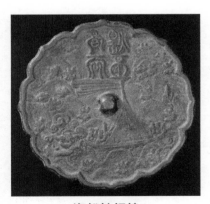

海船紋銅鏡

---

102 《宋史·蔡延慶傳》。

時，伊斯蘭文明中的許多卓越成就也傳入中國。在自然科學方面，有天文學和數學。宋太祖建隆年間（963 年）的《應天曆》是應召入中國的西域魯穆的穆斯林馬依澤修撰的，北宋慶曆年間（1041-1048 年）編撰的軍事著作《武經總要》，書中提及的黃道十二宮如白羊、金牛等名詞就是阿拉伯曆法的專有名詞。在數學方面，著名的阿拉伯數字於十三世紀四〇年代傳入中國，這對中國文化產生的影響，更是我們要指出的。伊斯蘭的建築藝術也極大影響宋代的建築風格，如建築在南宋度宗咸淳年間（1265-1274 年）的揚州仙鶴寺，該寺大門東向，入內為一小院，院中有一南宋銀杏樹，高大挺拔，殿內宣諭台上有八角亭，內藏《可蘭經》，該寺的建造既有伊斯蘭文化特色，也融進了仙鶴形布局的中國民族風格。在社會科學方面，阿拉伯人創立的伊斯蘭哲學也是中國伊斯蘭文化的核心，阿拉伯人的清真寺不僅是禮拜之所，也是受教育的地方，清真寺是阿拉伯人歷史上最早的學校。中國伊斯蘭的經堂教育就是清真寺教育的一種形式。

宋代文化是中國文化史上的一座高峰，具有承前啟後的作用，尤其是宋代對外交流的加強，使域外文化源源而至。

第五章

學派紛呈的
哲學思想

　　一般來說，有宋一代武功不競，而學術特昌。上承漢唐，下啟明清，紹述創造，
靡所不備。特別是經過學者們的努力，出現了儒學的復興，達到了學術思想的又一次
繁榮。這其中一個很重要原因是北宋政權下學術思想的氛圍比較寬鬆，歐陽修、胡
瑗、范仲淹等振起了學術新風。至北宋中期，王安石的新學、周敦頤的濂學、張載的
關學、程顥、程頤的洛學、邵雍的象數之學、蘇軾的蜀學先後興起，各自提出了比較
完整的學說體系。經過靖康之亂，宋室南遷，朱陸並峙，呂祖謙的呂學有相當大的影
響，同時又有張栻的湖湘之學。陳亮、葉適則提倡事功、經制之學，重視對於國計民
生的實際問題的研究，按現在說法可稱之為實學。宋元之際，雖宋室不振以至滅亡，

但仍出現了文天祥、黃震以及「三教外人」鄧牧等卓越的思想家，使宋代學術發放出了最後的光輝。因此，宋朝的學術，可謂異彩紛呈，學派林立。就哲學而言，圍繞理氣心性等基本問題，則形成了氣本論、理本論、心本論的對峙和分野。這樣，氣學、理學、象數之學、心學以及重視實事實功的實學等，激盪融會，影響史學、文學的變化。

第一節 ·
張載、王安石
的氣學

一、張載的「太虛即氣」說

　　張載（1020-1077 年），字子厚，北宋鳳翔郿縣（今陝西郿縣）人。因為他家住在郿縣橫渠鎮，並曾在橫渠鎮講學，所以後來學者稱其為橫渠先生。他所創立的學說稱為「關學」。

　　張載繼承和發展了中國古代氣一元論的樸素唯物主義，把「氣」作為世界的本體，提出了「太虛即氣」的哲學命題，並在批評佛、道哲學的過程中，堅持氣本體論的唯物主義自然觀。他說：「知太虛即氣，則無無。」[1]「知太虛即氣，則無有有無。」[2]在中國哲學發展史上，第一次賦予「太虛」以一種具體物質的含義。張載認為，空若無物的太虛，即是天空，並不是空無所有，而是氣的本來狀態。「太虛者，氣之體。」[3]「太虛無形，氣之本體，其聚其散，變化之客形爾。」[4]

1　《張載集 · 正蒙 · 太和篇第一》，北京，中華書局，1979。
2　《張載集 · 橫渠易說 · 繫辭上》。
3　同上。
4　《張載集 · 正蒙 · 乾稱篇第十七》。

「本體」指本來的狀態，即氣沒有變成具體事物時的狀態。「客形」指暫時的形態。就是說，無形的太虛是氣的本來狀態，而氣的聚散則是暫時的變化形態。氣和太虛是永恆的、不生不滅的。因此，無形的太虛就不是絕對的虛無，而是散開來的氣。而萬物則不過是氣的凝聚的不同表現形態罷了。「太虛不能無氣，氣不能不聚而為萬物，萬物不能不散而為太虛。」[5]聚則有形，散則無形，其實都是一氣的變化。氣的聚散只有明顯和幽暗的差別，沒有有和無之區別。「氣」與「太虛」，猶冰之於水，「氣之聚散於太虛，猶冰凝釋於水。」[6]水凝則為冰，冰釋則為水。太虛聚則為氣，氣散則為太虛。「氣」與「太虛」，是一種物質在運動變化過程中所表現的不同形態，它是世界的本體，是產生萬物的根源。

在張載氣本論的哲學體系中，既講氣，也講理。不過理是從屬於氣的。張載把「理」作為氣化運動的一種形式或一般規律。「故變化之理，須存乎辭。」[7]「天地之氣，雖聚散、攻取百涂，然其為理也順而不妄。氣之為物，散入無形，適得吾體；聚為有像，不失吾常。……循是出入，是皆不得已而然也。」[8]這裡的「理」有規律的意思，是氣的運動變化的秩序性或必然性。天地之氣，雖然有聚有散，有相攻、有互取，變化萬端，但卻不是雜亂無章，而是有秩序的。這個「秩序」就是「理」，即氣的運動變化的規律性。「不得已而然」，也就是說的氣的運動變化具有必然性。同時，張載還進一步明確地說：「天之生物也有序，物之既形也有秩。」[9]「理不在人，皆在物，人但物中之一物耳。」[10]就是說，「理」是在物中，是不能脫離事物而獨立的，所以它是從屬於氣的。

張載從氣一元論的唯物主義自然觀出發，吸收宋代自然科學的成果，發展《周易》中樸素的辯證法思想，提出了「一物兩體」的學說，對「一分為二」思想作出精闢的概括，並給予了更為深刻的論述。他說：「一物兩體者，氣也。一

5　《張載集・正蒙・太和篇第一》。
6　《張載集・橫渠易說・繫辭上》。
7　同上。
8　《張載集・正蒙・太和篇第十七》。
9　《張載集・正蒙・動物篇第五》。
10　《張載集・張子語錄上》。

故神（兩在故不測），兩故化（推行於一），此天地之所以參也。」[11]「一物而兩體者，其太極之謂歟！」[12]「一物兩體」為氣，即是太極為氣。氣作為世界的物質實體是一個統一體（一物），又包含兩個部分（兩體），因此神妙不測，變化無窮。在這種變化中，張載既強調了對立面的相互作用，又充分肯定對立面的統一。他說：「天性，乾坤、陰陽也，二端故有感，本一故能合。」[13]「造化所成，無一物相肖者，以是知萬物雖多，其實一物；無無陰陽者，以是知天地變化，二端而已。」[14]「若一則有兩，有兩亦一在，無兩亦一在，然無兩則安用一。」[15]「兩不立則一不可見，一不可見則兩之用息。」[16]可見，張載辯證地解決了「一」與「兩」的關係，統一中有對立，對立中有統一，把古代辯證思維提高到了新的水平。同時他還明確提出：「凡圜轉之物，動必有機；即謂之機，則動非自外也。」[17]就樸素地說明了事物運動變化，都根源於事物內部固有的「二端」性質（即矛盾性）。「二端」乃是一切事物產生和變化的內因。

張載還進一步探討了事物運動的兩種形式，在總結唐以前關於「漸」和「變」的思維成果的基礎上，在中國哲學發展史上第一次提出了運動變化有「漸化」和「著變」兩種形式，並探討了二者之間的關係。他說：「氣有陰陽，推行有漸為化，合一不測為神。」[18]「變，言其著；化，言其漸。」[19]並且，在張載看來，「漸化」是「著變」的準備，「著變」又是「漸化」的必然發展，是在「漸化」的基礎上實現的。「變則化，由粗入精也；化而裁之謂之變，以著顯微也。」[20]當然，張載所講的運動變化的兩種形式，仍然只是外部的、形式的變化，尚未深入認識到事物內部自我否定的質變。

---

11 《張載集‧橫渠易說‧繫辭下》。
12 《張載集‧橫渠易說‧說卦》。
13 《張載集‧正蒙‧乾稱篇第十七》。
14 《張載集‧正蒙‧參兩篇第二》。
15 《張載集‧橫渠易說‧說卦》。
16 同上。
17 《張載集‧正蒙‧參兩篇第二》。
18 《張載集‧正蒙‧神化篇第四》。
19 《張載集‧橫渠易說‧上經》。
20 《張載集‧正蒙‧神化篇第四》。

張載肯定「氣」或「太虛」是世界的本體，在認識論問題上則堅持人的認識以客觀世界為基礎。認為「感亦須待有物，有物則有感，無物則何所感！」[21]「感」即人的感覺認識，它必須以客觀存在著的事物為條件。人的認識的任務，就是了解外界事物及其規律性，所謂「窮物之理」。「萬物皆有理，若不知窮理，如夢過一生。」[22]張載也看到，人的感官是有局限性的，只憑耳目見聞不能認識外界的全部。例如，最明亮的莫過於太陽，但人的視覺有限，卻不能知道它有幾萬里之高。為了解決這個矛盾，張載主張「大其心」，即強調我們今天所認為的理性認識的作用。「大其心則能體天下之物」。於是，張載提出了他的兩種知識的學說。即認為知識有「見聞之知」和「德性之知」。「見聞之知」，即感性認識；「德性之知」，相當於理性認識，是一種以理性為基礎的超經驗的知識。張載認為，「見聞之知，乃物交而知，非德性所知。」[23]「德性之知」，「不萌於見聞」。就是說，不依靠於感覺經驗，而主要是依靠道德修養。它是關於宇宙「神化」的認識，「窮神知化，與天為一，豈有我所能勉哉？乃德盛而自致爾。」[24]儘管張載承認「理」是客觀的，主張「窮理」，即在客觀事物中尋找規律，但他輕視感覺經驗，割裂了「見物」與「窮理」的關係，其「德性之知」實質上變成了主觀自生的東西。這種認識論思想在堅持唯物主義認識路線的基礎上，表現出了唯心主義的雜質。

　　人性學說是張載關學的一個重要組成部分。與他的宇宙觀緊密聯繫，張載試圖從「太虛即氣」的唯物主義觀點出發，對人性問題進行直接的闡釋。他認為，人和宇宙萬物都是由氣之凝聚而成的。由於氣有陰陽、清濁的差別，因此，便產生了千差萬別的人和物。氣的本性也就是人和萬物的本性。所以，在人性問題上，他提出「合虛與氣，有性之名」[25]的觀點。「虛」指「太虛」，即氣的本來狀態；「氣」指陰陽二氣，有清有濁。「太虛」的本性和陰陽二氣之性相結合，便

---

21 《張載集‧張子語錄上》。
22 《張載集‧張子語錄中》。
23 《張載集‧正蒙‧太心》。
24 《張載集‧正蒙‧神化》。
25 《張載集‧正蒙‧太和》。

構成了所謂的人性。因此，張載認為，人人都具有「太虛」的本性，這就是「天地之性」。張載通常又簡稱為「性」或「天性」。每個人生成之後，由於稟受的陰陽二氣的不同，而又具有其特殊的形體和特殊的本性，張載稱之為「氣質之性」。「氣質之性」，一是指人與生俱來的固有的自然屬性；二是指人與物之所共有和別有的性；三是指「氣質之性」可變。與這種「氣質之性」不同，張載認為，「天地之性」是永恆的、至善的、和樂的，是沒有任何缺點的，清澈純一的，是人類共同的本性，人人具有。

但是，人後天獲得的「氣質之性」會障礙「天地之性」，這就有了善惡的分別，有了改變「氣質之性」而返於「天地之性」的任務。於是，張載提出了他的「變化氣質」的學說。張載說：「形而後有氣質之性，善反之則天地之性存焉。故氣質之性，君子有弗性者焉。」[26]「故學者先須變化氣質，變化氣質與虛心相表裡。」[27]「為學大益在自求變化氣質。」[28]就是說，經過後天的虛心學習，倫理道德的自我修養，努力克服「耳目口腹之欲」，就可以逐步清除「氣質之性」的障礙，從而使「天地之性」得以發揚光大。表明「變化氣質」的過程，就是虛心學習，改過遷善，克服「氣質之性」中惡的成分的過程。「變化氣質」的目的和內容，在張載看來，就是「窮理盡性」，使「天理」、「天性」成為規範自己一切行為的準則。既要注意內心世界的修養，又要注意外在行為的約束。張載的人性學說，對宋代乃至後世產生了重要的影響。

《西銘》是反映張載倫理思想的一篇重要文章。與張載的人性論思想相聯繫，他的倫理思想主要有下列幾點。

第一，「天下一家」的道德理想。《西銘》從天地與個人的關係，來說明人在宇宙中所處的地位，宣傳個人應該識大體、顧大局的道德觀念。「乾稱父，坤稱母；予茲藐焉，乃渾然中處。故天地之塞，吾其體；天地之帥，吾其性。」[29]

---

26 《張載集·正蒙·誠明》。
27 《張載集·經學理窟·義理》。
28 《張載集·張子語錄中》。
29 《張載集·正蒙·乾稱篇第十七》。

宇宙就好比一個大家庭，乾坤是其中的父母，人好比其中的兒女。作為這個大家庭的成員，人應該擔負一個成員的責任和義務，做到「心於天道」，「無我」，「存公」，即關心宇宙規律和天下大事，把個人之小我化到宇宙之大我中去。

第二，「民胞物與」的泛愛論。張載認為，只要「變化氣質」，人們就能夠認識到自己的本性是與一切人、一切物相同的，即會愛一切人一切物。他說：「性者萬物之一源，非有我之得私也。唯大人為能盡其道，是故立必俱立，知必周知，愛必兼愛，成不獨成。」[30]「民吾同胞，物吾與也。」[31]人和萬物都是由「氣」所構成的，同出一源，都為天地所生，所以每一個人都是我的同胞兄弟；萬物，都是我的同伴。

第三，「孝」的思想。《西銘》關於「孝」的論點，主要有三：其一，天地是人的父母，天子是天地的親子，是來統治人民的。其二，人孝順父母，就是孝順天地。古代的聖賢之所以為聖賢，就在於他們是孝的忠實執行者。比如，晉獻公要烹他的兒子申生，申生並不逃走，而是恭恭敬敬地等待他的父親來烹，這就是至孝。其三，統治階級享受福澤富貴，是父母（天地）對他們的關切；勞動人民受苦受難，這是父母（天地）對他的考驗和成全；活著就要順著父母的安排去做，死了也得到安息。張載對倫理綱常的理論論證，受到了程朱等人的讚許。而張載本人在其《論語說》中所述「為天地立心，為生民立命，為往聖繼絕學，為萬世開太平」的所謂「橫渠四句」，更為後世人所稱道。柳詒徵說張載此論「其心量之廣遠，迥非區區圍於一個人、一家族、一社會、一國家、一時代者所可及。」[32]但是，張載包括人性學說在內的倫理觀，其階級的和理論的局限性，還是非常顯見的。

---

30 《張載集·正蒙·誠明篇第六》。
31 《張載集·正蒙·乾稱篇第十七》。
32 柳詒徵：《中國文化史》（下卷），515頁。

二、王安石的道器論

王安石（1021-1086 年），字介甫，號半山，也稱臨川先生、荊公。北宋撫州臨川（今江西臨川）人，是宋代著名的政治改革家、哲學家和文學家。因提倡「新學」，他的思想學說被稱為「荊公新學」。

王安石和張載一樣，繼承中國古代「氣」一元論思想，堅持樸素唯物主義的「氣」一元論自然觀，把萬物看成都是出於自然的。他說：「生物者氣也。」[33]「萬物同一氣。」[34]王安石闡發氣為世界的本原，是通過改造中國哲學史上一些性質不同的哲學範疇，如「道」、「天」、「太極」來完成的。認為「道」、「天」、「太極」等是世界的根本，本質上它們都是「氣」，只是名稱不同罷了。例如，他說：「道者，天也，萬物之所由生，故為天下母。」[35]「天播五行於萬靈，人固備而有之。」[36]「太極者，五行之所由生，而五行非太極也。」[37]可以看出，「為天下母」的，即作為世界根本的「道」，也就是「天」，也就是「太極」。「太極」生五行，「五行，天所以命萬物者也。」[38]王安石進一步說：「道有體有用，體者，元氣之不動。用者，沖氣運行於天地之間。」[39]「道之體」為物質性的元氣。「道」是「天」，「天」當然也是「氣」。「五行」既是「太極」所生，又為「天」所播。「天」就是「太極」。「天」是「氣」，「太極」也當然是「氣」。不僅如此，王安石認為，即便是文、理、情、聲、言、字等，一概也都出於自然。「物生而有情，情發而有聲，聲以類合，皆是相知。人聲為言，述以為字。字雖人之所制，本實出於自然。」[40]「字者，始於一，一而生於無窮，如母之字子，故謂之字。」[41]「一」是「氣」，是自然。「自然，是萬物之所由生」。王安石的唯物主

---

33 《王文公文集》，283、452頁，上海，上海人民出版社，1971。
34 同上。
35 容肇祖：《王安石〈老子注〉輯本》，45頁。
36 《王文公文集》，370頁。
37 同上書，316頁。
38 同上書，358頁。
39 容肇祖：《王安石〈老子注〉輯本》，8頁。
40 《王文公文集》，236頁。
41 同上書，428頁。

義自然觀，基本上是徹底的，是「氣」一元論。

在此基礎上，王安石進一步論證了「道」（或元氣）如何產生世界萬物的問題。他堅持「一陰一陽之謂道」，即道（元氣）分化為陰陽二氣。「天（陽）一生水……地（陰）二生火……天三生木……地四生金……天五生土」。[42]這是說，道（或元氣）分化為陰陽二氣，陰陽二氣產生金、木、水、火、土五種物質，這五種物質元素的變化，形成萬事萬物。這是王安石關於萬物生成的論點。

王安石非常注意研究事物的發生、發展和變化，提出了「道立於兩」、「耦中有耦」的重要命題，進一步豐富了中國古代樸素的辯證法思想。他首先認為，無論自然界或人類社會，都是處在不同的變化和新故相除的過程中的。對於事物何以能變，即變化的動力和原因，王安石提出：「道立於兩，成於三，變於五，而天地之數具。」[43]「兩」指陰陽，「道立於兩」，表明「道」或「氣」是統一物之分為兩個部分。「三」指陰陽和。說明「道」之分為陰陽二氣，既是對立的又是統一的，在這種對立統一中，才有世界萬物的生成。「五」指五行。五種物質元素的變化，形成萬事萬物，「五行之為物……皆各有耦……耦之中又有耦焉，而萬物之變遂至於無窮。」[44]「耦」，也就是今天我們所講的矛盾。物「皆各有耦」，「耦之中又有耦」，表明客觀事物的矛盾，是無處不在、無時不有，錯綜複雜的。正是這種萬物之「耦」，造成了事物的變化無窮。這一思想是較為深刻的。

在堅持「氣」一元論的樸素唯物主義世界觀基礎上，王安石承認人的主觀是由客觀決定的，從而提出了他的學思並舉、「行之必至」的認識論思想。關於認識的對象和主體的認識能力，他肯定前者為「天下之事」，「天下之事，固有可思可為者。」[45]後者為人的視、聽、思等作用，「人莫不有視聽思。」[46]「天下之

---

43 《臨川先生文集》卷六十五《洪範傳》。

44 《臨川先生文集》卷六十五《洪範傳》。

45 同上。

46 容肇祖：《王安石〈老子注〉》輯本》，51頁。

事，固有可思可為者。」包含兩層含義，一是表明認識的對象為客觀事物。二是說客觀的認識對像是可知的。「人莫不有視聽思」，則是堅持了主體人有認識客觀對象的能力。不僅如此，還進一步認為，「目之能視，耳之能聽，心之能思，皆天也，然視而使之明，聽而使之聰，思而使之正，皆人也。」[47]視、聽指耳、目之自然本能，思指心的本能。無論是耳、目或心，都是自然生成。耳、目、心等聽、視和思維器官，能不能有效地發揮作用，關鍵在於人們主觀上能不能自覺地勤於運用，並將之有機地結合起來。於此，王安石具體闡述了「貌、言、視、聽、思」「五事」的作用、次序及其關係。他說：《書》言天人之道，莫大於《洪範》；《洪範》之言天人之道，莫大於貌、言、視、聽、思。」[48]還說：「五事以思為主，而貌最其所後也，而其次之如此，何也？此言修身之序也。恭其貌，順其言，然後可以學而至於哲。既哲矣，然後能聽而成其謀。能謀矣，然後可以思而至於聖。思者，事之所成終而所成始也，思所以作聖也。」[49]「貌」、「言」，指人們主觀認識客觀的態度和意向；「視」、「聽」，指耳、目具體地接觸世界；「思」，指基於豐富的感性材料之上，對事物作理性思維。從深刻了解事物的本質說，「貌」雖然不是最主要的，但不是可有可無，無關緊要。從認識事物的次序說，「貌」、「言」位列於視、聽、思之首。在王安石看來，它是《洪範》言「天人之道」問題的出發點或態度。也就是要恭敬言從，即主觀順應客觀，而後才能談得上正確的視與聽。說明「貌」、「言」屬「修身之序」，是主觀認識客觀的不可缺少的首要環節。「恭其貌，順其言，然後可以學而至於哲。」這時，「學」就成了關鍵。肯於「視」，是學；肯於「聽」，也是學。要求親自視、聽，接觸世界，才有知識。即是說，人們在端正態度，自治其性基礎上，通過學習，即努力地視、聽、思，則可以「聰」，可以「明」，全面性地認識事物了。這其中，「貌」、「言」為首要環節；「視」、「聽」為前提條件；「以思為主」，思是主要的和關鍵的，是成聖的必然階梯，「所以聰明者，非耳、目之所能為也」[50]，有賴於「思」，只有「思」，才能完成這一任務，才能實現由耳、目聽視所獲之感性

47　同上。
48　《臨川先生文集》卷六十六《禮樂論》。
49　《臨川先生文集》卷六十五《洪範傳》。
50　《臨川先生文集》卷六十五《洪範傳》。

認識向理性認識的飛躍，從而達到聖人的境界。

　　王安石的所謂「學」，雖內容主要是指仁義道德，但也包括儒家經典、諸子百家，還包括實際的調查研究，即「問」。他說：「某自百家諸子之書，至於《難經》、《素問》、《本草》、諸小說，無所不讀，農夫女工，無所不問，然後於經為能知其大體而無疑。蓋後世學者與先王之異時矣，不如是不足以盡聖人之故也。」[51]這裡反映王安石視野的擴大，不僅向書本學習，而且向實際學習。就書本知識說，經書、醫書、藥書，以及文學等都讀，體現了其學習間接經驗知識廣泛性的觀點。

　　王安石在視、聽、思之間，還引入了「行」。他說：視之能必見，聽之能必聞，行之能必至，思之能必得。其所謂「行」，雖有道德原則踐履之謂，卻也不乏社會生活實踐之意，他的社會改革活動，即是證明。他說：「故君子不可以不知履」[52]，就是這個思想的論證。王安石既是這樣主張的，也是這樣實行的。他推行熙寧新法，往往多先於局部上進行實驗，然後再有步驟地加以實施。

　　人性論思想是荊公新學中又一重要內容。王安石在有分析地揚棄孟子、荀子和揚雄的「性善論」、「性惡論」和「性善惡混論」，否定韓愈「性三品」說的同時，提出了自己的看法。認為「七情」——喜、怒、哀、樂、好、惡、欲是人們生理或心理的本能，它本身不是已經表露於外部的「善」或「惡」，只有當它同客觀事物接觸中所表露於外部的表情、行為，為一定地位的人群所喜所怒，所好所惡等，才談得上「善」或「惡」。王安石人性論可從以下幾方面論述。

　　首先，王安石從他的「氣」一元論自然觀出發，堅持人的形氣是心、誠、性、神等心理活動的基礎。認為，「神生於性，性生於誠，誠生於心，心生於氣，氣生於形。形者，有生之本。」[53]在人的形氣和心性的關係上，形氣是基礎，是根本；心性等心理活動由形氣而產生。把人性論學說建立在了唯物主義的

---

51 《臨川先生文集》卷七十三《答曾子固書》。
52 《臨川先生文集》卷六十六《九卦論》。
53 《臨川先生文集》卷六十六《禮樂論》。

基礎上，人有形氣必有心性。

其次，關於「性」和「情」。王安石說：「氣之所稟命者，心也。……性情一也。世有論者曰『性善情惡』，是徒識性情之名而不知性情之實也。喜、怒、哀、樂、好、惡、欲未發於外而存於心，性也；喜、怒、哀、樂、好、惡、欲發於外而見於行，情也。性者情之本，情者性之用，故吾曰性情一也。」[54]以「體」、「用」講「性」、「情」，既表明了性與情的統一性，也表明了二者的差異性。統一是說有體必有用，用離不開體。差異性是說二者又有區別和不同。當「七情」存於「心」，尚屬於人們的生理或心理活動而未發於外時，王安石把它叫做「性」；當「七情見於行」，變成人們的行動、行為，而已發於外時，就叫做「情」。「行」——見於現實生活，則是「性」、「情」的分界線。這種觀點顯然是對前人人性思想的揚棄。

王安石認為，「性」作為「情」之本，是同一的，但反映在每個人身上，則千差萬別。這就是王安石從「性本情用」的觀點，又得出了「性一情異」的結論。因為一是人的生理本能尚是屬於「無性」之時，一是每個人之所習亦各不相同。所以提出了「無性」有分，習則必慎。就是說，他把「存於心」，「而未發於外」的「性」，理解為是人的自然的生理本能，它既談不上善性，也談不上惡性，沒有這樣的分別，所以，一性謂無性。但正是因為無性，故能變。人之「性之用」的「情」，「發於外而見於行」，為善為惡的可能性就都存在了。王安石認為，「情」與「習」是相近的，「情也、習也，非性也。」作為「發於外而見於行」的「情」，也就有個「習」的問題，即接於外物。由於現實生活是多種多樣的，習於善則可能為善，習於惡則可能為惡。

對於人類社會，王安石堅持「可革則革，不足循守」的歷史觀。他基於自然界和人類社會普遍存在著「新故相除」的總規律的認識，主張審時度勢，創新歷史，反對墨守成規，更反對復古倒退。他的革新實踐，是最好的見證。在他看來，祖宗之法，未必盡善，應當權時之宜，知時應變，實行新法，推動歷史，這

---

54 《臨川先生文集》卷六十七《性情》。

是以往聖人所走過的道路。他是位立足於變革現實弊政、有理論、有行動的政治改革家，在他推行革故鼎新的變法實踐過程中，似乎模糊地意識到「民」的力量不可忽視，明確表示不能靠「天命」去拯救社會歷史，而應注目於「人事」。當然，他的理論與實踐，其根本目的和作用，都在於要確保趙宋王朝的專制統治長治久安。所以，其思想又不免有「民多智詐，巧偽滋長，所以難治」[55]的治民甚至愚民成分。另一方面則宣揚「星曆之數，天地之法，人物之所，皆前世致精好學聖人者之所建也」[56]的聖賢史觀和英雄史觀。這是尤其歷史的和階級的局限性所決定的。

第二節 ·
程朱理學

宋代哲學中，氣學一派以「氣」為最高哲學範疇，但既講氣又講理；理學一派以「理」為最高範疇，同時亦講氣。從先秦文獻看，「理」最早出現於《詩經》，作為哲學範疇，起源於戰國中期。但真正把「理」視為宇宙的最高本體，產生萬物的本原，代替以往古代哲學至高無上的「天」，則始於理學家。從學術淵源和師承關係上說，周敦頤當屬理學的奠基人，[57]程顥、程頤為該學派之創始，朱熹集其大成。因此，本節著重介紹周敦頤、程顥、程頤、朱熹的哲學思想。

---

55 容肇祖：《王安石〈老子注〉輯本》，54頁。
56 《王文公文集》。
57 參見賈順先：《宋明理學新探》，成都，四川人民出版社，1987。

一、《太極圖說》與《通書》

周敦頤（1017-1073 年），原名惇實，字茂叔。宋代道州營道（今湖南道縣）人。晚年在江西廬山蓮花峰下建濂溪書堂講學，因此被稱為濂溪先生，他的學說被稱為「濂學」。周敦頤的主要哲學著作是《太極圖說》和《通書》。這裡就以此兩作來說明周敦頤的哲學思想。

（一）《太極圖說》的宇宙生成論

周敦頤在《太極圖說》中，提出了一幅系統而完整的宇宙生成圖式。他的這個圖式，據《宋史·朱震傳》的記載，是由道士陳摶傳下來的。其傳序為：「陳摶以先天圖傳種放，放傳穆修……修以《太極圖》傳周敦頤，敦頤傳程顥、程頤。」而《太極圖》的最初淵源，又是從《易·繫辭》中「易有太極，是生兩儀」發展而來的。道家利用《易經》中的陰陽思想，傳播神仙方術；哲學家則從太極、兩儀、陰陽等思想出發，闡發宇宙的基本變化法則。周敦頤的《太極圖說》便是後者。

《太極圖說》包括《圖》和《說》兩部分，《說》是對《圖》的解說。《太極圖說》文字簡短，不足三百言，但所涉問題卻不可小視。其文曰：「自無極而為太極。太極動而生陽，動極而靜；靜而生陰，靜極復動。一動一靜，互為其根；分陰分陽，兩儀立焉。陽變陰合，而生水、火、木、金、土。五氣順布，四時行焉。……無極之真，二五之精，妙合而凝。乾道成男，坤道成女。二氣交感，化生萬物，萬物生生而變化無窮焉。唯人也，得其秀而最靈。形既生矣，神發知矣，五性感動而善惡分，萬事出矣。」[58]

首先，周敦頤提出了「自無極而為太極」的命題。認為宇宙發生的最初階段是「自無極而為太極」。就是說，一個無形無象的本體（無極），產生出混沌一團的元氣（太極）。「無極」為宇宙的本原，「太極」由「無極」所派生。可以看

出，「無極」是周敦頤哲學邏輯結構的最高範疇及其體系的出發點和歸宿點。「無極」這個概念來源於道家和道教的典籍。最早見於《老子》一書，其內容本於其典籍中的「虛無」的思想，是指無形無象的最高精神實體。「太極」一詞初見於《易·繫辭》，《易傳》作者只是描繪了宇宙生成的過程，並未明確規定「太極」是什麼，即未闡明「太極」到底是精神實體還是物質實體這一重要問題。從周敦頤的《太極圖說》中看來，周敦頤認為「太極」是「有」，為「無極」所派生。也就是《老子》「天下萬物生於有，有生於無」的再版。

其次，周敦頤提出了太極生陰陽的動靜觀。「太極動而生陽，動極而靜；靜而生陰，靜極復動。一動一靜，互為其根。」這是周敦頤關於陽動和陰靜關係的論述。所謂「太極動而生陽」、「靜而生陰」，是說先有動靜而後有陰陽二氣，就是說運動不是陰陽二氣本身所固有的屬性，運動是「太極」的運動。「太極」又來源於「無極」，顯然，「太極」的運動自然是由不動的「無極」所推動的。由不動到動，「自無極而太極」，這裡是一個矛盾。所謂「動極而靜」、「靜極復動」、「一動一靜」、「互為其根」，是說的「太極」的運動形式問題，強調了動與靜、靜與動的密切聯繫、相互依存、相互轉化的關係，閃現著某些辯證法思想的火花。

再次，周敦頤提出「無極」的實體與陰陽五行精微的材料，巧妙地結合起來，構成了萬物，具有陽性的成為男性，具有陰性的成為女性。「二氣交感，化生萬物，萬物生生而變化無窮」。就是說，由於陰陽二氣相互作用，便產生萬物，萬物又生生不息，於是變化無窮無盡。這就是周敦頤「自無極而為太極」，而「陰陽」，而「五行」，而「萬物」，而「男女」的宇宙生成圖式，也就是他在《太極圖說》中所提出的關於宇宙的生成論。

在周敦頤的這個宇宙生成說中，以「無極」作為最高本體，解決了宇宙萬物和人類的發生發展與統一問題，既溝通了天人之間的關係，同時拋棄了佛、道二家和舊唯心主義的神學創世說，並容納了漢唐以來的宇宙生成論，為宋代理學的產生奠定了本體論方面的基礎。還汲取了玄學「以無為本」的哲學思想，用理念化的「無極」作為世界萬物的本體，彌補了玄學在宇宙生成論上的不足。

（二）《通書》中的道德修養論

《通書》即《易通》，是周敦頤解釋《周易》的著作，與其《太極圖說》互相溝通，密切聯繫。在《太極圖說》中，周敦頤認為，雖然人同萬物一樣，也是在宇宙發展過程中由陰陽五行之氣結合而產生的，但「唯人也得其秀而最靈」，「形既生矣，神發知矣，五性感動而善惡分，萬事出矣。」就是說，人同萬物又有差別，那就是人是由陰陽五行之氣中最精粹的部分構成的。因此，人不僅具有形體，而且還具有精神和知覺作用。這樣，才有了各種善惡之分的人事活動。所以，「聖人定之以中正仁義而主靜（自註：無欲故靜），立人極焉」。即由於人們有了善惡之分，因此聖人就制定了「中正仁義而主靜」這樣一個做人的最高準則，所謂「主靜立人極」的人生標準，教人們為善去惡。對於這個理論，周敦頤在他的《通書》中，又作了進一步的具體補充和發揮，從而形成了他的比較系統的道德修養論。

周敦頤在《通書》中主要闡明了怎樣成為聖人？即他把聖人作為道德修養完善的最高目標。

第一，他認為，「誠」是做聖人之本。把「誠」作為其道德哲學的基本觀念。說：「誠者，聖人之本。『大哉乾元，萬物資始』，誠之源也。乾道變化，各正性命，誠斯立焉。純粹至善者也。故曰：『一陰一陽之謂道，繼之者善也，成之者性也。』元、亨，誠之通；利、貞，誠之復。大哉《易》也，性命之源乎。」[59]作為聖人根本的「誠」，是從「乾元」、從天而來，所以它是人性所固有，是「純粹至善」的。周敦頤還認為，「誠」是「五常之本，百行之源」。也就是說，人的仁、義、禮、智、信所謂「五常百行」，都是「誠」的體現，都離不開「誠」，否則，就會走入邪路。那麼，進一步說，到底什麼是「誠」呢？在周敦頤看來，「誠」的內容包括「靜虛」、「無思」、「無為」等。「靜虛」，就是「寂然不動者，誠也。」[60]做到沒有欲望、念頭萌動時，則正直公道而無私，這是

---

59 《通書・誠上》。
60 《通書・聖章》。

「誠」的主體，所以稱為「誠」。「無思」是「誠」的一種境界。「無思，本也；思通，用也；幾動於彼，誠動於此，無思而無不通，為聖人。」[61]「無思」並不是「不思」，而是無心而思，使念頭萌動，純正無私。這是周敦頤把《易傳》中「無思」的學說，解釋成為成聖人的修養方法。「無為」則是「誠」的目的。「不善之動，妄也」，「無妄則誠矣。」「誠無為，幾善惡。」[62]就是說，「誠」是無為的，而「幾」則有善有惡。如果念頭萌動時，無思無欲，不受外物的誘惑，便有善而無惡，行為自然就符合「仁義中正」了。因此，總起來說，「靜虛」、「無思」、「無為」的「誠」是做聖人的最高精神境界。

第二，「仁義中正」是做聖人的基本內容。周敦頤認為，當人活著的時候，頭等重大的事情，是學做聖人。學什麼？「聖人之道，仁義中正而已矣。」[63]他認為，在「五常」之中，「仁」、「義」是關鍵，而「仁」又是「五常」之首。如果說「仁」是較高的道德境界和道德倫理規範的話，那麼，「義」則居第二位。所以，他說：「立人之道，曰仁與義。」[64]人無「仁義」，則「人道」不立。具備了「仁」與「義」的道德倫理規範，其他道德規範也可以包括了。此外，周敦頤還非常強調「中正」。他認為，惡就是人在行動中背離了「誠」，離開了「中道」。所謂「中」，就是「和也」、「中節也」。「天下之達道也，聖人之事也。故聖人立教，俾人自易其惡，自至其中而止矣。」[65]既有中和的意思，也有「允執厥中」的意思。所謂「正」，即是「靜無而動有」，「至正而明達」，[66]「動而正曰道，用而和曰德」。[67]既可以作端正講，也可以作中正而無邪的意思。總之，所謂「中」、「正」，就是指人們的言行要端正，要完全符合仁、義、禮、智、信五常的要求，這就是合乎「中道」。否則，「匪仁、匪義、匪禮、匪智、匪信，悉

---

61 《通書·思章》。
62 《通書·誠幾德》。
63 《通書·道第六》。
64 《太極圖說》。
65 《通書·師第七》。
66 《通書·誠下第二》。
67 《通書·慎動第五》。

邪也。邪動，辱也。甚焉，害也。故君子慎動。」[68]當然，他所提出的這一套「聖人之道」，無疑具有明顯的時代性和階級性。

第三，「無欲」是做聖人的要旨。周敦頤繼承古代儒家「中庸」、道家「清靜」、佛教「寂靜」的思想，提出了「主靜」的學說，來作為封建道德的修養方法。何謂「主靜」？周敦頤回答說：「無欲故靜」。[69]他還說：「聖可學乎？曰：可。曰：有要乎？曰：有。請聞焉。曰：一為要。一者，無欲也。無欲則靜虛動直，靜虛則明，明則通。動直則公，公則溥，明通公溥，庶矣乎！」[70]學做「聖人」的要旨是「無欲」。「無欲則靜虛動直」，反之，有了「欲」，心便不能「虛」，不能「明、通」；行動便不能「直」，不能達到「公、溥」，即公正無私。周敦頤認為，人只要做到了「無欲」、「靜虛」、「動直」，便進入「常泰無不足，而銖視軒冕、塵視金玉」[71]的思想境界。

二、二程的「天理」論

程顥、程頤為同胞兄弟，是宋代理學的創始人，世稱二程。其父程珦在代理南安軍通判時，周敦頤為南安軍司理參軍。因程珦見周「氣貌非常人，與語，果為學知道者」，[72]遂使其子拜周敦頤為師。因此，二程在思想上受到了周敦頤的很大影響。程顥（1033-1085 年），字伯淳，後人稱他為明道先生。程頤（1033-1107年），字正叔。程頤卒後百年，賜諡「正公」。

程頤像

---

68 同上。
69 《太極圖說》。
70 《通書·聖學》。
71 《通書·富貴》。
72 《河南程氏文集》卷十二《朱公太中家傳》。

宋理宗淳祐元年（1241 年），封伊川伯，「從祀孔子廟庭」，後人因此稱其為伊川先生。由於二程兄弟長期在洛陽講學，遂逐漸形成了他們的理學學派。二程的學說也因之被稱為洛學。

洛學，以「理」為核心和最高範疇，集本體論、認識論、辯證法、人性論、倫理觀、歷史觀為一體，形成了一個有機的思想理論體系。如果深入研究，程顥、程頤二人思想有別。學者大多認為，程顥傾向於主觀唯心主義，開宋明心學一系；程頤傾向於客觀唯心主義，創宋明「理學」之始。二程思想固然如此，但我們認為，兩人思想同居首位，異在其次。因此，這裡略異述同，以見大端。

理、氣問題，是宋代哲學的中心議題。圍繞這一問題，二程建立起了他們的理一元論的本體論哲學。

首先是關於「理」的論述。程顥說：「吾學雖有所受，天理二字卻是自家體貼出來。」[73]作為哲學範疇，「理」，並非由二程所首創，但把「理」或「天理」作為世界萬物的最高本原和封建倫理綱常的化身，應該說是從二程始。從二程對於「理」相同的理解和論述來看，大致有兩點：第一，「理」是世界萬事萬物的普遍規律和法則。程顥說：「萬物皆有理，順之則易，逆之則難，各循其理，何勞於己力哉？」[74]程頤也說：「凡眼前皆是物，物物皆有理，如火之所以熱，水之所以寒。至於君臣父子間皆是理。」[75]他們都認為，這個「理」，既存在於自然界，又存在於人類社會，是世界萬事萬物的普遍規律和準則。第二，「天理」是萬事萬物永恆的最高精神存在和實體。二程認為，「萬物皆只是一個天理」。他們說：「理則天下只是一個理，故推之四海而准，須是質諸天地，考諸三王而不易之理。」[76]還說：「寂然不動，感而遂通者，天理具備。元無欠少，不為堯存，不為桀亡，父子君臣，常理不易，何曾動來；因不動，故言『寂然』；雖不動，

---

73 《河南程氏外書》卷十二《傳聞雜記》。
74 《河南程氏遺書》卷十一《師訓》。
75 《河南程氏遺書》卷十九《楊遵道錄》。
76 《河南程氏遺書》卷二上。

感便通，感非自外也。」[77]二程說的這個「天理」，就是世界萬事萬物之上的最高存在，是天地萬物的最高主宰，萬事萬物由此而生，由此而滅，天理卻是永恆的最高精神實體。不過，需要指出的是，程顥認為，「理」是存在於人們心中的，「心是理，理是心」，[78]「只心便是天」，[79]世界萬物「都自這裡出」。他把心中之「理」作為主宰萬物的最高存在，於心求理，更注重內向的體驗。這是他與其弟程頤的不同之點。

其次是關於氣和理的關係問題。程顥只是涉及了理和天地萬物的關係，涉及「氣」較少，即使講「氣」，多指人性修養問題，沒有真正把氣作為一種物質的概念來使用。進一步說，對於理與氣的關係並不明確。程頤在程顥思想的基礎上，對於「氣」及「氣」與「理」的關係作了較多的論述。何謂「氣」？程頤說：「既言氣，則已是大段有形體之物。」[80]氣是有形的，但他認為氣的形來自理。氣因為有此理才有此形。他說：「有理則有氣，有氣則有數。行鬼神者，數也。數，氣之用也。」[81]在程頤看來，天地萬物都稟陰陽之氣而成，「生物萬殊，睽也，然而得天地之合，稟陰陽之氣，則相類也。」[82]萬物是稟陰陽之氣而生。所以，程頤認為，氣也是萬物形成的因素之一，是本體論的組成部分。

程頤又把氣分為「真元之氣」和「陰陽之氣」。「真元之氣，氣之所由生，不與外氣相雜，但以外氣涵養而已。……人居天地氣中，與魚在水無異。至於飲食之養，皆是外氣涵養之道。出入之息者，闔辟之機而已。所出之息，非所入之氣，但真元自能生氣，所入之氣，止當闔時，隨之而入，非假此氣以助真元也。」[83]「人氣之生，生於真元。天之氣，亦自然生生不窮。」[84]可見，程頤的「真元之氣」，也是氣的根源，生生無窮，是形成天地萬物的形質，是屬於形而上

---

77 同上。
78 《河南程氏遺書》卷十三《亥八月見先生於洛所聞》。
79 《河南程氏遺書》卷二上。
80 《河南程氏遺書》卷十五《入關語錄》。
81 《河南程氏經說》卷一。
82 《周易程氏傳》卷三。
83 《河南程氏遺書》卷十五。
84 同上。

的。有時候，程頤把「真元」就直接講成理。他說：「陰陽二氣是形而下者，真元是理，屈伸往來是氣。」這是周敦頤「無極之真」的改造，即將「無極之真」變為真元，變為理，並看成產生萬物的根源。這樣「真元」即理，就是產生天地萬物之根源，而陰陽之氣則是生於「理」，亦生於「真元」。理氣關係由「真元之氣」與「陰陽之氣」的關係而明。

二程的「理」或「天理」，又是「道」。理與氣的關係也就是道與氣（器）的關係。程頤說：「離了陰陽便無道，所以陰陽者是道也。陰陽，氣也。氣是形而下者，道是形而上者。形而上者則是密也。」[85]就是說，從理（道）和氣（器）的區別看，有形而上、形而下，在先在後之分；從二者的聯繫來說，又是不可分離的，是決定性和依附性、本原和派生、體和用之間的關係。即理是決定性的，氣是依附性的，所謂「有理則有氣，有氣則有數。」數是氣之用，氣是理之附。理是事物的本原，氣是由理派生的。即「有理而後有像，有像而後有數。」[86]所謂「象」，「至微者理也，至著者象也。體用一源，顯微無間。」[87]理是無形的，是「至微」，是「微」，是「體」；「象」是有形的，是「至著」，是「顯」，是「用」。理與象、數之間的關係，是和理與氣之間的關係相一致的。因此，「凡物之散，其氣遂盡，無復歸本原之理。」[88]理高於氣，氣散了，而理還存在著。這主要是程頤對理氣問題上的見解，比起程顥來前進了一大步。

在程顥、程頤的哲學思想中，主敬和格物致知的認識論是其重要的組成部分。關於認識的對象、認識的主體、認識的途徑和方法、認識的過程、知和行的關係等等，他們都作了較多的探究。

關於認識的對象。從二程的論述來看，表面上是「物」，實際上是「理」。這就是他們的格物窮理和格物致知說。對於格物，程頤有比較系統的論述，他說：「『致知在格物』。格，至也，如『祖考來格』之格。凡一物上有一理，須是

---

85 同上。
86 《河南程氏文集》卷九《附錄》。
87 同上。
88 《河南程氏遺書》卷十五。

窮致其理。」[89]「《大學》曰：『物有本末，事有終始，知所先後，則近道矣。』人之學莫大於知本末終始。致知在格物，則所謂本也，始也；治天下國家，則所謂末也，終也。治天下國家，必本諸身，其身不正而能治天下國家者無之。格猶窮也，物猶理也，猶曰窮其理而已也。窮其理，然後足以致知，不窮則不能致也。格物者適道之始，欲思格物，則固已近道矣。」[90]二程訓「格」為「至」、為「窮」，訓「物」為事。格物就是「窮至物理」，或者「窮理而至於物」。簡言之，格物就是窮理。窮理即能致知，所以，格物即是通向「道」的開端，否則便不能「近道」。

　　需要指出的是，在二程哲學中，「物」是指一切事物。他們認為，不一定是具體的有形可見的事物才算物，自一身之中，至萬物之理，都是物。當他們的弟子問：「格物是外物，是性分中物」時，程頤回答：「不拘。凡眼前無非是物，物物皆是理。如火之所以熱，水之所以寒，至於君臣父子間皆是理。」[91]就是說，無論是客觀的物質實體，如天地日月、草木蟲魚，還是人的行動事為，甚至某些思維念慮，都包括在「物」的範圍之內。換言之，物質的和精神的都是二程所謂的「物」，都列入被「格」的範圍。這是就「物」的外延而言。若就內涵來說，則是指所以然之理。程頤說：「凡物有本末，不可分本末為兩段事。灑掃應對是其然，必有所以然。」[92]「所以然」即是「理」。物理所以要窮，就是要弄清事物的「所以然」。程頤說：「物理須是要窮。若言天地之所以高深，鬼神之所以幽顯。若只言天只是高，地只是深，只是已辭，更有甚？」[93]只講其然，不講其所以然，不能使人獲得對事物之理的認識。格物即是窮至事物之理。一方面看，二程有研究物理而獲得關於事物的具體知識的思想。但從另一方面看，二程提倡格物窮理，主要是窮人倫之理，目的在於「明善」，而格物只是「明善」的手段。程頤曾明確地說過，格物在「求止於至善」，「要在明善，明善在乎格物窮理。」[94]

---

89 《河南程氏遺書》卷十八。
90 《河南程氏遺書》卷二十五。
91 《河南程氏遺書》卷十九。
92 《河南程氏遺書》卷十五。
93 同上。
94 同上。

人一旦明善，也就達到知識的極致。從這個意義上說，致知也就是「盡知」。人能「明善」、「盡知」，就可以成為「聖人」。程頤認為，隨事觀理，就能得天下之理。得天下之理，就可以致於聖人。歸根到底，「致聖」就是二程所規定的格物致知的終極目標。所以，二程的格物說同時也包含著修養說的內容。格物窮理和格物致知，要達到的和要認識的，根本上還是他們的那個「理」。

關於認識的主體。二程的認識論是以承認主體能知為內容的，即他們肯定主體有認識能力。程顥說：「人心莫不有知，唯蔽於人欲，則亡天德也。」[95]程頤也說：「知者吾之所固有，然不致則不能得之，而致知必有道，故曰『致知在格物』。」[96]「『致知在格物』，非由外鑠我也，我固有之也。因物有遷，迷而不知，則天理滅矣，故聖人欲格之。」[97]可以看出，二程所謂「知」，有兩方面的含義：一是指主體能知之知覺；二是指主體知覺之所知，即知識。「人心莫不有知」，與「知者吾之所固有」之知，都兼有「能知」與「所知」二義。在主體能知方面，二程又有「生知」和「感應」兩種認識。首先他們承認有所謂「生知者」。如程顥說：「蓋必有生知者，然未之見也。」[98]程頤也說：「生知者，只是他生自知義理，不待學而知。縱使孔子是生知，亦何害於學？」[99]不論「生知」、「學知」，都是對主體認識能力的肯定。只是言「生知」，同孔子一樣，具有先驗的性質。除「生知」之外，二程認為人心具有「感應」作用。「人心虛，故物能感之。」[100]「感，動也，有感必有應。凡有動皆為感，感則必有應，所應復為感，感復有應，所以不已也。」[101]這種感應，也就是認識主體心與認識客體的交互作用。從主體方面說，二程是強調了認識主體心的能知作用。

關於認識的途徑、方法和過程。程顥提出了「以誠敬存之」的「主敬」說，程頤則在堅持兩種知識的基礎上，主張正心誠意，格物致知。程顥說：「學者須

---

95 《河南程氏遺書》卷十三。
96 《河南程氏遺書》卷二十五。
97 同上。
98 《河南程氏遺書》卷十四。
99 《河南程氏遺書》卷十五。
100 《周易程氏傳》卷四。
101 《周易程氏傳》卷三。

先識仁。仁者，渾然與物同體。義、禮、智、信，皆仁也。識得此理，以誠敬存之而已，不須防檢，不須窮索。」[102]所謂「以誠敬存之」，就是一種內心體貼的功夫，人們通過這種內心體貼，才能達到「仁」的境界。「仁」的境界，也就是完全按照「天理」所規定的道德準則去做的聖人境界。達到這種境界的關鍵就是做到「誠」和「敬」，「學要在敬也，誠也，中間便有個仁，『博學而篤志，切問而近思，仁在其中矣』之意。」[103]「誠」和「敬」，在程顥這裡都是一種內心修養的功夫。程頤認為，人有兩種知識，即「聞見之知」和「德性之知」。「聞見之知」是「物交物則知之，非內也，今之所謂博物多能者是也」，[104]即通過感官而了解的感性知識；「德性之知」，是「不假聞見」的先天固有，來源於內心，如同孟軻所說的「良知」。程頤認為，「德性之知」，容易產生主觀的偏見，「聞見之知」容易為外物所迷惑，二者各有利弊，需要取長補短，才能得到「真知」。得到真知，也就是「明理」、「達理」。程頤認為，達到這樣的要求有內外兩種認識途徑。第一步要做到「正心誠意」，即修身養性，做「誠」的功夫。第二步，「格物致知」。「莫先於正心誠意。誠意在致知，『致知在格物』。」[105]所謂「格物」，即是「窮理」。這樣，認識的過程和途徑便是：正心誠意→格物窮理→脫然貫通。

按照二程的觀點，格物致知所獲得的知識，還必須付諸實行，即「識必見於行」。而行則是「行所知」。這就是二程在認識論方面以知為基礎，重知而樂行的知行觀。首先，二程重知。程頤說：「知至則當至之，知終則當遂終之，須以知為本。」[106]二程「以知為本」的重知思想，是通過強調「先知而後行」、「行難知亦難」，和區分「知亦有深淺」而強調「深知」等命題來闡發的，議論中表現出了知先行後，尤重於知的傾向。其次，二程有知而必行的觀點。程頤說：「知之深，則行之必至，無有知之而不能行者。知而不能行，只是知得淺。」[107]「才

102 《河南程氏遺書》卷二上。
103 《河南程氏遺書》卷十四。
104 《河南程氏遺書》卷二十五。
105 《河南程氏遺書》卷十六。
106 《河南程氏遺書》卷十五。
107 同上。

知得是，便泰然行將去也。」[108]這就是說，有深知而後有實行，知是行的先導，行是知的要求，知而必行。體現了二程的知行統一思想。當然，二程所謂知，主要還是局限於道德認識的範圍之內；所謂行，也主要是道德踐行。

在二程的哲學體系中，還包含著一些樸素的辯證法思想。舉其要如下。

第一，二程肯定了事物運動變化的普遍性和永恆性。二程認為，「天下之事，無一定之理，不進則退，不退則進。時極道窮，理當必變」。[109]就是說，世界上的事物，總是處於不斷的運動變化之中。這種變化，或者表現為前進與發展，或者表現為退化與衰亡。因此，世界上是沒有一成不變，處於絕對靜止狀態的事物存在的。程頤說：「隨時變易，乃常道也。」「消長相因，天之理也。」[110]「雖山岳之堅厚，未有能不變者也。」二程在肯定運動變化是一個普遍規律的基礎上，還進一步論證了運動和靜止的關係。二程認為，「靜中便有動，動中自有靜」。[111]由於運動和靜止相互依存，不斷轉化，因而事物總是處於「動靜無端」的永恆變化之中，並指出事物之所以能夠永恆存在，就在於事物是處於不斷的運動變化之中，「未有不動而能恆者也」。

第二，二程提出了「無獨必有對」的命題，肯定了矛盾的普遍性。程顥說：「天地萬物之理，無獨必有對，皆自然而然，非有安排也。」[112]就是說，天地之間的任何事物，它們的存在絕不是孤立的，而是與它們相對立的事物相聯繫而存在的。程頤說：「天地之間皆有對」，[113]「道無無對，有陰則有陽，有善則有惡，有是則有非。」[114]並且，「陰陽開闔，本無先後，不可道今日有陰，明日有陽。如人有形影，蓋形影一時，不可言今日有形，明日有影，有便齊有。」[115]天地之

---

108 《河南程氏遺書》卷十八。
109 《河南程氏粹言》卷二。
110 《周易程氏傳》卷二。
111 《河南程氏遺書》卷七。
112 《河南程氏遺書》卷十一、卷十五。
113 同上。
114 同上。
115 同上。

間不僅任何事物都是處於矛盾的對立之中，而且任何相互對立而存在的兩個事物，它們的存在是沒有先後之分的。這樣，二程不僅從空間存在形式上，而且從時間的發展過程中說明了事物矛盾對立的普遍性。

第三，二程還把矛盾的對立看作是事物的產生和運動變化的內在根源。認為「天地之化，既是二物，必動已不齊」，[116]「理必有對，生生之本也」。[117]就是說，由於事物存在著「二物」的「不齊」，因而對立的兩方面必然要相互作用，從而推動事物的產生和運動變化。二程把對立雙方的相互作用稱之為「遇」或「交感」。他們說：「天地不相遇，則萬物不生；君臣不相遇，則政治不興；聖賢不相遇，則道德不亨；事物不相遇，則功用不成。遇之道大矣哉！」[118]並認為，任何事物，都只有對立雙方相「遇」或「交感」，才會具有生命力，才會變化發展，否則就會死亡。程頤說：「凡物參和交感則生，不和分散則死。」[119]

不過，在二程的樸素辯證法思想中，有時也摻雜著一些形而上學的東西。如他們堅持「陰陽尊卑之義，男女長少之序，天地之大經也」。就體現了其思想體系的不一致性。

二程從理本論的觀點出發，也比較系統地提出了他們的人性理論。特別是他們關於「性即理」的基本命題及其天理人欲之辨，一方面把人性論提到了本體論的高度，另一方面又奠定了倫理哲學的理論基礎，天理論、人性論、倫理觀融為一體，從而使其理學思想體系愈加完備。

在二程的人性論思想中，比較突出的是其「天命之性」和「氣質之性」的理論。「天命之性」，二程又稱其為「天命之謂性」或「本源之性」。「『天命之謂性』，此言性之理也。……若性之理也，則無不善，曰天者，自然之理也。」[120]二程進一步發揮《中庸》的思想，認為「『天命之謂性，率性之謂道』者，天降

---

116 同上。
117 《河南程氏粹言》卷一。
118 同上。
119 《河南程氏遺書》卷六。
120 《河南程氏遺書》卷二十四。

是於下，萬物流形，各正性命者，是所謂性也。循其性而不失，是所謂道也」。[121]在二程看來，性即是理，「理也，性也，命也，三者未嘗有異。」[122]性就是天理在人身上的體現，是天賦予人的，所以為善。「氣質之性」，也叫做「氣稟之性」或「生質之性」。「『生之謂性』，止訓所稟受也。……今人言天性柔緩，天性剛急，俗言天成，皆生來如此，此訓所稟受也。」[123]就是說，氣質之性是每個人所稟受的性。由於人是稟受「氣」而產生的，而「氣」有清有濁，「氣清則才清，氣濁則才濁。」[124]氣質之性中包括才，即人的聰明、脾氣、才能等。這樣，氣有清濁，人的氣質之性也就有善有惡，才能便有高低之分。

由此，二程認為，人性本來是善的，而惡是由於氣稟所造成，氣稟之性是可以而且應當通過修養來改變的。所以，二程又十分重視人性修養問題，其落腳點就是「變化氣質」。二程認為，人的本性是不會改變的，能改變的只是氣質。程頤說：「形易則性易，性非易也，氣使之然也。」[125]如何變化氣質，進行人性修養呢？大凡二程提出了積學明理、持志養氣的方法，也就是存理、明理，去私、去欲，以義理勝氣，等等。

程顥、程頤在社會歷史觀方面，基本上繼承了先秦儒家學派「法先王」的觀點。只不過他們又與其天理論結合起來，使這種觀點進一步奠立在天理論的理論基礎之上，對「法先王」的歷史觀作了進一步的論證和發揮。

---

121 《河南程氏遺書》卷二上。
122 《河南程氏遺書》卷二十一下。
123 《河南程氏遺書》卷二十四。
124 《河南程氏遺書》卷十九。
125 《河南程氏遺書》卷二十五。

三、朱熹：理學集大成者

朱熹是理學的集大成者。朱熹的理學思想是對程顥、程頤的「伊洛之學」的繼承和發展。因此，常常合稱為程朱理學。

朱熹像

朱熹（1130-1200 年），字元晦，亦字仲晦，號晦庵、晦翁，別號紫陽。祖籍徽州婺源（今江西省婺源縣），因其長期居住在福建，並在建陽考亭（今屬福建省）講學，其學派遂稱「閩學」，又叫「考亭之學」。

理氣論是朱熹理學的理論基石。朱熹對於「理」、「氣」及理氣關係問題，比二程有更為縝密的論述。朱熹對於「理」，大致有這樣幾種觀點。

其一，理作為太極，是天地萬物的本原。朱熹發展了周敦頤《太極圖說》的思想，認為太極就是理。「太極只是一個理字。」[126]太極是天地萬物之理的總名，「所謂太極云者，合天地萬物之理而一名之耳。」[127]太極包含一切理，是天地萬物的本原。天地萬物「本乎一源」，都出自太極，以太極為根柢，「聖人謂之太極者，所以指夫天地萬物之根也。」[128]理既然獲得太極的稱謂，作為宇宙本原的意義就愈加明確、突出。

其二，理作為形而上之道，是超感覺、超時空的絕對精神。朱熹說：「理者，所謂形而上者也。」[129]「形而上之道，本無方所名狀之可言也。」[130]理作為形而上之道，無形體，無方所，無名狀，超然於萬有之上，是一個「淨潔空闊的

---

126 《朱子語類》卷一。
127 《朱文公文集》卷七十八。
128 《朱子語類》卷一。
129 《朱文公文集》卷四十四。
130 《太極圖說解》，《周子全書》卷一。

世界」；它不依賴天地萬物而永恆存在，「未有天地之先，畢竟是先有此理」，「萬一山河大地都陷了，畢竟理卻只在這裡」。[131]這樣一個既超乎感覺、又超乎時空的「理」，只能是一個「無情意、無計度、無造作」的絕對精神。

其三，理作為仁義禮智之總名，是倫理道德的準則。朱熹說：「天理只是仁義禮智之總名」[132]，並說：「夫天下之事，莫不有理，為君臣者有君臣之理，為父子者有父子之理，為夫婦、為兄弟、為朋友，以致於出入起居應事接物之際，亦莫不各有其理焉。」[133]理的基本內容就是「三綱五常」。朱熹把君臣父子、仁義禮智等倫理道德原則統統說成是「理」，目的顯然在於為封建主義的「三綱五常」思想提供本體論的證明，使之合理化、永恆化。

其四，理作為「物則」，是自然界的規律。朱熹說：「夫天生烝民，有物有則。物者形也，則者理也。」[134]所謂「則」，就是「理」，它是具體事物的準則、規律。任何事物都有其自身所固有的規律，「凡一物上有一理，物之微者亦有理」，[135]大而至於天地，小而至於草木昆蟲之微，都各有其理（規律）。但是，天地萬物又有其最普遍的性質、規律，「物物各有理，總只是一個理。」[136]「天下之理萬殊，然其歸則一而已矣，不容有二、三也。」[137]天地萬物雖各有具體規律，但最終又都遵循同一普遍規律，都是同一普遍規律的表現。這些就是朱熹關於「理」的思想。

「氣」也是朱熹哲學中的一個重要範疇。朱熹從理本體論的觀點出發，對張載氣的學說作了吸收和改造。他把氣置於「理」的支配和決定之下，提出了系統的理氣論。理主要是精神範疇，而氣則是物質性範疇。他說：「天地之間，有理有氣。理也者，形而上之道也，生物之本也；氣也者，形而下之器也，生物之具

---

131 《朱子語類》卷一。
132 《朱文公文集》卷四十。
133 《朱文公文集》卷十四。
134 《朱文公文集》卷四十四。
135 《朱文公文集》卷七十二。
136 《朱子語類》卷九十四。
137 《朱文公文集》卷六十三。

也。」[138]氣與理相對應：理是形而上之道，生物之本；氣是形而下之器，生物之具。氣充塞天地之間，由於氣的流行，便生出天地萬物。氣的流行產生天地萬物，大體又分為兩個階段。第一階段是天體的形成。朱熹說：「天地初間，只是陰陽之氣。這一個氣運行，磨來磨去，磨得急了，便拶許多渣滓，裡面無處出，便結成個地在中央。氣之清者，便為天、為日月、為星辰，只在外，常周環動轉。地便只在中央不動，不是在下。」[139]這是朱熹的宇宙生成論觀點，其樸素的猜測儘管缺乏科學道理，但認為構成天地日月星辰的是物質材料的氣，這是值得肯定的。第二階段是人物的產生。朱熹說：「只是一個陰陽五行之氣，滾在天地中，菁英者為人，渣滓者為物。」[140]人、物最初都由「氣化」而生成，然後由「形化」而繁衍。「氣化」是「無種」自生，「自然變化出來」；「形化」是由「種」而生，代代相傳。朱熹認為，氣化流行是萬物生長發育的基礎。他說：「氣化流行，未嘗間斷，故日夜之間，凡物皆有所生長也。」[141]正是由於氣化流行不息，萬物才得以生長發育。但是，氣化流行又離不開理，是伴隨著理而進行的。他說：「天道流行，發育萬物，其所以為造化者，陰陽五行而已。而所謂陰陽五行者，又必有是理而後有是氣。及其生物，則又必因是氣之聚而後有是形。故人物之生，必得是理，然後有以為健順仁義禮智之性；必得是氣，然後有以為魂魄五臟百骸之身。」[142]氣僅形成人、物的軀體、形骸，而不能形成人、物的健順五常之性。人、物之所以有健順五常之性，是因為在氣凝聚為人、物的過程中，理亦賦予其中。人、物之生，有理有氣，缺一不可。

在朱熹哲學中，理與氣是密切相關的，理氣關係問題構成其理氣論的核心。他認為：

第一，理本氣末，以理為主。「有是理，便有是氣，但理是本。」[143]「以本

---

138 《朱文公文集》卷五十八。
139 《朱子語類》卷一。
140 《朱子語類》卷十四。
141 《四書章句集注》，《孟子集注》卷十一。
142 《大學或問》卷一。
143 《朱子語類》卷一。

體言之，則有是理，然後有是氣。」[144]本即本體，末即現象。本末關係也就是本體與現象的關係。朱熹又說：「天道流行，發育萬物，有理而後有氣。雖是一時都有，畢竟以理為主。」[145]「氣之所聚，理即在焉，然理終為主。」[146]這是說，從人、物生成的角度來說，理與氣雖同時具備，但理是主導方面，而氣是服從方面，二者有主次之分。因為理是「生物之本」，氣是「生物之具」，故而理氣有主次之分。理氣的本末、主次關係反映著理氣在萬物構成中的地位和作用。

第二，理先氣後，理生氣也。朱熹雖然承認「天下未有無理之氣，亦未有無氣之理」，堅持理氣相即不離，但最終他還是認為，「理與氣本無先後之可言，推上去時，卻如理在先、氣在後相似。」「此本無先後之可言。然必欲推其所從來，則須說先有是理。」[147]從萬物構成來說，理氣有本末、主次，而無先後。但若「推上去」、「推其所從來」，一直推到世界本原，則必須承認理先氣後。在肯定理先氣後的基礎上，朱熹又進一步提出「理生氣」的命題。他說：「太極生陰陽，理生氣也。陰陽既生，則太極在其中，理復在氣之內也。」[148]這是對周敦頤「太極動而生陽，動極而靜；靜而生陰，靜極復動」思想的發揮。朱熹特別對「生」字作出解釋說：「動而生陽，靜而生陰，說一生字，便是見其自太極來。」[149]陰陽之氣來自太極，即氣來自理。所謂「理生氣」，就是指氣來自理。它也是從本原上講的，與理先氣後的觀點相一致。

第三，理無動靜，氣有動靜。朱熹同意「理不可以動靜言」的說法，但又說：「理寓於氣，不能無動靜。……其動靜者，乃乘載在氣上。」就是說，理本身無動靜，但理寓於氣中，氣有動靜，必然隨氣之動靜而動靜，所以理又不能無動靜。正如他所說：「太極理也，動靜氣也。氣行則理亦行，二者常相依，而未嘗相離也。」[150]理隨氣而行。但是，朱熹又認為，理自身雖無動靜，卻又是氣之

144 《朱子四書或問》卷三。
145 《朱子語類》卷三。
146 《朱文公文集》卷四十九。
147 《朱子語類》卷一。
148 《太極圖說解》，《周子全書》卷一。
149 《朱子語類》卷九十四。
150 《朱子語類》卷九十四。

動靜的根據。他說：「理有動靜，故氣有動靜。若理無動靜，則氣何自而有動靜乎？」[151]這裡的「理有動靜」，是指「有這動之理便能動而生陽，有這靜之理便能靜而生陰，既動則理又在動之中，既靜則理又在靜之中。」[152]氣之動靜，乃是因為其中有所以動靜之理「使之然」，否則氣就不能動靜。這就是現代哲學中馮友蘭所說的，「有『動』之理，但動之理並不動。」[153]理隨氣之動靜而動靜，氣又以所以動靜之理為自身動靜的根據。因而，理氣動靜問題反映了理氣關係的一個方面，是構成朱熹理氣論的內容之一。

朱熹曾為《大學》補作過格物致知傳。此作是對二程洛學格物致知論的全面闡述和發展。格物致知論也因此成為朱熹認識論的核心內容。

首先，朱熹對格物和致知的含義作了詮釋，並且論述了二者的關係。關於格物，朱熹沿襲了二程的訓釋。朱熹說：「格，至也。物，猶事也。窮至事物之理，欲其極處無不到也。」[154]「格」，就是「至」、「極致」、「窮之而至其極」，把「至」與「窮」統一了起來。「物」為事，指一切客觀存在的事物和實踐活動。「格物」就是「即物而窮其理」或「即事觀理」。這包含著認識客觀事物的本質和規律的意思。但是，朱熹所謂格物主要是「窮天理，明人倫，講聖言，通世故」。他說：「格物之論……且如今為此學而不窮天理、明人倫、講聖言、通世故，乃兀然存心於一草木一器用之間，此是何學問！」[155]格物不應只「存心於一草木器用之間」，只應存心於「窮天理、明人倫、講聖言、通世故」，即著眼於道德修養，達到至善的道德境界。這便是朱熹格物說的出發點和歸宿。關於致知，朱熹訓釋說：「致，推極也。知，猶識也。推極吾之知識，欲其所知無不盡也。」[156]「致」訓為「推極」，「知」訓為「知識」。致知就是推極吾心所固有的知識，使之達到「無不盡」的程度，即最大限度地擴充認識主體（吾、吾心）的

151 《朱文公文集》卷五十六。
152 《朱子語類》卷九十四。
153 馮友蘭：《三松堂全集》第4卷，59頁，鄭州，河南人民出版社，1986。
154 《四書章句集注》，《大學章句》。
155 《朱文公文集》卷三十九。
156 《四書章句集注》，《大學章句》。

知識。朱熹認為，「致知、格物，只是一個」，[157]「格物」與「致知」屬於同一認識過程的兩個不同方面。格物是窮究物理的認識過程。而物理窮究之後，認識主體（我）的知識隨之完備，這便是致知。它是主體自身擴充知識的過程，也格的必然結果。格物是致知的前提，「格物所以致知」；致知是在格物過程中實現的，「致知便在格物中」。如果說致知與格物有什麼區別的話，那就在於格物是主體作用於認識對象的過程，而致知則是認識過程在主體方面引起的結果。所以，朱熹說：「致知是自我而言，格物是就物而言」；「格物以理言也，致知以心言也。」[158]格物與致知的統一，以「窮理」、「窮天理」、擴充主體的知識，明人倫，達到至善的道德境界為目標，這與他的理本論也是一致的。

其次，朱熹對格物致知的途徑、方法作了闡發，論述了積累與貫通的關係。朱熹的格物致知是一個從逐漸積累到豁然貫通的過程，他抽象地接觸到了從感性認識到理性認識的深化問題。朱熹說：「程子謂：『今日格一件，明日又格一件，積習既多，然後脫然有貫通處。』某嘗謂，他此語便是真實做工夫來。……如讀書，今日看一段，明日又看一段。又如今日理會一事，明日理會一事，積習多後，自然通貫。」[159]「窮理之學，誠不可頓進，然必窮之以漸，俟其積累之多，而廓然貫通，乃為識大體耳。」[160]可以看出，朱熹的格物致知，其途徑和方法，首先是「積習」、「積累」、「窮之以漸」；而後達到「豁然貫通」。這是就「格物工夫次第」而言，是認識的一種飛躍，即由感性認識到理性認識的過程。它與佛教禪宗南宗的直覺「頓悟」說相排斥，而與佛教禪宗北宗的「漸悟」說相近。朱熹格物致知的認識論還是一個由粗到精、由淺入深、由表及裡的過程。他說：「理固自有表裡精粗，人見得亦自有高低淺深。有人只理會得下面許多，都不見得上面一截，這喚得知得表，知得粗。又有人合下便看得大體，都不就中間細下工夫，這喚做知得裡，知得精。二者都是偏，故《大學》必欲格物、致知。到物格、知至，則表裡精粗無不盡。……表者，人物之所共由；裡者，吾心之所獨

---

157 《朱子語類》卷十五。
158 同上。
159 《朱子語類》卷十八。
160 《朱文公文集》卷四十九。

得。」[161] 顯然，表、淺、粗是裡、精、深的準備與積累，而裡、深、精又是表、淺、粗的繼續和發展。只有逐漸的積累，才有豁然的貫通，使認識有個飛躍的變化。這是朱熹格物致知認識論中樸素辯證法思想的閃光。

再次，朱熹論述了知行關係問題，提出了知行相須互發說。朱熹繼承並發展了二程的知行思想，對此問題作了比較系統的討論。他說：「知行常相須，如目無足不行，足無目不見。論先後，知為先；論輕重，行為重。」[162] 這段話包含了朱熹的三個思想。其一，朱熹在知行先後的問題上，主張知先行後，繼承了程頤。其二，在知行輕重的問題上，朱熹主張行重於知。這與二程的重知有所不同。其三，知行常相須。即知和行是相互聯結和依賴，不可截然分離的。這是朱熹的發揮和發展。不僅如此，朱熹還認為，知與行又互發並到，即相互發明，相互推動，相互促進。不過，這種知行「互相發」的前提條件是要分別在知與行上理會。「知與行須是齊頭做，方能互相發」，[163]「知與行，工夫須著並到。知之愈明，則行之愈篤；行之愈篤，則知之益明。二者皆不可偏廢。」[164] 這裡可以看出，朱熹又表現了知行並重的思想，在認識論意義上是值得肯定的。朱熹常常講「致知力行」，把人的全部認識活動概括為知和行兩件事。他說：「只有兩件事：理會、踐行」。[165]「理會」即「致知」，屬於知的範疇；「踐行」即「力行」，屬於行的範疇。既強調知又重視行，閃耀著樸素辯證法的精神。只是朱熹所說的知，固然包括對客觀事物的知識，但主要是道德知識；他所說的行，固然包括人的某些社會實踐活動，但主要是道德踐履。因此，朱熹所講的知行關係，並不完全是一般意義上的認識與實踐的關係，而主要是討論人的道德知識與道德踐履的關係問題。這是了解朱熹知行學說的性質需要明確的。

在人性問題上，朱熹繼承並發展張載和二程的理論，論證了「天命之性」、「氣質之性」、「心、性、情」、「天理人欲」等問題，建立了較完整的人性論學

---

161 《朱於語類》卷十六。
162 《朱子語類》卷九。
163 《朱子語類》卷一一七。
164 《朱子語類》卷十四。
165 《朱子語類》卷九。

說。朱熹也像張載、二程一樣，把「性」區分為天命之性與氣質之性。認為「論天地之性則專指理言，論氣質之性則以理與氣雜而言之。」[166] 即是說，「天理」為人所稟受，安頓在人身上，就是所謂天命之性，「性者，人生所稟之天理也。」「性即天理，未有不善者也」。[167] 性即天理，其內涵是仁、義、禮、智、信等道德原則，它是純粹至善的。但是，理如果離開氣，就無安頓處。人出世之後，理頓放於一定的形氣之中，稱之為性。不過這已不再是性的本然狀態，而是受到氣質「污染」的氣質之性。理與氣相雜而形成的氣質之性，同時受理和氣的影響。理雖然純粹至善，氣卻有清濁偏正，所以人性表現出善惡二重性，人亦有智愚賢不肖的差別。氣質之性在道德內涵上既包括道德理性，又包括感性欲求，是天理和人欲的綜合體。朱熹認為，天命之性與氣質之性雖有分別，但二者又是相即不離，不可分割地聯繫在一起的。既沒有獨立於氣質之性以外的天命之性，也沒有與本然之性無關的氣質之性。現實的人性總是天命之性與氣質之性的統一。朱熹說：「氣質之性便只是天地之性」，「氣質之性只是此理墮在氣質之中，故隨氣質而自為一性。……向使元無本然之性，則此氣質之性又從何處得來耶？」[168] 表明天命之性和氣質之性並不是兩種互不相關的獨立人性。

在朱熹的人性論中，「天命之性」、「氣質之性」是和「道心」、「人心」分別對應，密切相關，甚至可以互為代替的。朱熹認為，所謂「心」可以分為「道心」，這就是「天命之性」；「人心」也就是「氣質之性」。「道心」和「天命之性」一樣是體現「天理」的，是純粹至善不雜的，所以不必改變。「人心」和「氣質之性」一樣是體現「人欲」的，是可善可惡的，必須變惡為善。這是人性、人心的兩個既對立又統一的方面。

朱熹還提出了「心統性情」說。認為，「性其理，情其用，心者兼性情而言。兼性情而言者，包括乎性情也。」[169] 「性是未動，情是已動，心包得已動未

---

166 《朱文公文集》卷五十八。
167 《四書章句集注·孟子集注》。
168 《朱文公文集》卷五十八。
169 《朱子語類》卷二十。

動。蓋心之未動則為性，已動則為情，所謂心統性情也。」[170]心之未動已動，即未發已發。未發為性，已發為情。性是心之體，情是心之用，心則兼性情、該體用。心統性情就是心兼該性情、心包括性情。朱熹並且認為，「性者心之理，情者性之動，心者性情之主。」「性以理言，情乃發用處，心即管攝性情者也。」[171]就是說，心對性情有管攝、主宰作用，即心主性情。朱熹的「心統性情」說源於張載，但他將此說與程頤的「性即理」說融為了一體，是對關洛之學特別是洛學的深化和發展。

朱熹與其人性論相聯繫，對「天理人欲」之辨闡發了他的「存天理，滅人欲」的主張。所謂天理，是指作為最高精神本體的「理」、體現在人身上的倫理道德原則，即「仁義禮智之總名」。所謂人欲，是指違反「天理」的「物欲」、「私欲」。朱熹同意二程道心天理的觀點，但不同意二程人心人欲的說法。認為人心不全是人欲，二者不能等同，只有「徇私欲」之心才是人欲。人欲中有合乎天理的「欲」與不合乎天理的「私欲」之分，即朱熹說的：「飲食者，天理也；要求美味，人欲也。」[172]因此，朱熹主張「寡欲」，是一種帶有禁欲色彩的節欲主義。在天理與人欲的關係上，朱熹同二程一樣，認為天理與人欲是根本對立的。「天理人欲，不容並立。」[173]「人之一心，天理存則人欲亡，人欲勝則天理滅。」[174]但是，朱熹也看到了天理人欲對立中的統一性。「人欲便也是天理裡面做出來，雖是人欲，人欲中自有天理。」[175]說明人欲中包含天理的成分、因素。這樣，天理人欲自是相即不離，共處於一心之中了。

如上所述，朱熹的哲學思想中閃現著不少辯證的方法。特別是他在總結吸收中國《周易》中「陰陽變化」、邵雍的「一分為二」、二程的「無獨必有對」和張載「一物兩體」等合理思想的基礎上，又明確地提出了「天下的道理，只是一

---

170 《朱子語類》卷五。
171 同上。
172 《朱子語類》卷十三。
173 《四書章句集注·孟子集注》。
174 《朱子語類》卷十三。
175 同上。

個包兩個」的命題，或者直接概括為「一分為二」。但朱熹不同意邵雍那種每層加一倍的「一分為二」方法，而是認為「一個」統一物中，「包含」了「兩個」矛盾著的部分，這對邵雍的思想是一個發展。朱熹還用他這種「一個包兩個」、「一分為二」的方法，研究了動靜、陰陽、寒暑、剛柔、盛衰、晝夜、聚散、消長、生死、屈伸、一兩等許多既對立又統一的範疇。並在談到事物的變化時，用「柔變而趨於剛，是退極而進，剛化而趨於柔，是進極而退。」[176] 來說明「物極必反」這一對立轉化思想。總之，朱熹的哲學方法論與他的整個哲學體系一起，都充分地表現出了二重的性質。

第三節 ·
陸九淵的心學

　　早在洛學創始人程顥那裡，就已經具有心學傾向，上節已言及。作為洛學傳人之一的謝良佐，繼承和發揮了程顥思想中的心學因素，向心學的方向邁進了第一步。謝良佐的思想又被張九成加以繼承和發揮，進一步發展了心學。之後，張栻也著重繼承和發揮了程顥心學之餘緒，建立了初具規模的心學思想。陸九淵則在集上述諸人思想的基礎上，以儒家思想為骨架，糅合佛教禪宗思想內容，構成了與朱熹思想不同的主觀唯心主義心學學派。這一學派又經過陸九淵後學之傳，特別是經過明中葉王陽明的進一步發展，建立起了完整而一脈相緒的心學哲學，該學派對爾後中國哲學的發展產生了極為深遠的影響。限於篇幅，本節以陸九淵為代表，略述宋代心學的大概。

---

176 《朱子語類》卷七十四。

陸九淵（1139-1193 年），字子靜，號存齋，南宋撫州金溪（今江西省金溪縣）人，曾因於貴溪象山書院講學，自號象山居士，故學者稱其為象山先生，他的學說被稱為陸學。

　　當朱熹著書講學以構築自己的理論體系和創立自己的學派的時候，陸九淵也在著書講學以構築自己的理論體系和創立自己的學派。於是，朱陸兩派，遂成為宋代新儒學內部兩大對立的學派。朱熹集理學之大成，創立了以理本論為核心的龐大思想體系。陸九淵接心學之餘緒，創立了以心本論為核心的哲學理論。他的哲學的基本命題是「心即理」，因此被稱為心學。陸九淵以孟子的直接繼承者自詡，說他的學問是「因讀《孟子》而自得」。孟子講「盡心」、「知性」、「知天」、「存心」、「求放心」、「萬物皆備於我」，這些觀點都被陸九淵所繼承。但孟子所謂的「心」，不是萬物根源性的實體，而在陸九淵的體系裡，「心」便具有根源性的意義，成為其體系中的最高範疇。也就是說，陸九淵心學的特點在於，把「心」提到「理」的高度，以「心」作為宇宙的本體。他說：「天之所以與我者，即此心也。人皆有是心，心皆具是理，心即理也。」[177]

　　本來，陸九淵也認為「理」是凌駕於自然與社會之上，而又為自然與社會所必須遵循的精神實體。他曾說：「塞宇宙一理耳……此理之大，豈有限量？程明道所謂有憾於天地，則大於天地者矣，謂此理也。」[178]陸九淵甚至認為，這個「理」的存在，是不以人們的認識與否為轉移的。這樣的「理」，不僅具有宇宙本原的意義，而且與程朱之「理」並無二致。但在「理」與「心」的關係問題上，程朱和陸九淵卻大有不同。例如朱熹，雖然在程顥所說「心是理，理是心」的基礎上，講過心包萬理、萬理具於一心的話，但只是說，「心」裡包含著「理」，而「心」並不就是「理」，他沒有在「心」與「理」之間畫等號。陸九淵卻是把「心」與「理」等同起來，提出了「蓋心，一心也；理，一理也。至當歸一，精義無二，此心此理，實不容有二。」[179]提出了「心即理」的命題。既如

177 《陸九淵集》卷十一，北京，中華書局，1980。
178 《陸九淵集》卷十二。
179 《陸九淵集》卷一。

此，於是，「心只是一個心，某之心，吾友之心，上而千百載聖賢之心，下而千百載復有一聖賢，其心亦如此。」[180]「千萬世之前，有聖人出焉，同此心同此理也。千萬世之後，有聖人出焉，同此心同此理也。東南西北海有聖人出焉，同此心同此理也。」[181]這樣，不僅使「心」具有超時空的意義，並且是「萬物森然於方寸之間，滿心而發，充塞宇宙，無非此理。」[182]「宇宙便是吾心，吾心即是宇宙。」[183]總之，在陸九淵的哲學中，「心」這一範疇獲得了本體論的含義，「心即理」的命題也獲得了本體論證明，其心本體論思想已超出了程顥、謝良佐、張九成諸人。

陸九淵心本論與朱熹理本論的對立，導致了朱陸之間關於「無極」、「太極」的爭論。這場爭論，雖然是辯論《通書》是否為周敦頤所作，實際上是朱陸之間在本體論上的一場嚴重爭論。在陸九淵看來，「心」是宇宙的本原，在他的哲學體系裡，心就是理，他又把「太極」解釋為「理」，解釋為《中庸》所說的「中也者，天下之大本也」的「中」。這樣一來，心就是理，就是太極，就是中，也就是「天下之大本」。陸九淵堅決反對「無極」的範疇，認為如果「太極」之前，再有「無極」，就等於承認「心」不是世界的本原，而「無極」才是世界的本原，「心」不過是「無極」派生出來的東西，這樣，他的體系豈不被全部推翻？所以，陸九淵堅決不承認「無極」這個範疇。朱熹則把「理」看作獨立於人的知覺（即心）之外的世界的本原，因而他堅決主張「極」乃「理之極至」，堅決反對把「極」解釋為「中」。為了避免把「太極」誤以為具體之「物」，朱熹堅持在「太極」之前必須加上「無極」。可是這樣，又容易產生「太極」源於「無極」的誤解，所以他不惜改造周敦頤的原文，把「自無極而為太極」變成「無極而太極」，並且極力申辯，「無極而太極」並非「太極」之前更有「無極」，「無極」只是形容「太極」，「無極而太極」不過是說「太極無形而有理」罷了。朱陸之間的「無極」與「太極」之辨，顯然是兩個哲學體系對立的表現。

---

180 《陸九淵集》卷三十五《語錄下》。
181 《陸九淵集》卷二十二《雜說》。
182 《陸九淵集》卷三十四《語錄上》。
183 《陸九淵集》卷二十二《雜說》。

陸九淵在本體論上堅持以心為本，認識論上就主張直覺「本心」。表現在：

第一，繼承、改造並發揮洛學的格物致知論，認為「格物」就是「格心」，即體認吾心之理。「致知」就是「發明本心」，即對「本心」的徹悟。陸九淵曾沿襲和接受二程之說，認為「格物」之「格」有「至」、「窮」、「究」之義。他說：「格，至也，與窮字、究字同義，皆研磨考索，以求其至耳。」[184] 在論及格物窮理的必要性時，陸九淵認為，格物就是窮至一理。而在此之前，則「須是事事物物不放過，磨考其理。」[185] 但是，當陸九淵的弟子給他提出「天下萬物不勝其煩，如何盡研究得」的問題時，他的回答是：「萬物皆備於我，只要明理，然理不解自明，須是隆師親友。」[186]

面對認識主體有限的能力與認識客體無限多樣的矛盾，陸九淵無法解決，只好求助於「心」。他不是引導人們去研索客觀事物的規律，而是要人們明心中之「理」。所以，他說：「格物者，格此者也。伏羲仰象俯法，亦先於此儘力焉耳。不然，所謂格物，末而已矣。」[187]「格此」、「先於此」之「此」，即「此心」、「本心」。格物就是「格心」，這是本，而向外研索只是末。陸九淵所謂致知，其意就是通過這種格物格心，來達到對於「本心」的徹悟。他說：「所謂格物致知者，格此物致此知也，故能明明德於天下。《易》之窮理，窮此理也，故能儘性至命。《孟子》之盡心，盡此心也，故能知性知天。」[188]「或問：『先生之學自何處入？』先生曰：『不過切己自反，改過遷善。』」[189] 通過格物致知，革除心蔽，改過遷善，使本心復明，而後儘性至命、知性知天。認識「本心」是非常重要的，「本心」識與不識是兩種截然不同的境界：「未識本心，如雲翳日；既識本心，元無一物」。[190] 本心一明，一切皆明，即可大徹大悟。這與佛教禪宗說的「智

---

184 《陸九淵集》卷二十《格矯齋說》。
185 《陸九淵集》卷三十五《語錄下》。
186 《陸九淵集》卷三十五《語錄下》。
187 同上。
188 《陸九淵集》卷十九《武陵縣學記》。
189 《陸九淵集》卷三十六《年譜》。
190 同上。

慧觀照，內外明徹，識自本心。若識本心，即本解脫」[191]是非常一致的。

　　第二，「尊德性」與「道問學」的差別和對立。這是在認識的目標和目的上陸九淵與朱熹的分歧和不同。陸九淵提倡「尊德性」，朱熹提倡「道問學」。陸九淵說：「朱元晦曾作書與學者云：『陸子靜專以尊德性誨人，故游其門者多踐履之士，然於道問學處欠了。某教人豈不是道問學處多了些子？故游某之門者踐履多不及之。』觀此，則是元晦欲去兩短，合兩長。然吾以為不可，既不知尊德性，焉有所謂道問學？」[192]朱熹主張「道問學」，後來態度有所變化，想「去兩短，合兩長」；陸九淵堅持不尊德性就無所謂道問學。朱熹及其弟子遂批評陸九淵「盡廢講學，而專務踐履」，「不讀書不窮理」。其實，陸九淵並非不講學、不讀書。只是與他人比較起來講得、讀得有「別些」。從陸九淵在江西貴溪象山講學的情況和在白鹿洞書院講授《論語》「君子喻於義，小人喻於利」章的成功，即可知其如何精於講學之道。至於讀書，陸九淵說：「後生唯讀書一路，所謂讀書，須當明物理，揣事情，論事勢。且如讀史，須看他所以成，所以敗，所以是，所以非處。優游涵泳，久自得力。若如此讀得三五卷，勝看三萬卷。」[193]既然「後生唯讀書一路」，讀書的重要性自不待言。但陸九淵強調讀書除了要究所以然之理外，更主要的是為了陶冶性情，涵養道德。也就是要優游涵泳，以精熟為貴，以意旨為的，印證「吾心之良」是「吾所固有」。這才叫學而知「本」，「學苟知本，六經皆我註腳」，即六經所言，皆我心中固有之理。所以，當有人問陸九淵「胡不注六經」時，他回答說：「六經當注我，我何注六經？」[194]誠如南宋學者葉紹翁所說：「九淵只是信此心。」[195]陸九淵「尊德性」實際是只「信此心」的必然結果。他既然把「心」膨脹為宇宙本體，那麼堅持從心到物的唯心主義認識路線也就是必然的了。

　　與陸九淵的「吾心即是宇宙」、「心即理」的心學思想相聯繫，他的哲學方

191 《六祖法寶壇經》，《般若品》第二。
192 《陸九淵集》卷三十四《語錄上》。
193 《陸九淵集》卷三十六《年譜》。
194 《陸九淵集》卷三十五《語錄下》。
195 《四朝聞見錄》甲集。

法論表現出在形而上學的框架內，包含著一些樸素的辯證法思想，具有與朱熹一樣的二重性特徵。

首先，在陸九淵的哲學中，作為宇宙萬物本原的「心」或「理」是永恆不變的。他說：「吾嘗言天下有不易之理，是理有不窮之變。誠得其理，則變之不窮者，皆理之不易者也。」[196]「不易之理」，指的是「心」，而「心」又「有不窮之變」。就是說，變化著的客觀世界，是以不變化的「理」為根據。人們可以於不變之「理」中，把握變化萬千的客觀世界。這樣，在陸九淵心學中，所具有的變與不變的辯證法，最終又為形而上學所吞沒。

其次，陸九淵看到了事物矛盾的普遍性和矛盾雙方的相互依存、相互貫通，以及相互消長的發展變化。他說：「《易》之為道，一陰一陽而已。先後、始終、動靜、晦明、上下、進退、往來、闔闢、盈虛、消長、尊卑、貴賤、表裡、隱顯、向背、順逆、存亡、得喪、出入、行藏，何適而非一陰一陽哉？奇偶相尋，變化無窮。」[197]表明宇宙間普遍存在著陰與陽這對根本矛盾所表現出來的各種具體矛盾的現象，並且是這些「奇偶相尋」的矛盾，推動事物不斷變化。陸九淵還說：「有一物，必有上下、有左右、有前後、有首尾、有背面、有內外、有表裡，故有一必有二。」[198]說明任何事物都不是純粹的單一，而是「有一必有二」，即是一分為二的矛盾現象。並且陸九淵認為，「有上下、左右、首尾、前後、表裡，則必有中，中與兩端則為三矣」[199]。就是說，作為矛盾著的兩個方面，必然是處於一個事物之中的。這樣，「一物」必有「兩端」，「兩端」處於「一物」之「中」，「中」與「兩端」是統一與對立的關係，即對立的統一。儘管這還不免帶有樸素的直觀性，但其辯證的思想是應當肯定的。不僅如此，陸九淵還以「同」和「異」為例，說明「有同而後有異」，即同和異是互相對立的，又是互相依存的。「水」與「火」、「陰」與「陽」、「柔」與「剛」等矛盾的雙方雖然是相反的，卻又是「水陰根陽」、「火陽根陰」的相生相成、相互貫通。同時，陰陽這對矛

---

196 《陸九淵集》卷二十一《雜著》。
197 《陸九淵集》卷二《與朱元晦二》。
198 《陸九淵集》卷二十一《雜著》。
199 《陸九淵集》卷二十一《雜著》。

盾，其雙方是互為消長的，就像一個人，善習不斷增長，惡習就不斷消減，成為賢人，反之，則成為下愚的人。「陰」與「陽」這對矛盾的雙方，彼消此長，發展變化，「無兩大之理」，即不可能雙方同時都增長加大。陸九淵看到了矛盾的不平衡狀態和矛盾主要方面的作用，這應當說有正確性的一面。

人性論問題是中國哲學史上大多數哲學家都要討論的，陸九淵也沒有迴避這個問題。但他認為，關於性善、性惡之類的話，程顥、程頤等人以及釋、老兩家，都說的很多了，所以沒有必要重彈老調。陸九淵談人性，多是在論「心」問題上。總的來說，陸九淵信仰的仍然是「性善論」，與前人的「性善論」沒有什麼本質差別。只是與其「性善論」和「發明本心」「切己自反」的認識論與道德修養論相一致，在如何做一個道德高尚的人的問題上，陸九淵反對強制，主張由強制變為自覺，自覺了解人人具有天賦的本心，充分發揮道德主體的能動性。就是說，陸九淵認為人的道德完善只能是每個人的自我實現。他要求人要在個體心靈中建立起道德的自覺性。基於這種立場，陸九淵強調：「明得此理，即是主宰，真能為主，則外物不能移，邪說不能惑。」[200]他還說：「請尊兄即今自立，正坐拱手，收拾精神，自作主宰，萬物皆備於我，有何欠缺！」[201]自主、自立都是指人應真正樹立主體的道德自覺，讓本心良心成為意識的主宰，這樣任何邪說外誘都不能使你動搖。人只要默坐澄心，把意識集中在內心，排除各種成見包括經典的解說，體驗「本心」，就能發現內心本來就有的主宰，這個主宰可以最可靠地引導我們成為一個真正的人。陸九淵的這種「收拾精神，自作主宰」的思想，在其唯心主義「性善論」和「心本論」的體系中，對於樹立人的道德主體性，克服「自暴自棄」，自覺自願地加強道德修養，是有一定合理因素的。

總之，在宋代哲學中，至少說從程顥到謝良佐，再到張九成，直至陸九淵，是心學思潮逐漸臻於成熟的過程。陸九淵之後，心學雖出現有不及程朱理學之盛甚至「泯然無聞」的狀況，但仍繼續發展，及至明中葉的王陽明，則集其大成。

---

200 《陸九淵集》卷一《與曾宅之》。
201 《陸九淵集》卷三十五《語錄下》。

陳亮、葉適
的實學

　　陳亮和葉適的學說，歷史上習慣稱之為事功之學，按照今日的觀點稱之為實學。「實學」這一概念，有悠久的歷史。到北宋，理學家們已較多使用，但其實學概念不同於今日所謂實學。今日所謂實學，基本特徵是指「崇實黜虛」，即反對空談心性，提倡經世致用的思想。

　　陳亮、葉適的實學思想，是在南宋時期特殊的歷史條件下形成的，反映了一部分中下層地主兼手工業者和商業者的利益，其思想淵源可遠溯到北宋李覯和王安石。他們有許多共同特點：在政治上主張改革內政，堅持聯合抗金，反對妥協求和；在經濟上主張「農商一事」，「扶持商賈」，反對重農抑商；在哲學上則高舉「實事實功」的唯物主義旗幟，「左袒非朱，右袒非陸，而自為門庭」，同朱熹、陸九淵等「皆談性命而闢功利」的唯心主義進行理論爭論，成為宋代哲學發展的一個重要環節。他們的哲學思想儘管沒有形成一個完整的體系，且包含有唯心主義的雜質，但作為朱、陸理論批評者的先驅，對後世卻產生了深刻的影響。據《宋元學案》評：「當乾道、淳熙間，朱（熹）、張（栻）、呂（祖謙）、陸（九淵）四君子皆談性命而闢功利。學者各守其師說，截然不可犯。陳同甫崛起其

旁，獨以為不然。」[202]陳亮思想的崛起，與朱、陸等顯然不同。「乾、淳諸老既歿，學術之會，總為朱（熹）、陸（九淵）二派；而水心斷斷其間，遂稱鼎足。」[203]即是說，葉適的思想是與理學、心學三足鼎立的學派。全祖望的這個評論，基本上是符合當時歷史實際的。因此，這裡設專節述介陳亮、葉適的哲學思想，以期反映宋代哲學的全貌及其發展變化的某種規律性。

一、陳亮的永康之學

陳亮（1143-1194 年），字同甫，號龍川，婺州永康（今屬浙江省）人。南宋時期唯物主義哲學家，著名的文學家。因其家居城外龍窟村，世人稱他為龍川先生。陳亮是「浙學」中永康學派的創始人。

陳亮的哲學思想，概括起來說，是「務建實跡」的實學特徵；「盈宇宙者無非物，日用之間無非事」的世界觀；「善量彼己之勢」，「因其勢而順導之」的方法論；以及「奇變之道，本乎人謀」的歷史觀等。下面分別進行簡述。

陳亮哲學思想的根本特徵是「務建實跡」。宋末元初的思想家劉壎在他的《隱居通議》中評述道：南宋時期「當時性命之說盛，鼓動一世，皆為微言高論而以事功為不足道，獨龍川俊豪開擴，務建實跡。」[204]這就是說，務實二字是陳亮哲學思想的突出特徵。所以如此，這是當時的歷史環境固有的客觀矛盾的哲學反映。陳亮青年時期面對的社會現實是異族入侵，山河破碎，大批百姓流離失所。正直之士，力主抗爭，收復失地，統一中華。而朝廷內議和派當權，思想界性命說盛行。這都是圖苟安於一時的表現。在這種情況下，陳亮政治方面力主抗戰，痛罵議和派。反映在哲學思想方面，則是他極力反對空談性命之說，力主務實。他說：「言必責其實，實必要其成。」即是說，言論、學說、意見等等必須

---

202 《宋元學案·簽判喻蘆隱先生偲》。
203 《宋元學案·水心學案序錄》。
204 《陳亮集》附錄二。

合乎實際，而不能脫離實際；要解決實際問題，而不能空說一陣而束之高閣。應該說，這種言實相符，辦事必成的思想，至今仍有積極的意義。陳亮認為，包括看待人、考核人和用人，都必須從實際出發，要警惕那種「中實無能而外為欺罔，位實非稱而意輒不滿」的人，不能「心知其不足任，而姑使之以充吾位；使之既久，而姑遷之以慰其心。」[205]陳亮的務實哲學直接針對的是空談性命的理學。他曾經尖銳地指出了性命學說的危害：「自道德性命之說一興，而尋常爛熟無所能解之人自托於其間，以端愨靜深為體，以徐行緩語為用，務為不可窮測以蓋其所無，一藝一能皆以為不足自通於聖人之道也。於是天下之士始喪其所有，而不知適從矣。為士者恥言文章、行義，而曰『盡心知性』；居官者恥言政事、書判，而曰『學道愛人』，相蒙相欺以盡廢天下之實，則亦終於百事不理而已。」[206]陳亮的論述表明，「盡心知性」、「學道愛人」的道德性命之說，純粹是「相蒙相欺」的不務實之舉，不務實必廢實，空談誤國，危害甚深。就連陳亮的平生所交，如朱熹、張栻、呂祖謙、陸九淵等也都稱陳亮的思想「是實有經濟之學」。其「務建實際」的實學特徵，由此可見。

「盈宇宙者無非物」是陳亮世界觀的基本觀點。他說：「夫盈宇宙者無非物，日用之間無非事。古之帝王獨明於事物之故，發言立政，順民之心，因時之宜，處其常而不惰，迂其變而天下安之。」[207]陳亮提出的「盈宇宙者無非物」的命題，其意很明白，就是把物質作為宇宙的本原。這就和理學、心學從根本上劃開了一道界限，在當時的學術領域可謂有獨樹一幟之功。由「盈宇宙者無非物」引申到「日用之間無非事」，把「物」的概念和「事」聯繫起來，把社會生活亦看作物，這是有重要意義的。處理社會問題必須「明於事物之故」，才能順民之心。這又把民心和「物」聯繫起來，並特別強調「明物故」才能「順民心」，在當時無論從政治上還是從思想上來說，都有深刻的價值。陳亮還提出「因時之宜」，才能處常安變。這一思想也很可貴。其中蘊含著我們今日所言從實際出發，實事求是之義。「物」和「事」都是變化的，而不是絕對靜止的，有常有

---

205 《陳亮集》卷二《中興論》。
206 《陳亮集》卷二十四《送吳允成運幹序》。
207 《陳亮集》卷十《書經》。

變，解決社會問題必須「因時之宜」。這一觀點又體現著樸素的辯證法思想。特別是，陳亮還強調物中有道，事中有道，必須「因事作則」。他說：「天地之間，何物非道。」[208]「夫道非出於形氣之表，而常行於事物之間。」[209]「夫道之在天下，何物非道，千涂萬轍，因事作則，苟能潛心玩省，於所已發處體認。」[210]這反映了陳亮關於「物」與「道」的關係的認識。道和物是不能分離的，有物就有道，道是物的道。並且，物之「千涂萬轍」，要「因事作則」。這裡的「則」，也就是「道」，就是事物的內在規律性。既看到了事物的複雜多樣性（千涂萬轍），又看到了事物的內在規律性（「道」與「則」），解決問題必然「因事作則」，具體問題具體對待。這一思想是很深刻的。

陳亮認為，「智者之所以保其國者無他，善量彼己之勢而已矣。」[211]「當理而後進，審勢而後動，有所不為，為無不成，是以英雄之主常無敵於天下。」[212]「善用兵者，因其勢而順導之。」[213]這就是陳亮「量勢」、「審勢」、「導勢」的思想。「勢」也就是事物發展變化的形勢、趨勢，即實際狀況。「量勢」、「審勢」、「順勢而導」，也就是要把事物矛盾雙方的力量對比、變化消長的情況弄清楚，從而根據實際，引導前進，進行實踐，這樣才能「為無不成」，「常無敵於天下」。這些觀點仍然體現了陳亮「因實」、「務實」、「崇實」的實學思想。

陳亮重視「人謀」在歷史事變中的作用，具有「奇變之道，本乎人謀」的歷史觀。他在這方面的論述很多，其所講的「人謀」主要是指將相的謀略。也就是說，陳亮比較重視人在社會歷史事變中的主觀能動作用。他說：「自古英偉之士乘時而出佐其君，其所以摧陷堅敵，開拓疆土，使聲威功烈暴白於天下者，未有不本於謀者也。」[214]還說：「夫奇變之道，雖本乎人謀，而常因乎地形。一縱一

---

208 《陳亮集》卷二十《又乙巳秋書》。
209 《陳亮集》卷九《勉強行道大有功》。
210 《陳亮集》卷十九《與應仲實》。
211 《陳亮集》卷七《符堅》。
212 《陳亮集》卷五《先玄》。
213 《陳亮集》卷八《封常清》。
214 《陳亮集》卷七《鄧艾》。

橫，或長或短，緩急之相形，盈虛之相傾，此人謀之所措而奇變之所寓也。」[215]
包括指揮打仗、治國安邦等社會歷史活動，勝敗治亂，關鍵和根本在於「人謀」，即人的謀略和籌劃，同時也要「因乎地形」，注意客觀條件。這種思想表現了陳亮思想唯物而辯證的特質。

上述可見，陳亮哲學思想的基本特徵不僅僅是功利之學，而是「務建實跡」的實學。其思想淵源上承北宋李覯實學思想的啟蒙，陳亮在南宋擴而廣之，使實學在中國哲學發展的源流中占有一席之地。儘管當時在理學的排擠之下難以得到更好的傳播光大條件，但其在學術思想的發展過程中的重大作用是不容抹殺的。他作為理學批判者的先驅，對後世產生了深刻的影響。

二、葉適的永嘉之學

葉適（1150-1223 年），字正則，浙江永嘉（今浙江溫州市）人。晚年住在永嘉城外的水心村著書、講學，因此人們又稱之為水心先生。他的思想屬於「浙學」中的永嘉學派。永嘉學派的先驅，可以追溯到北宋熙豐時期的「九先生」，即周行己、許景衡等九人，他們都深受二程伊洛之學的影響。把永嘉之學從承接二程統紀，發展為與之對立的事功之學的先驅是薛季宣（1134-1173 年）及其弟子陳傅良（1137-1203 年）。葉適繼承薛、陳，遂集永嘉之學之大成。同時，葉適還繼承北宋改革派經世致用的學風，積極提倡事功務實，研究與國計民生、國家危難息息相關的問題，反對忽視「功利」專尚「義理」的空談。於是，葉適將注重實事實功的永嘉之學推向高潮，形成了與朱熹理學、陸九淵心學一樣有影響的學派。葉適的哲學思想，具體表現在下列諸方面。

其一，「道歸於物」的唯物主義自然觀。葉適和陳亮一樣，善於抓住道和物的關係問題展開爭辯，同樣反對「盡遺萬事而特言道」的唯心主義本體論。在當

---

215 《陳亮集》卷二《中興論》。

時哲學基本問題的爭論中，葉適肯定了道不能離物，有物則有道，正確地回答了物和道的關係。他說：「古詩作者，無不以一物立義，物之所在，道則在焉，物有止，道無止也。非知道者不能該物，非知物者不能至道。道雖廣大，理備事足，而終歸之於物，不使散流，此聖賢經世之業，非習為文詞者所能知也。」[216]葉適通過講詩，指出文章作者必須借具體事物才能表達一種思想，說明了只有「物在」才有「道在」這樣一個普遍、根本的哲學道理。就是說，物所在之處，也就有道在，物是有限的，道是無限的。不懂得道就不能概括物，不了解物就不能達到道。道雖然廣大，總結一切理，貫通一切事，而最後還是要歸之於「物」，這樣才不至於「散流」。他認為，道寓於物之中，是不能離開物的；「物」是天地間最根本的存在，「夫形於天地之間者，物也。」[217]世界上既沒有「無極」、「太極」之類的精神本體，也沒有「清虛」、「一大」之類的物質實體，而只有無窮無盡的有形之物。這樣，葉適這種「以物為本」的物質觀就同「以理（心）為本」的唯心主義本體論劃清了界限。不僅如此，葉適還進一步對程朱理學、陸九淵心學離器而言道，空談性命義理之學說，提出了尖銳的批評。他說：「形而上者謂之道。按一陰一陽之謂道，兼陰雖差，猶可也；若夫言形上則無下，而道愈隱矣。」[218]意思是說，以「道」兼有陰的一方，於理雖差，猶有可是者。至於以道為形而上者，謂其不在形而下之中，即「言形上則無下」，「道」就更加隱而不見了。這是對程朱理學把「形上」與「形下」、道與器分開，離器言道的批評，也是對薛季宣的道不離器說的發揮。

其二，「生即動，何有於靜」的動靜觀。葉適對當時哲學領域所討論的動靜問題，也發表了自己的見解。當時，無論是程朱理學家，還是陸九淵心學家，都認為世界的本體以及萬物的本性是「靜」的，至於「動」則是由外部原因引起的。《禮記·樂記》中「人生而靜，天地之性也，感於物而動，性之欲也」這句話，是理學家和心學家非常肯定、樂於稱道的，把動與靜、性與欲對立起來，正是他們「尊性而賤欲」的一個重要依據。葉適與此相反，他在評論這句話時明確

216 《習學記言序目》卷四十七。
217 《葉適集·別集·進卷·詩》。
218 《習學記言序目》卷四。

指出：「但不生耳，生即動，何有於靜？以性為靜，以物為欲，尊性而賤欲，相去幾何？」[219]這是說，「動」是人以至萬物的本性，只要它生下來，存在於世界上，它就是動的，而且萬物也正是在運動中生成的。葉適說：「易者，易也。夫物之推移，世之遷革，流行變化，不常其所，此天地之全數也。」[220]這是說，運動是天地間萬物萬事的普遍規律。人的作用就在於根據客觀的發展變化的規律來推動事物的變化。那麼，自然界萬物運動變化的原因又如何呢？葉適說：「飄風驟雨，非天地之意也；若其陵肆發達，起於二氣之爭，至於過甚，亦有天地所不能止者矣。」[221]認為像「飄風驟雨」這樣的自然界萬物的生成及運動變化，都是由於萬物內部陰陽二氣矛盾雙方相互作用的結果。葉適已初步從事物的內部尋找運動變化的原因，這一思想是值得肯定的。

其三，「格而通之」、「內外交相成」的認識論。在程朱「格物窮理」和心學的「求理於吾心」爭論達到十分激烈的時候，葉適在認識論上提出一個尖銳問題：「格物」是「格而絕之耶」，還是「格而通之耶」？[222]「絕物」是主觀與客觀相隔絕，「通物」是主觀與客觀相通。一「絕」一「通」概括了對待客觀實際所採取的兩種截然不同的態度。葉適肯定了人類的認識是來源於客觀世界，人的認識受客觀世界的決定，一刻也不能脫離客觀世界。他說：「中庸曰『誠者物之始終，不誠無物』。是故君子不以須臾離物也。夫其若是，則知之至者，皆物格之驗也。有一不知，是吾不與物皆至也；物之至我，其緩急不相應者，吾格之不誠也。」[223]在這裡，葉適運用唯物主義的反映論解釋了「格物」的含義，指出格物就是對客觀事物的反映，從而取得對事物的認識。這是堅持了唯物主義的認識路線，與程朱的「格物窮理」、心學的「格物格心」說完全相對立的。關於獲得知識的途徑，葉適提出了耳目與心官並用的「內外交相成之道」。也就是說，葉適認為，「格物致知」的過程，就是人的耳目與心官並用，即感性認識與理性認

---

219 《習學記言序目》卷八。
220 《葉適集・別集・進卷・易》。
221 《習學記言序目》卷十五。
222 《習學記言序目》卷八。
223 《葉適集・別集・進卷・大學》。

識的綜合過程。其中感性認識是依靠於「耳目之官」獲得的，是「自外入以成其內」的認識；而理性認識是依靠於以「心為官」獲得的，是一種「自內出以成其外」的認識，二者交互作用才能形成全面的知識。所以，葉適說：「古人未有不內外交相成而至於聖賢」。[224] 以此，葉適批評朱、陸等人「專以心性為宗主」，耳目之官廢而不用，其結果只能是「舍實事而希影像，棄有用而為無益？此與孟子所謂『毀瓦畫墁』何異，蓋學者之大患也。」[225] 一針見血地揭露了朱、陸等人的唯心主義先驗論實質及其社會危害性。

其四，「不抑天下之道」的功利主義道德觀。葉適和陳亮一樣，也是不離功利而談義理的。也就是說，堅持功利與道德的統一，是葉適的基本觀點。具體地說，他主張維護封建道德不能脫離關心民間疾苦和搞好國計民生；道德修養不能徒事空談而要通過實事實功來體現。葉適身任多年的官職，對現實情況了解得較為深切。在他的著作中，對當時的政治、軍事、法律、財政、金融、民事等各方面的問題，都有深刻的論述，並提出了自己的主張。在涉及倫理道德與國計民生的關係時，他主張「崇義以養利」。葉適認為，「昔之聖人，未嘗吝天下之利」，而是使人們據禮儀名分而得應得之利。如果「操利天下之權而示其抑天下之意」，則只能為爭利而「天下相攻之不暇」，並不能使人們「靡然心服」。所以，他「以為必有不抑天下之道，而使之知其上有皆欲與之之心。任之者皆賢且能，而不肖者自知其不當得而無所歸怨。」[226] 所謂「抑天下之道」，即是程朱以封建倫理來抑制利欲的主張。葉適所主張的「不抑天下之道」，即是把道德和功利統一起來。這種崇道德而重功利的思想，有其合理的因素和價值，其功利主義的道德觀在中國倫理學說史上占有重要的地位。

224 《習學記言序目》卷十四。
225 《習學記言序目》卷四十七。
226 《葉適集·別集·進卷·官法下》。

第五節 ·
邵雍的象數學

中國古代《易》學源遠流長，大體有象數、義理兩大派別。象數之學是宋人治《易》的一種方法論，亦是宋代哲學中的一個流派。縱觀宋代象數派邏輯演變的軌跡和趨勢，可以概括為：陳摶開創，劉牧首倡，邵雍奠定規模，朱震獨樹一幟，元定蔡氏父子有所建樹，使象數之學形成一套完整理論體系，不僅成為中國《易》學發展史上的一個主要派別，也是中國哲學中的一個流派，對而後中國哲學的發展具有一定影響。同漢易象數之學相比，除繼承以象數解易的學風之外，宋易象數之學又出現了新的特點：一是繼承道教的學風，提出各種圖式解說《易》學原理，以圖式代替文字；二是擯棄了傳統儒學的陰陽災異學說和天人感應的神學迷信，使象數之學進一步哲理化；三是隨著宋代理學的發展，南宋有的理學家對象數之學很感興趣，對它頗有研究，在理論上也有新的發展，成為象數學派的代表人物（如朱震、蔡元定等）。這樣一來，宋易中象數之學的原理，不僅納入理學的範圍，進一步高度哲理化，而且成為重要流派之一，標誌著中國古代哲學的發展又被推向了一個新的水平。本節簡要闡述邵雍的象數之學。

邵雍（1011-1077 年），字堯夫，河南共城（今河南省輝縣）人，死後賜號康節。是北宋中期一位重要思想家，也是宋代理學中的象數之學的代表人物。因為他三十歲以前曾在河南共城「居蘇門百源之上」讀書、學習，所以後人稱他的學派為「百源學派」。

邵雍像

邵雍哲學體系是以易學為核心建立起來的。邵雍的哲學思想，主要是他的所謂「先天學」。「先天學」來源於先天圖。邵雍說：「蓋先天之學，本乎伏羲而備於文王。」[227]就是說，他的先天學是來自伏羲和文王。邵雍認為，以乾坤坎離為四正卦的圖式是伏羲所畫，所以其圖式為先天圖，其學稱為先天學；而漢易中以坎離震兌為四正卦的圖式，乃文王之易，是伏羲易的推演，所以叫做後天之學。邵雍對這兩種圖式都有解說，但尤推崇前者。邵雍對其先天圖與天地萬物的關係，是這樣闡發的：「先天圖，心法也。圖雖無文，吾終日言而未嘗離乎是。蓋天地萬物之理盡在其中。」[228]又說：「先天學，心法也。故圖皆從中起，萬化萬事生於心也。」[229]這就是說，「先天圖」包含了天地萬物之理，「先天圖」是一種心法，所以天地萬物及其理也都是由「心」所創造的。「先天之學，以心為本。」[230]沒有「心」就無所謂萬事萬物。邵雍哲學的性質由此可見。

邵雍在他的哲學體系中，為了解決「先天圖」為何產生天地萬物的問題，提出了太極、陰陽、道、心、物、理、氣、天地、人、神、性、情、命等一系列的哲學範疇，用來說明他對宇宙的本體和生成序列的認識。他把「太極」看成是各種象和數的根源。認為，「能造萬物者，天地也。能造天地者，太極也。太極其可得而名乎？故強名之曰太極。」[231]「生天地之始者，太極也。」[232]就是說，「太極」是天地萬物的創造者，也是其開始，概而言之，是宇宙的本原。並且邵雍又進一步對「太極」作了多層次的規定。從邵雍的許多論述中，大體說來是：「道

227 《邵氏聞見後錄》卷五。
228 《皇極經世‧觀物外篇》。
229 同上。
230 《邵氏聞見後錄》卷五。
231 《皇極經世‧無名公傳》。
232 《皇極經世‧觀物外篇》。

為太極」、「心為太極」、「性為太極」，即「太極」即是「道」，即是「心」，即是性。既然「太極」是「心」，那麼「太極」和「道」自然都是精神的實體了。這樣，「太極」（「道」、「心」）→天地（陰陽）→萬物便是邵雍的哲學的邏輯結構。它與周敦頤的哲學邏輯結構相比是簡單化了，而且有把「無極」與「太極」合一的趨勢，對張載和二程的哲學都有一定的影響。

在「太極」為道、為心、為始、為本這種世界觀的基礎上，邵雍主觀構建了一種系統的宇宙生成論，即他的唯心主義的先天象數學。邵雍認為，「太極」生成萬物的過程，是按照「先天象數」的規律來進行的。邵雍首先把「太極」歸結為「一」，明確提出了「一為太極」的命題。並認為「一」是「數」的開始，但不屬於「數」，數是從「二」開始的，有「二」方有「數」的一系列的變化。即他認為「數」是可變的，而「一」則是不變的，但這不動不變的「太極」之「一」，又是「生天地之始」。這就說明「太極」本身包含著內在的矛盾，正是它自身的自我運動，推動著宇宙的產生和發展。

關於宇宙及其萬物的生成演化過程，邵雍是這樣闡述的：

太極既分，兩儀立矣。陽上交於陰，陰下交於陽，四象生矣。陽交於陰，陰交於陽，而生天之四象。剛交於柔，柔交於剛，而生地之四象。於是八卦成矣。八卦相錯，然後萬物生焉。是故一分為二，二分為四，四分為八，八分為十六，十六分為三十二，三十二分為六十四。故曰：『分陰分陽，迭用剛柔，故《易》六位而成章也。』十分為百，百分為千，千分為萬。猶根之有幹，幹之有枝，枝之有葉。愈大則愈小，愈細則愈繁。合之斯為一，衍之斯為萬。[233]

這段論述，通過講八卦和六十四卦的形成過程，表達了他的宇宙萬物生成發展的思想。就是說：太極生天地（即太極動而生天，靜而生地），天分陰陽，地分剛柔，陰、陽、剛、柔叫做四象。因動靜的大小，陰陽又分為太陽、太陰、少陽、少陰，這就是日、月、星、辰，叫做天的四象。剛柔又分為太柔、太剛、少

---

233 《皇極經世・觀物外篇上》。

柔、少剛，這就是水、火、土、石，叫做地的四象。然後「八卦相錯」而生萬物。這一過程，從「數」的方面說，是按照「一分為二，二分為四，四分為八」的公式進行的。這種演化繼續進行，邵雍用六十四卦次序圖來表示。這種演化過程，好像「根之有幹，幹之有枝，枝之有葉」，「合之斯為一，衍之斯為萬」。在數字的變化中，二、四、八、十六、三十二、六十四都是基本之數。邵雍的這一理論，在哲學史上自成一家。他的基本法則是「一分為二，二分為四，四分為八……」程顥稱此法則為「加一倍法」，朱熹稱之為「一分為二」法。邵雍運用這一法則來解釋天地萬物的形成，既具有發生論的意義，又有結構論的意義。

儘管邵雍運用這一法則，觀察宇宙形成的層次和類別，是一種機械的排比，主觀的臆造，不可能揭示出宇宙萬物的演化規律，對客觀世界作出正確的、科學的解釋。但是，他承認宇宙中個體事物的發展，是從一到多，從單純到複雜，而且沒有窮盡，形成一個互相聯繫的整體，並且以對立面的互相依存，說明世界的普遍聯繫，這無疑是一種辯證的思維，對創世說是一有力的打擊。同時，由於邵雍把宇宙間極其複雜的矛盾結構，僅僅歸結為簡單的等比級數的世界模式，所以這一思想又是簡單的、貧乏的。列寧在分析畢達哥拉斯學派用「數」的一般概念說明世界時指出：「在他們那裡，實體、物和世界的『規定』是枯燥的，沒有過程（運動）的，『非辯證的』。」[234]和畢達哥拉斯一樣，在邵雍的哲學體系裡，世界也只是神祕的數量的變化，是枯燥的，連同他的不變的「一」和「太極」，整個思想體系和框架，又表現出非辯證的形而上學性質。

邵雍對歷史有深入的鑽研。他提出了「元會運世」說來說明歷史的演變。認為世界從開始到消滅一個週期叫做「一元」。一元有十二會；一會有三十運；一運有十二世；一世有三十年。因此，一元共有十二會，三百六十運，四千三百二十世，十二萬九千六百年。這種「元、會、運、世」的比例進位，實際上是年、月、日、時的比例的放大。邵雍認為，經過一個「元之元」，也就是一個週期，整個天地（世界）就要發生一次大的變動，周而復始，循環無窮。他根據這種

---

234 《列寧全集》第38卷，273頁。

「元、會、運、世」的機械安排，再加干支、五行、卦氣相配合，來推衍世界歷史治亂興衰的命運。並且還認為，在一元（一個週期）之內的歷史變化中，又有許多小的循環。這樣，世界從「天開於子，地闢於丑，人生於寅」，自從有了人類社會的歷史後，每一元也都機械地經歷子、丑、寅、卯、辰、巳、午、未、申、酉、戌、亥十二會。邵雍認為，其中前六會是生長階段，後六會是衰退階段。具體到中國歷史，從開始至唐堯時期，是一元的第六會，之後是第七會的「午會」，開始由盛而衰，這就是由夏、商、周一直到北宋這一歷史階段。下面第八會的「未會」以後，逐漸衰落。到了第十一會的「戌會」，我們這個世界上的萬物便滅絕了，如同冬天到來，百物枯死一樣。第十二會的「亥會」，天地歸於終結。邵雍雖然承認時間是無限的，「元、會、運、世」之數是無窮的，世界的產生和消滅也是不斷的，但總的趨勢乃是退化的，今不如古，後不如前。這就是邵雍「元會運世天地開闢循環」說的歷史觀。它是一種封建主義的神祕的歷史觀，給封建王朝以神學的和永恆性的論證，其荒謬性自不待言。這種歷史觀在南宋朱熹那裡得到了進一步的發揮，但受到了葉適及明末清初王夫之的嚴肅批判。

第六章

僧、道與
祕密宗教

　　宗教可以麻醉人們的思想，有效地控制人們的行為，左右人們的欲念。宗教這一特有的屬性，使統治者認識到其有利於政治，因此魏晉以來的統治者千方百計扶植、利用宗教，以便從思想上加強對人民的控制。宋代的統治者亦不例外，對宗教，尤其是對佛道採取了禮遇的政策。

宋代佛教的命運

一、佛教在宋代的沉浮

　　佛教雖是外來宗教，但經過魏晉南北朝、隋唐五代的發展演變，到了宋朝已基本上中國化，儒、釋、道互為滲透、互為影響，三者由過去的尖銳對立，互為排斥，變為和平發展，互相吸收。正是基於這種態勢，北宋建立之初，對佛教就採取了扶植利用的政策。縱觀兩宋三百多年的歷史，宋代統治者對佛教的態度可以說經歷了這樣一個過程：扶植、限制——崇佛——排佛——揚佛。

　　北宋立國之初，宋太祖對佛教採取扶植利用的政策，他除經常參拜大相國寺、紫岩寺等名剎古寺外，還派遣大批僧侶出國西進求佛。乾德二年（964年），下詔命沙門王業等「三百人入天竺，求舍利及貝多葉」[1]。另外，中國佛教史上第一部官刻大藏經《開寶藏》即是從開寶四年（971年）起刻印的。此外，宋太祖不惜耗費巨資大興寺院廟宇。開寶年間，重修同州龍興舍利塔，耗費百萬[2]，乾德二年（964年），重修杭州昭慶律寺，規模宏大，耗資財無數。[3]但宋太

1　范成大：《吳船錄》卷上，四庫全書本。
2　王昶：《金石萃編》卷一二五《重修龍興寺東塔記》，北京，中國書店，1985。
3　潛說友：《咸淳臨安志》卷七十六《寺觀》，四庫全書珍本。

祖畢竟是從五代軍閥割據的社會中走過來的，他還懂得一點「聚僧不如聚兵，僧富不如民富」的道理，儘管他崇尚佛教，但同時對佛教也作出一些限制，或限制度僧數額，或對不法僧侶嚴加制裁，或「禁民鑄鐵為佛像、浮屠及人物之無用者」[4]。宋太祖之所以揚佛又抑佛，主要是考慮到佛教可以起到精神麻醉的作用，統治者可以利用佛教在思想上對廣大人民進行統治。

宋太宗趙光義也是一位「崇尚釋教」的帝王，他清楚「浮屠氏之教有裨政治」，所以他參拜寺院，創建譯經院，派大員任譯經使，網絡域外僧人和宋僧翻譯佛教經典。太宗優禮僧人，大營佛事，其前提條件是「公帑有羨財，國廩有餘積」[5]。一旦寺院增多，僧人過速增長，給國家財政造成困難，他同樣效法宋太祖的做法，對佛教加以限制，或限制寺院數額僧人數量，或嚴格出家規程，或追究有關官員的責任。

可是從真宗以後，歷仁宗、英宗、神宗、哲宗，佛教在宋代發展到了頂峰，不僅幾代帝王都沉湎佛事，而且對佛教的推崇也達到了極限。真宗好佛，每逢水旱、蟲蝗災害、風雨冰霜等，幾乎都要親臨寺院「祈雨」，設道場祭祀。為了表示對佛教的支持，大中祥符三年（1010 年），他下令在京師及諸路設立戒壇七十二處。真宗後期，全國僧尼數額直線上升，據《宋會要輯稿·道釋一》之十三、十四記載，到天禧五年（1021 年）全國僧尼數額達到 397 615 人，寺院增加到 4 萬所左右。到了仁宗朝，由於仁宗好佛喜禪，導致僧尼數額仍高居不下。據《宋會要輯稿·道釋二》記載：景祐元年（1034 年），全國有僧 385 522 人，尼 48 742 人；慶曆二年（1042 年），全國有僧 348 108 人，尼 48 417 人。英宗、神宗、哲宗三朝仍然優禮佛教，神宗熙寧元年（1068 年），全國有僧 227 610 人，尼 34 037 人；熙寧十年（1077 年），有僧 202 872 人，尼 29 692 人[6]。數目雖然比真宗、仁宗朝有所下降，但仍有僧尼二十多萬人。由於宋代統治者過於優禮佛教，導致農民棄農為僧，寺院大幅度增加，寺院田產空前膨脹，嚴重影響了

4　《續資治通鑑長編》卷十三。

5　王昶：《金石萃編》卷一二五《太宗重修鑄鎮州龍興寺大悲樓並閣碑銘並序》。

6　《宋會要輯稿·道釋二》，中華書局本。

政府的財政收入，誘發社會秩序的不安定，所以迫使宋政府對佛教不得不採取一些限制措施。

宋代對佛教的排斥始於宋徽宗上台之後，徽宗排佛並非因為其先輩崇佛導致一系列社會問題的產生，而完全是出於其個人的好惡。徽宗崇尚道教是非常有名的，所以他上台後，採取了揚道抑佛的政策。他一度下令佛道合流，把許多寺院廟宇改為道觀，而且僧尼都得道教化，對佛教僧尼限制相當嚴格。比如在建中靖國元年（1101 年）八月下詔不許私下度牒。大觀二年（1108 年）八月，針對「權豪之家公然冒法」，對度牒「買不如價者」，作出了新的懲處辦法[7]。徽宗崇道抑佛，限制了佛教的發展。徽宗的這一政策到欽宗時也未有所改變。徽欽二帝的崇道抑佛並未延續太久，金人的鐵騎席捲中原大地後，繁華的東京開封被金兵掃蕩一空，徽欽二帝也被俘，最終客死金國，這就是「靖康之恥」。

北宋的滅亡，給佛教的發展創造了較好的機會，一時間佛教發展大盛，僧尼猥多，寺院填溢，冗濫奸蠹，勢力日甚。高宗南渡後，雖然仍擁有半壁江山，但國勢日蹙，國用不足。針對這種情況，有人向高宗建議，「多賣度牒，以資國用」。但高宗以為：「一度牒所得不過一二百千，而一人為僧，則一夫不耕，其所失豈止一度牒之利。若住撥放，十數年之後其徒自少矣。」不予以採納。高宗朝僧尼數額很大，大致有二十萬。這麼龐大的僧尼數額自然帶來了嚴重的社會問題，最重要的一點就是龐大的浮食階層，對社會經濟的恢復和發展是一個嚴重的障礙。為此宋高宗站在「以農事為先」的立場上，對佛教的發展進行了嚴格的限制，並以法律條文限制僧尼的惡性膨脹。紹興二十七年（1157 年）十二月，朝臣賀允中向高宗建議：「重行書填，欲遍下州縣，遵依現行條限繳申。若州縣寺觀主首有違條限，依法斷罪。主首仍還俗，許諸色人陳告，比依告獲，私自披剃，或私度人為僧道條格支償。如人吏將亡僧度牒私自披斷及私度人若偽冒者，告償依前項格法倍之。」[8]宋高宗採納賀允中建議，這樣，從法律上對各種偽冒者加以打擊，能夠適當限制僧尼度牒數上升，對南宋社會經濟的發展起到一定的

---

7 《宋會要輯稿・職官一三》之二十三。
8 《宋會要輯稿・道釋一》之三十五。

作用。

宋孝宗以後，一改宋高宗抑佛的政策，揚佛又開始抬頭。宋孝宗之後的南宋諸帝大都崇奉佛教，僅杭州一地佛教寺院多達四百八十所，比北宋神宗、哲宗年間的三百六十所淨增一百二十多所。吳自牧《夢粱錄》卷十五《城內外寺院》條載：「城內寺院，如自七寶山開寶仁王寺以下，大小寺院五十有七。倚郭尼寺，自妙淨福全慈光地藏寺以下，三十有一。又兩赤縣大小梵宮，自景德靈隱禪寺、三天竺、演福上下、圓覺、淨慈、光孝、報恩禪寺以下，寺院凡三百八十有五。更七縣寺院，自餘杭縣徑山能仁禪寺以下，一百八十有五。都城內外庵舍，自保寧庵之次，共一十有三。諸錄官下僧庵，及白衣社會道場奉佛，不可勝紀。」僅從杭州一地，足可見佛教在南宋勢力之大了。宋高宗以後諸帝及許多官員大都沉溺於佛事之中，「釋教有裨於政治」的祖宗信條完全走了樣，他們完全拜倒在如來、菩薩的腳下，崇尚佛教成為其政治生活中重要的一部分。

二、佛教宗派

宋代佛教宗派很多，最有影響的是禪宗和天台宗，此外尚有淨土宗、律宗、賢首宗和慈恩宗。

（一）禪宗

禪宗又稱佛心宗，它是以參研的方法、徹見心性的本源為其宗旨。禪宗在宋代主要有五家七宗。

曹洞宗為禪宗五家之一。入宋後此派的代表人物有警玄、義青、道楷、子淳、正覺等名僧。從北宋中期以後曹洞宗開始呈現隆盛之勢。

玄門宗亦為禪宗五家之一。玄門宗產生於唐末五代，極盛於北宋，衰微於南宋。在宋代此派名僧有重顯、義懷、宗本、法秀等，尤以契嵩為著名。玄門宗注

重「推一其宗祖與天下學佛輩息諍釋疑，使百世而知其學有所統」，主張佛學應傳承世系、正名分、定宗譜，這與封建大一統的政治倫理要求相一致，故而一直受到最高統治者的庇護。

法眼宗亦為禪宗五家之一。此派創立較晚，始於南唐。入宋後，此派的重要人物有德昭、延壽。延壽再傳子蒙、院律後遂告絕，前後不過百年。宋初極盛，宋中葉後遂告絕脈。

溈仰宗也是禪宗五家之一。入宋後代表人物有光穆、光湧等人。此宗的法脈在宋只存在半個世紀，其影響無法與其他四派相提並論，究其原因，大概此派宗旨不被統治者所提倡或不為人們所樂於接受有關。

臨濟宗也是禪宗五家之一。入宋後代表人物有延昭、省念、善昭、楚圓等人。楚圓下有黃龍慧南、楊岐方會兩支，法席很興盛，人們將其分為黃龍、楊岐二派。此二派與上述禪宗五家合稱為五家七宗。

黃龍派的創始人為慧南，大致生活於太宗朝到神宗朝，因其在隆興黃龍山弘揚一家之宗風，所以後世稱其為黃龍派。慧南的弟子有八十三人，著名的有祖心、克文、常總等名僧。黃龍一派存在時間達一百六十多年，南宋中葉以後衰敗。此派門庭甚嚴，人們往往喻之為猛虎。

楊岐派的創始人為方會，因其在袁州楊岐山自創一派宗風，故後世尊其為楊岐派。楊岐派的基本觀點奉臨濟宗為正宗，其提綱挈領又與玄門宗相似，故而方會的基本思想具有臨濟、玄門二宗的風格和內容。方會而下，楊岐派的代表人物有守端、法演、克勤等人。法演弟子清遠傳元聰，日本僧人俊芿師事之，再傳之日本，成為楊岐宗在日本的開創者。克勤亦為法演弟子，最為著名，以得楊岐宗精髓，故法流最盛。克勤有弟子七十五人，最著名的有紹隆、宗杲二人，並形成了虎丘、大慧二派。紹隆是虎丘派的創始人，法嗣弟子只有曇華一人，曇華有法嗣八人，以咸圭為最知名。虎丘派自咸傑而下又分松源、破庵二派。宗杲為大慧派創始人，有弟子近百人。從德光而下此派又分為靈隱、北潤二派。大慧派不及虎丘派，此後臨濟宗的法系，大都出於虎丘派。

（二）天台宗

天台宗是禪宗之外又一個比較活躍的佛教宗派，幾與禪宗抗鼎。在宋代，天台宗雖無新的思想內容出現，但因其出現了幾個有影響的佛學大師，且佛學經典比較完備，故而在宋代顯得比較活躍。

宋代天台宗的開山祖為羲寂、義通。羲寂的法傳弟子有百餘人，外國有十人，義通是其高足，澄彧、寶翔次之。義通本是高麗人，後到中國遊學，師事羲寂，被後世尊為寶雲大師。義通主持教觀二十餘年，升堂受業者不可勝計。天台宗除此二人外，還有兩位高僧很有影響，這就是知禮、遵式。他們被尊為天台宗的「二神足」，為天台宗的「中興」起到了重要作用。

知禮，宋真宗賜號為「法智大師」，天台宗中人稱其為「四明尊者」。其領徒有三十餘人，入室弟子四百八十多人，升堂者千餘人，手度立誠者七十餘人。知禮研習佛教頗深，是天台宗「繼往開來」的一代大師，在天台宗地位相當重要。志磐在《佛祖統紀》中曾有評價：「四明法智，以上聖之才，當中興之運，東征西伐，再請教誨，功業之盛，可得而思？……自荊溪而來，九世二百年矣，弘法傳道何世無之，備眾體而集大成，闢異端而隆正統者，唯法智一師耳。」此外知禮著有《續遺記》、《光明文句記》等佛學典籍。

遵式曾師事知禮，與王欽若等人交遊頗多，後被賜為「慈雲大師」。遵式法系不如知禮繁盛，其佛學理論造詣沒有知禮深，只留下一些如《金光明懺儀》、《大彌陀懺儀》等文章，但遵式「幼善詞翰，有詩人之風」，著有詩集《采遺》。遵式的弟子知名的有文冒、智介秀出、智者諱日等人。

大致從宋太宗淳化年間開始，天台宗內部發生了一起長達八十年的論爭，這就是「山家」與「山外」之爭。在宋真宗景德年間以前，智者大師所撰的《金光明經玄義》，有廣、略兩種版本並行於世。悟恩撰寫《發揮記》，解釋略本，言廣本為後人擅增，「以四失評之」。其弟子奉先清源、靈光洪敏，共構難詞，輔成師說。錢塘寶山善信法師，奉書敦請法智評之。「（知禮）堅讓不免，故有《扶宗釋難》之作，專救廣本」。而慶昭和孤山智圓，皆奉先之門生，「既頂清門，

亦撰《辨訛》，駁《釋難》之非，救《發揮》之得，如是反覆，各至有五，綿歷七年。……自茲二家觀法不同，各開戶牖，枝派永異」[9]。

從這場爭論的情形可以看出，天台宗的「山家」、「山外」之爭是由悟恩所寫的《發揮記》而引起的。「山家」一派以知禮為代表，「山外」一派則以悟恩再傳弟子慶昭、智圓為代表。「山外」之名號起於法智統一後，凡與法智觀點相異者一概視為「山外」。在天台宗內部，知禮一派自視為正統，對天台宗教義持異議或反對觀點的教派，自然成了知禮一派的「邪說」、「叛徒」和「異端」。知禮一派深受統治者恩寵，「山家」之正統也由此而來。「山家」、「山外」之爭不僅僅表現在天台宗教派內部之爭，還表現在統治者如何扶植正統宗教為其政治服務，以壓制其他與正統宗教持有異議的不同教派的存在。

（三）其他佛教宗派

除禪宗和天台宗外，在宋代佛教教派中，還有其他教派與禪宗和天台宗並行存在，主要有淨土宗、律宗、賢首宗、慈恩宗。

淨土宗專門從事修往生阿彌陀佛淨土的法門，後人稱其為淨土宗，也有人稱其為蓮宗。在宋代淨土宗的代表人物有延壽、省常、宗賾。

律宗是以研習和傳持戒律為主的一個宗派，因其所依據的是五部律中的《四分律》，所以又稱其為四分律宗。宋代律宗的代表人物是允堪、元照等人。

賢首宗又稱華嚴宗，因此宗發揮「法界緣起」的旨趣，也有人稱其為法界宗。賢首宗經唐武宗滅佛曾一度衰微，入宋後經長水子璿以及其弟子淨源的努力，才得以發展。賢首宗在宋代的代表人物除子璿、淨源外，還有本嵩、法秀、寶印、祖覺、惟白等人，這幾個人都是先學華嚴，後習禪宗，有的是將華嚴和禪宗教義相融合。專習華嚴經的北宋有道亭、觀復、師會、希迪四大家，南宋有義

9　參閱頤吉辰：《宋代佛教史稿》，第二節《宋代天台宗》，鄭州，中州古籍出版社，1993。

和、鮮演、戒環、祖覺等人。

慈恩宗又稱法相宗、唯識宗，屬於大乘佛教宗派。慈恩宗在唐武宗滅佛後傳承不明，入宋後由於大乘佛教教義不利於趙宋封建統治，故而遭到排斥，其傳承更不明。但仍有人在傳習《唯識》、《百法》、《因明》等。宋初有名的慈恩宗代表人物有祕公、通慧、傳章、繼倫等人。[10]

三、援佛入儒

宋人崇佛，不僅表現在封建統治者對佛教的推崇和放任自流上，也表現在士庶各階層對佛教的熱衷和篤信上。佛教對宋人的日常生活影響至深，同時佛教的濫觴也對傳統的儒學構成了威脅，儒學正統的地位受到了動搖，所以從宋初開始，儒學大師們都不遺餘力地排斥佛教，捍衛儒學獨尊的地位。但是傳統儒學發展到宋代，由於自身的故步自封，越來越脫離現實，雖然統治階級不敢隨意拋棄之，但由於自身的缺陷，也限制了它服務政治功能的發揮，所以儒學也需要反省，吸收新的血液彌補自身的不足。在這種情況下，佛教的某些內容也正好迎合了它的需要，所以從宋中葉以後形成的理學就明顯地吸收了佛教的內容，儒佛融合，佛教的儒學化也就成為必然之勢。

宋代佛儒融合需要有一個過程。同樣，佛教的儒學化也需要有一個過程。

宋初，佛教和儒學呈冰水之勢，兩不相容，尤其是宋儒繼承韓愈的闢佛主張，強烈排斥佛教，孫復、石介、歐陽修諸人皆「為闢佛老之說，行於天下」[11]。孫復、石介排佛尤為激烈。孫復在其《儒辱》中說：「佛老之徒，橫乎中國，彼以死生、禍福、虛無、報應為事，千萬其端，紿我生民，絕滅仁義以塞天下之耳，屏棄禮樂以涂天下之目。」[12]以佛教滅棄仁義、禮樂等中國傳統的人倫道德

---

10 呂澂：《中國佛學源流略講》附錄《宋代佛教》。
11 葉夢得：《避暑錄話》卷上。
12 孫復：《孫明復小集》卷三，四庫全書珍本。

為藉口，大肆抵佛、滅佛。他們主張對待佛教應「人其人，火其書，廬其居」。歐陽修較之二人對待佛教比較理智，他認為佛教「棄其父子，絕其夫婦，於人之性甚戾，又有蠶食蟲蠱之弊，然而民皆相率而歸焉者，以佛有為善之說故也」[13]。所以要想戰勝佛教，取得排佛運動的勝利，僅用粗暴的方式未必能奏效，要從根本上通過宣傳讓百姓懂得儒家的仁義禮智信才是通往「為善」的唯一途徑，「使吾民曉然知禮義之為善，則安知不相率而從哉」？[14]這就叫「修其本以勝之」[15]。如果說孫復、石介、歐陽修等人排佛主要是出於捍衛儒學的獨尊地位以及對佛教抗鼎儒學的不滿的話，而李覯排佛則主要出於佛教之盛對社會經濟的破壞。

李覯在寶元二年（1039 年）所撰的《富國策十首》中，對佛教盛行對社會經濟的破壞深加痛斥。他認為佛教對社會至少有十大害處，諸如「男不知耕」、「坐逃徭役」、「國用以耗」、「親老莫養」[16]，這與真宗朝王禹偁上書皇帝反對僧尼不蠶而衣、不耕而食、禍國蠹民，從而提出「沙汰僧尼，使疲民無耗」的主張如出一轍[17]。這大概與宋中期出現的「三冗」問題，造成國庫空虛、財政匱乏有一定的關係，與孫復、歐陽修等人排佛是為了捍衛儒學獨尊的情形不大一樣。不管怎麼說，從宋初開始的崇佛政策引起了一大批士人的強烈不滿，他們攘斥佛教其實也為援佛弘儒，為融合儒佛奠定了基礎。

進入宋中葉以後，宋儒對佛教的態度發生了較大的變化，一是士人習佛成風；二是簡單的表面式的斥佛轉向從學術上對佛教進行批判；三是大量汲取佛學內容來改造和充實儒學。也正是從這個時期起，儒、釋、道三教合流才正式完成，理學正式興起。

佛教徒對傳統儒學一向是比較輕視的，他們的拿手好戲便是心性義理之學。

---

13 《歐陽修全集·居士集》卷十七《本論下》，北京，中國書店，1986。

14 同上。

15 同上。

16 《李覯集》卷十六《富國策第五》，北京，中華書局，1981。

17 《皇朝文鑑》卷四十一。

與歐陽修同時代的僧人契嵩對歐陽修等人的斥佛曾指出：「儒、佛者，聖人之教也。其所出雖不同，則同歸於治。儒者，聖人之大有為者也；佛者，聖人之大無為者也。有為者以治世，無為者以治心。……故治世者，非儒不可；治出世，非佛亦不可。」[18]意思是說儒家長於治世，短於治心；佛學則長於治心。面對這樣透骨的挑戰，歐陽修是無法作出圓滿的回擊的。這就使宋儒們不得不面對現實，思考這樣一個問題：佛教既然絕人倫，滅綱紀，何至於社會上那麼多人研習佛教，佛教中是不是有些內容可以借鑑，來充實和豐富儒學呢？

促使宋儒沉下心來學習佛學，在宋初的那種帶有強烈的民族情緒的時代是行不通的，只有到了宋中葉以後，尤其是慶曆之後，隨著知識階層競讀佛書熱潮的興起，這種借鑑和汲納才有了可能。

青年時代王安石就喜讀佛典，他讀書的原則是「善學者讀其書，惟理之求。有合吾心者，則樵牧之言猶不廢，言而無理，周、孔所不敢從」[19]。可見從這時起，一般的士人讀書範圍較廣，儒、釋、道都要通覽。這不僅僅是王安石一人的作為，大概從這個時期之後，在學術界崛起的王學、關學、洛學、蜀學等代表人物從青年時代對傳統儒學已不滿足，為了擴大閱讀範圍，都試圖從佛家經典中來開拓學問的空間，這是他們的共同之路。如蘇軾「讀釋氏書，深悟實相，參之孔墨，博辯無礙，浩然不見其涯也」[20]。程顥為學「氾濫於諸家，出入於老、釋者幾十年，返求諸《六經》而後得之」[21]。張載喜讀《中庸》，「先生讀其書，雖愛之，猶未以為足也，於是又訪諸釋、老之書，累年盡究其說」。邵雍為窮究象數之學，避居多年，但依然喜愛佛學，司馬光曾為詩評價之：「近來朝野客，無坐不談禪。顧我何為者，蓬人獨憒然。羨君詩既好，說佛眾誰先。只恐前身是，東都白樂天」[22]。連理學大師都是如此重視佛典，更何況一般士大夫階層呢？蘇軾

18 契嵩：《鐔津文集》卷八《寂子解》，四庫全書珍本七集。
19 惠洪：《冷齋夜話》卷六，叢書集成初編本。
20 蘇轍：《蘇轍集‧欒城後集》卷二十二《亡兄子瞻端明墓誌銘》，北京，中華書局，1990。
21 《河南程氏文集》卷十一《明道先生行狀》。
22 《司馬溫公文集》卷十二《戲呈堯夫》，叢書集成初編本。

曾說：「今士大夫至以佛老為聖人，鬻書於市者，非莊老之書不售也。」[23]正是這種情況的真實寫照。

伴隨著士人競讀佛書，宋儒對佛教的看法有所轉變，促使宋儒們對佛學進行比較客觀的具體的分析，對過去的做法進行反思。蘇轍對過去做法反思後認為：「老、佛之道，與吾道同，而欲絕之；老、佛之教，與吾教異，而欲行之，皆失之矣」[24]。只有正確看待儒、佛之不同，方能看到二者相通之處，援佛入儒才有可能。

宋儒喜讀佛典，但並不淫佛，主要是從佛學典籍吸取養分來充實自己。但他們大多都能鑽進去跳出來，由佛學經典回歸到儒家正統的立場上來，這就是出入於佛、老，返求於《六經》。這一回歸其價值已大不一樣，他們對儒家學說的理解，已明顯地打上了佛學的烙印，援佛入儒，儒佛融合實現了。

會通儒佛，是關、洛、蜀諸家共同之處。蘇轍的《老子解》，就是以講釋老而又通於儒，糾合三家，其實是以老氏之學為中介，融合儒佛之說。在此書自序中，蘇轍說：「僧道全與予談道，予曰：子所談者，予於儒書已得之矣。《中庸》曰：『喜怒哀樂之未發謂之中，發而皆中節謂之和』。此非佛法而何？六祖所謂不思善、不思惡，則喜怒哀樂之未發也。蓋中也，佛性之異名：而和者，六度萬行之總名也。」[25]二程更是將《中庸》與禪門心法統一起來。二程言：「不偏之謂中，不易之謂庸。中者，天下之正道，庸者，天下之定理。此篇乃孔門傳授心法，子思恐其久而差也，故筆之於書，以授孟子。」[26]可見宋儒援佛入儒是極普遍的事。王安石的王學體系中，有許多佛學的痕跡，《宋史》中說他「晚居金陵，又作《序說》，多穿鑿附會，其流入於佛老。」王氏之《三經義》多用佛語，援佛入儒的特點很明顯，難怪晁說之等人攻擊他「援釋、老誕慢之說以為

23 蘇軾：《議學校貢舉狀》，《蘇軾文集》卷二十五。
24 蘇轍：《蘇轍集·欒城後集》卷十《歷代論四·梁武帝》。
25 蘇轍：《老子解》自序。
26 朱熹：《中庸章句序》。

高」[27]，「多以佛書證六經，至全用天竺語以相高」[28]。

如果說宋初三先生胡瑗、石介、孫復以及歐陽修等人，對佛教的仇視不遺餘力的話，那麼從周敦頤、張載開始，其理學思想就明顯受到了佛教的影響。到了二程時代，佛教對理學的影響更深，及至南宋張九成、朱熹、陸九淵等理學大師，又何嘗不是援佛入儒？除這些理學家外，其他的大儒如王安石、蘇氏兄弟等人，在其學說中都大量吸納佛教內容。也可以說影響中國文化至深的宋代理學，正是北宋中葉以後儒、釋、道三教合流的產物，至此儒釋互補，儒佛合流才完成了真正的歷史使命。

宋儒積極「援佛入儒」，吸納佛學精華，形成中國封建社會後期占統治地位的新儒學──理學，這只是問題的一個方面，另一方面是佛教在宋代也發生了很大的變化。誠如清代學者陳澧所言：「自唐以後，不獨儒者混於佛，佛者亦混於儒。……儒者自疑其學之粗淺而騖於精微，佛者自知其學之偏駁而依於純正。」這種變化可以從兩個方面加以探究，一是佛教的世俗化，二是佛教的儒學化。

佛學傳入中國，其清規戒律規定僧人不養父母、不娶妻生子、不事耕稼、不蓄頭髮等，與中國傳統禮制最根本的衝突是不拜君父，將自己凌駕於帝王之上，這與中國傳統人倫綱常格格不入。這一點成為儒家攻擊佛教的利器。但是入宋以後，佛教與王者分庭抗禮的情況發生了根本的變化，皇帝到寺院燒香，可以不拜佛像，這就叫「現在佛不拜過去佛」[29]。同時僧人也趨炎附勢，升堂拈香，第一香「祝延今上皇帝聖壽無窮」；第二香「奉為知府龍圖、駕部諸官，伏願常居祿位」；第三香才輪到受業恩師。佛教的世俗化使統治者覺得它與儒學一樣同樣有裨於政治，因此才竭力扶持之。儘管宋代佛教待遇優厚，但在官僚體制中，仍未動搖儒家的正統地位，儒士的政治地位遠遠高於僧人，這一點僧人很明白，他們轉向學習儒學。智圓法師就曾明確說過：「世有滯於釋氏者，自張大於己學，往往以儒為戲。豈知夫非仲尼之徒則國無以治，家無以寧，身無以安。……國不

27 《宋元學案》卷九十八。
28 《續資治通鑑長編》卷四〇八。
29 《歐陽修全集·歸田錄》。

治，家不寧，身不安，釋氏之道何由而行哉？」[30]智圓看得清楚，佛教必須依託政治才能生存，不然唐武宗滅佛的慘劇便會重演。要想生存，必須從傳統儒學中汲取積極因素豐富自己，改造自己，佛教的儒學化勢所必然。

佛教的儒學化必須完成兩個前提條件，一是以佛為聖人與中國傳統的以孔子為聖人如何解決；二是佛教的倫理與儒家的仁義禮制該厚誰薄誰。這兩點解決不了，佛教的儒學化就很困難。宋初孫復、石介等人猛烈抨擊佛教，其抨擊佛教的關鍵在於以佛為聖人與儒家傳統的以孔子為聖人相悖，提倡佛說即提倡夷人之倫理又悖於儒家的仁義禮樂。但是，隨著歷史的演進，儒學在改造過程中大量吸收佛教精義並形成了理學，人們尤其是宋儒對佛教不再以仇視的態度對待之，這就為佛教的儒學化準備了前提，而貢獻最大者還是佛教徒中具有相當知識水準的傑出僧侶，如契嵩等人。

契嵩是一代高僧，他對宋代佛教的儒學化進程起到了相當大的作用。其平生著作甚豐，而得意之作是《孝論》和《原教》，這可以說是把佛教教義和佛教倫理同儒學融合的有力佐證。

在《孝論》中，契嵩以「孝道」為主題，重點探討了佛儒倫理相通的問題，即佛之「五戒」通於儒之「五常」。在《戒孝章第七》中說：「五戒，始一曰不殺，次二曰不盜，次三曰不邪淫，次四曰不妄言，次五曰不飲酒。夫不殺，仁也；不盜，義也；不邪淫，禮也；不飲酒，智也；不妄言，信也。」[31]契嵩用佛之五戒附會儒之五常，以證明佛儒是相同相通的，即「異號而一體」[32]，因此「五者修，則成其人，顯其親，不亦孝乎」。「五常」是儒家的倫理原則，它與體現君臣、父子、夫婦關係的三綱是儒學倫理體系中不可分割的兩個部分。五戒可以附會五常，而儒學三綱則是佛教所不能逮的。但契嵩很聰明，他創造了「三本」以對應「三綱」。

---

30 《閒居集》卷十九《中庸子傳》。
31 《鐔津文集》卷三《孝論》。
32 《鐔津文集》卷一《原教》。

契嵩在《孝論・孝本章第二》中言：「天下之有為也，莫盛於生也。吾資父母以生，故先於父母也。天下之明德者，莫善於教也。吾資師以教，故先於師也。天下之妙事者，莫妙於道也。吾資道以用，故先於道也。夫道也者，神用之本也；師也者，教誥之本也；父母也者，形生之本也。是三本者，天下之大本也。白刃可冒也，飲食可無也，此不可忘也」[33]。在契嵩看來，既然佛之五戒能與儒之五常相通，那「道、師、父母」三本也完全可以與儒之三綱一致起來。

如果說《孝論》是契嵩把佛教之五戒、三本比附於儒學之五常、三綱，使佛學向儒學轉化的開端，那麼《原教》更能體現契嵩在教義方面對佛教儒學化所作的努力。在《原教》中，契嵩就明言：「古之有聖人焉，曰佛、曰儒、曰百家，心則一，其跡則異。夫一焉者，其皆欲人為善者也；異焉者，分家而各為其教者也」[34]。「欲人為善」成為儒佛共同的社會功能。不僅如此，契嵩還試圖在學問上達到儒佛相通，這就是「性命」之學。契嵩曾就《原教》的宗旨說過一段話：「夫《中庸》者，乃聖人與性命之造端也；《道德》者，是聖人與性命之詣深也；吾道者，其聖人與性命盡其圓極也。造端，聖人欲人知性命也；詣深，聖人欲人詣性命也；圓極，聖人欲人究其性命，會於天地萬物，古今變化，無不妙於性命也」[35]。「性命」成了儒佛道三者的共同理論基礎。後來契嵩進一步研究了《中庸》，經過研究之後，契嵩發現「以《中庸》幾於吾道」。《中庸》是儒家經典，但契嵩以此來闡釋和附會佛門性命之學，不能不說是一大創造。契嵩言：「若《中庸》曰：『自誠明謂之性，自明誠謂之教』。是豈不與經所謂『實性一相』者似乎？……又曰：『唯天下至誠能盡其性，能盡其性則能盡人之性，盡人之性則盡物之性，以至與天地參耳』。是蓋明乎天地人物其性通也，豈不與佛教所謂『萬物同一真性者似乎」[36]？契嵩混佛於儒又通儒於佛，為宋代佛學儒學化鋪平了道路。可見以契嵩為代表的一代僧侶在佛教儒學化過程中，從當時儒學中吸收了養分，這是宋代佛儒融合的歷史趨勢，也是宋代文化兼容精神的充分體現。

---

33 《鐔津文集》卷三《孝論》。
34 《鐔津文集》卷二、卷十、卷九。
35 同上。
36 同上。

四、佛說與文學

宋初，佛教雖得到統治者的提倡，但對於大多數知識分子而言，在他們的內心深處排斥佛教依然是主流。但是隨著儒佛道三教合流局面的形成，理學的產生，尤其到宋中葉以後，士大夫習佛成風，佛教的儒學化業已完成，對於大多數士人來說，已經排除了習佛的心理障礙，因此佛教從諸多方面影響著宋代的學術思想。理學如此，文學亦然。

宋代文學在中國文學史上占有舉足輕重的地位，其諸多成就和鮮明的時代特色已為人們所稱道。宋代文學如此絢麗多彩，其中佛教的滲透和影響與之有相當大的關係。許多表面看來與佛教無關的作品，其實都是長期在佛教思想影響下的產物。因此可以說宋代文學不論是正統文學或世俗文學，受佛教的影響是廣泛的、深遠的、持久的。

詩是宋代文學的主要載體之一，宋代的許多文人由於受到佛教經典的影響，開始採用質樸的白話文來寫一些明道言志的詩。這些詩通俗易懂、深入淺出，如范成大的「縱有千年鐵門檻，終須一個土饅頭」[37]，就明顯受到佛典裡的文風影響。尤其到宋中葉後，許多活躍在詩壇上的文人，平生與僧侶往來非常密切，經常談道說禪，這種情況自然影響到他們的詩作上。大致說來，佛教對宋詩內容的影響主要表現在題材和思想上。

在題材上，主要是歌頌佛教寺院、題詠寺塔的詩。如一代文豪蘇東坡的《書普慈長老壁》即是此類，詩云：「普慈寺後千竿竹，醉裡曾看碧玉椽；倦客再遊行老矣，高僧一笑故依然。久參白足知禪味，苦厭黃公聒晝眠；惟有兩株紅百葉，晚來猶得向人妍」。再如張高美的《題古並淨明塔律詩》云：「月滿汾川寶鐸寒，誰來此地葬金棺；育王得道行空際，尊者飛光出指端。天上凝雲常覆定，人間劫火慢燒殘；三千世界無留跡，聊向閻浮示涅槃。」此外還有不少詩作是賜贈僧人的，如王安石的《和棲霞寂照庵僧雲渺》即屬此類，詩云：「蕭然一世

---

37 范成大：《石湖居士詩集》卷二十八《重九日行營壽藏之地》，上海，上海古籍出版社，1981。

外，所樂有誰問；宴坐能忘老，齋蔬不過中。無心為佛事，有客問家風；笑謂西來意，雖空亦不空。」宋代文人的這些詩作，明顯受到佛教的影響。

在思想上，佛教對宋詩的影響比較複雜，有明顯、隱晦之分，亦有直接、間接之別。

明顯表現為佛教教義的，稱佛理詩，多為僧侶所作，如貫休的《偶作因懷山中道侶》云：「是是非非竟不真，落花流水送青春。姓劉姓項今何在，爭利爭名愁煞人。必竟輸他常寂默，只應贏得苦沉淪。深云道者相思否？歸去來兮湘水濱。」但也有相當一部分詩是一般的士大夫所為，如范成大的《題藥籠》云：「合成四大本非真，便有千般病染身；地火水風都散後，不知染病是何人。」

再者是山水詩和隱晦詩，這些詩作多是文人雅士受佛老思想的感染，雖沒有明言佛教教義，但確為佛教影響的產物。在《宋詩紀事》中這樣的詩很多，如家之巽的《定林寺》云：「功名良苦賦歸歟，兩鬢霜花百念枯；鐘鼎樓台渾一夢，數間茅屋亦浮屠。」「十載浮雲幾變更，歸來鍾阜碧嶙峋；早知山色無今古，只與青山作主人。」

宋詞相對而言受佛教影響較少，但間或也有歌頌佛教或表現佛教思想內容的，但宋文卻受佛教影響較深。這主要是宋代的文人熟讀佛典，佛教教義的廣博精微，行文的繁衍恣肆，自然會在其文筆中顯露出來。如蘇軾的文章就是這樣，誠如後人所評價的那樣：「吾讀子瞻《司馬溫公行狀》、《富鄭公神道碑》之類，平鋪直敘，如萬斛水銀隨地湧出，以為古今未有此體，茫然莫得其涯埃也。晚讀《華嚴經》，稱心而談，浩如煙海，無所不有，無所不盡，乃喟然而嘆曰：『子瞻之文其有得於此乎？』」[38]宋人的文章與佛教有關係的表現於兩方面：一是題材。宋文與佛教有關係的題材，或追憶當年寺院全盛時期的壯觀，或為當時名寺大剎所作的題記，或為高僧圓寂後所撰的塔銘等，題材多種多樣。一是思想。宋代的文人許多是信仰佛教的，有些人即使不信仰佛教，但也與佛教高僧交往甚密，在

---

38 錢謙益：《初學集》卷八十八《讀蘇長公文》。

他們的思想中隱含有佛教的成分，是很自然的，因而其文學作品中常常流露出或多或少的佛教氣息。如王安石、蘇軾、曾鞏、黃庭堅、張方平、陳亮、朱熹、真德秀、楊萬里等，其文章中都有佛教思想的烙印。

宋代的詩、詞、文等受佛教的影響如上文所述，而世俗文學同樣受到佛教的影響。俗文學一般不被士大夫所重視，卻為民間的廣大百姓所喜歡，因其通俗有情趣，因而俗文學在社會底層有廣闊的市場。在宋代，由於城市生活的繁榮，民間藝術得到空前繁榮，在民間藝術中，以講唱故事為名的「說話」藝術在城市生活的娛樂場所比較普遍。在城市中，民間藝術的活動場所比較固定，一般在瓦肆之中進行。在瓦肆之中有專門的說經一目，即宋代說話人的一個內容。說經包括說參請、說諢經、彈唱因緣。耐得翁《都城紀勝》中說：「說經，謂演說佛書。說參請，謂賓主參禪語悟道等事」。說經者，多為和尚，亦有女流，如周密《武林舊事》卷六《諸色伎藝人》載說經的名角有：「長嘯和尚、彭道（名法和）、陸妙慧（女流）、余信庵、周太辯（和尚）、陸妙靜（女流）、達理（和尚）、嘯庵、隱秀、混俗、許安然、有緣（和尚）、借庵、保庵、戴悅庵、息庵、戴忻庵」。

由此可見，宋代的佛教已從寺院裡走出來，經過這些說經人之口把佛教的教義通俗化，使更多的下層人民接受它、信仰它。

宋代佛教之所以得到空前發展，與統治者的提倡有直接的關係，統治者是看中了佛教麻痹人民思想，有利於政治的一面。如果佛教僅得力於官方的支持，可能只會獲取更多的政治、經濟特權，然而要想為廣大的士人和一般百姓從心理上、文化上所認同，僅憑官方的強權是不夠的，必須著力於自身的改造，使其與中國傳統文化相融合。如果說唐代佛教還沒有做到這一點的話，宋代佛教做到了。宋儒從斥佛到吸佛，援佛入儒，完成了儒學的革新，產生了理學，為佛教影響傳統文化奠定了基礎，而佛教也開始變更，使原始的佛教教義不斷中國化，援儒入佛，尋找儒佛互通融合的契機。宋代儒佛道三教合流，中國文化出現新的局面。

道教與宋代
政治及文化

　　唐末五代，戰火連天，這對宗教的正常活動衝擊很大。宗教組織渙散，典籍紛亂。道教亦不例外。到了宋朝，隨著國家統一戰爭的完成，道教逐步恢復了其作為官方祠祀宗教的誘化人心、穩定社會、宣傳君王正統的基本職能。宋代官方的崇道成為道教在宋代復興的基礎。

一、崇道教

　　道教是中國的本土宗教，北宋建立後，鑑於儒學衰微，為了加強對人們的思想控制，崇道揚佛就成為北宋統治者加強思想調控的有力武器，利用道教為其政治統治尋找合法的依據成為宋代的基本國策。縱觀兩宋三百多年的歷史，道教的興衰隨著不同時期政治需要的變化而有所變化。大致說，宋初太祖、太宗朝為道教的復興期，真宗朝後道教得以迅猛發展，到徽宗時發展到頂峰。南宋時，道教開始分崩離析，出現了許多新教派，淨明道則獨步江南。

（一）道教在宋初的復興

宋初，統治者為了利用道教為其統治服務，大肆扶植道教，不僅修整北嶽、西嶽、四瀆等道教寺觀，祭祀名山岳瀆和宮觀，而且還大肆封賞道教的民間諸神。宋太祖立國之初，國事頻仍，何至於對道教感興趣？據宋人筆記所載，趙匡胤在登基前曾與道士有來往，尤與陳摶過往甚密，趙匡胤有黃袍加身的念頭，與道士為其製造輿論有關[39]。所以趙匡胤上台後，非常重視道士對政治的作用。乾德五年（967 年），召萊州道士劉若拙為左街道錄，使其「肅正道流」[40]。但宋初經常發生利用宗教造反的事，因而太祖對道教多側重於控制，禁止「士庶之家喪葬不得用僧道威儀」[41]；「民敢復造偽金者棄市」[42]；「禁道士以親屬住宮觀者」[43]；「禁僧、道習天文、地理」[44]；「集京師道士試驗，其學業未至而不修飾者，皆斥之」[45]。宋初對道教所採取的措施，目的是防範有人利用道教危害朝政，加強對道士的控制，是為了讓道士更好地為政治服務。

宋太宗登基，秉承其兄的做法，對道教既利用又控制，只不過崇重道教更甚於其兄。其一是大修道觀，崇奉道教諸神。宋太宗當上皇帝，非常神祕，這就是被歷代史家所渲染的「燭影斧聲」懸案。在這一懸案中道士張守真起了關鍵的作用。據李攸《宋朝事實》載，趙光義早就巴結張守真，為其繼大統作準備。乾德中，太宗遣使求張守真降神靈，張守真齋戒焚香，以神降靈驗說：「吾將來運值太平君，宋朝第二主，修上清太平宮，建千二百座堂殿，儼三界中星辰，自有時日，不可容易而言。但為吾啟大王，言此宮觀，上天已定增建年月也，今猶未可。」宋太宗當然對此驚嘆不已。但宋太祖並不相信，張守真卻信誓旦旦，說：「陛下倘謂臣妖言，乞賜案驗，戮臣於市，勿以斯言褻瀆上聖」。不久，神又降

---

39 《宋史‧太祖紀》中所說的讖語「點檢做天子」；占星者所說的「日下復有一日，黑光摩蕩者久之」。

40 李攸：《宋朝事實》卷七《道釋》，北京，中華書局，1955。

41 王栐：《燕翼詒謀錄》卷三，北京，中華書局，1981。

42 《續資治通鑑長編》卷十二。

43 《續資治通鑑長編》卷七十一。

44 《宋史‧太祖紀》卷一，北京，中華書局，1977。

45 《續資治通鑑長編》卷十三。

言說：「安得使小兒呼嘯，以鄙吾言，斯為不可。汝但說與官家，言天上宮闕已成，玉鑰開，晉王有仁心。」第二日，宋太祖「暴崩」，宋太宗嗣位。這種事情可信程度如何，暫且不說。這說明道士張守真降神活動肯定有人在背後支持，而且後台就是宋太宗。張守真降神為宋太宗繼大統提供神聖的依據，作為報答，宋太宗除重用他作延祚保生壇外，再者就是為他築壇修宮，利用「黑殺將軍」降世顯靈，斬妖除魔，宣揚忠君愛民，積善修德，渲染太平，愚弄臣民。「君權神授」使宋太宗受益匪淺，而道士也從中獲得好處，宋代崇道從太宗朝開始步入正途，道教也就開始在宋代復興。復興之一是大批隱逸道士被重用。像華山道士丁少微詣闕獻金丹、巨勝等。宋太宗對陳摶更是禮遇甚殊，賜號「希夷先生」。賜太平州道士趙王九錢三十萬，改名自然。屢招南山隱士种放等。復興之二是蒐集、刊正、保存道書。

（二）「天書」、「聖祖」下降的鬧劇

宋初二帝開啟的崇道之風到真宗朝發展到了高峰，這也是宋代第一個崇道高峰。在他秉政期間，導演了「天書」、「聖祖」下降等一幕幕鬧劇，奠定了道教祠祿制度，使道教的官方祠祀色彩更加普遍和完備化。

宋真宗秉承乃父的做法，重視道教，優禮道士，完全是出於鞏固自己統治的需要。大致說來，宋真宗崇道分兩個時期，一是從九九七年即位到一○○七年，基本做法是利用道教，禮遇道士，粉飾太平；二是從一○○八年到一○二二年，大肆尊崇道教，導演一系列諸如「天書」、「聖祖」下降的鬧劇，崇道達到無以復加的地步。

宋真宗優禮道士，突出的例子之一是寵任种放。种放為亦儒亦道的隱士，師事陳摶。其得辟穀術，與母隱居終南山豹林谷之東明峰，結草為廬，終日望雲危坐，轉輾於華、嵩二山之間，終身不娶。宋真宗即位，對他寵任有加，其母死，「貧不能葬」，真宗詔賜錢帛、粟穀。後种放入京，隨真宗封泰山，祠汾陰。因此真宗曾說：「昔明皇優李白，御手調羹。今朕以手援放登閣，厚賢之禮，無愧

前代矣」[46]。宋人王闢之也說：「真宗優禮种放，近世少比」。真宗厚禮待种放，可以視作真宗崇道的關鍵一環。

真宗崇道的另一個因素是他同絕大多數封建帝王一樣，希望長生不老，嚮往神仙的生活，道教正好迎合了他的這一心理要求。加之一些好道的朝臣推波助瀾，這為真宗由一般的利用道教到崇尚道教起到了不小的作用。

直接影響真宗尊崇道教的有兩件事。一是「澶淵之盟」。一○○四年遼大軍南下，直逼澶州城下，真宗在寇準的力勸下親征。真宗本不願為戰，宋雖小勝，馬上與遼簽訂和議。和議之後，政權又趨平靜，但戰爭的影響卻是極大的，為了鞏固其統治地位，對與遼的議和有個交代，也為了愚弄天下人耳目，因此真宗聽信王欽若等人的意見，製造「封禪」、「天書」等事，目的是「神道設教」。二是有個汀州黥卒王捷，自言在南康遇一道士，姓趙，交給他一把小鐶神劍，這就是司命真君。宦官劉承珪把此事說於真宗，真宗賜王捷名「中正」。此月戊申，真君降中正家之正堂，是為「聖祖」，從此祥瑞之事就興起來了[47]。這兩件事對真宗皇帝大興道教，導演了一系列「天書」下降、「聖祖」下凡的鬧劇起了關鍵性作用。

在真宗導演的一系列崇道活動中，有兩件事值得細說，一是「天書下降」，二是「天尊降臨」。

大中祥符元年（1008 年）春正月乙丑日，真宗召宰臣王旦、知樞密院使王欽若等對於崇政殿西序。真宗說：去年十一月二十七日半夜時，我正要就寢，忽見一神人至，告訴我：「宜於正殿建黃籙道場一月，當降天書《大中祥符》三篇，勿洩天機。」真宗果然設道場，蔬食齋戒，一月有餘。後來在左承天門屋的南角，發現有黃帛曳於鴟吻之上。真宗派人察看，說「其帛長二丈許，緘一物如書卷，纏以青縷三周，封處隱隱有字」。這就是真宗皇帝所說的「天降之書」。為了把這件事做的玄而又玄，又說神人言：「啟封之際，宜屏左右」。到底天書

46 王闢之：《澠水燕談錄》卷四，北京，中華書局，1981。
47 畢沅：《續資治通鑑》卷二十六，上海，上海古籍出版社，1986。

上寫的什麼東西，經過真宗等人的巧妙安排後，隆重舉行了啟封儀式，原來天書不過二十一個字，即「趙受命，興於宋，付於恆。居其器，守於正。世七百，九九定。」[48]到此，天書下降的內幕就昭然而明了，這不過是真宗自我設計的一幕粉飾太平的鬧劇。此事到此該結束了吧，然而群臣為迎合真宗的心願，表明真宗乃是上天之子，紛紛上言封禪泰山。為了渲染封禪的神聖性，四月一日，又演出了一幕「天書」降於大內功德閣的鬧劇。這次又是真宗夢見那位神人來賜天書。到了六月神人再次降臨，要真宗封禪泰山然後賜天書，這次天書的內容更明白了。即「汝崇孝奉吾，育民廣福。錫爾嘉瑞，黎庶咸知。秘守斯言，善解吾意。國祚延永，壽曆遐歲。」[49]兩次天書下降。可以說都是真宗利用道士一手策劃的，其真實用意就在於通過道教的外衣為掩護，掩蓋宋朝內外的各種社會危機，粉飾太平，愚弄臣民。一則宣傳自己的統治秉承天意，有神人相助，以此證明他是真龍天子，其帝位是合法的；二是「國祚延永，壽曆遐歲」，這是真宗的真實用意和美好的心願。

神人相授，天書下降，一些好事之徒為迎合真宗崇道的心理，紛紛獻紫草、玉丹，大造祥瑞。更有些人鼓動真宗到泰山封禪，到汾陰祠祀。這些活動在當時都是舉國上下的大事，其規模，其場面既隆重又熱烈。如大中祥符元年（1008年）到泰山封禪，先期準備活動不必說，是年十月，車駕在黃麾仗、鼓吹、道門威儀、扶持使等導從下出京，一路浩浩蕩蕩，入乾封縣奉高宮，舉行封禪泰山禮，奉天書於上帝。封禪禮完後，詔以奉高宮為會真宮，增葺殿屋，務以嚴潔。[50]九天司命上卿加號「保生天尊」，青帝加號「廣生帝君」，齊天王加號「仁聖」。改乾封縣為奉符縣，泰山七里以內嚴禁採樵。

當圍繞天書下降一系列的崇道活動漸入高潮後，真宗意猶未盡，又導演了一幕「天尊降臨」的鬧劇。其仿效唐代尊老子為祖的辦法，編造出一個趙姓天尊作為宋朝的宗祖。大中祥符五年（1012年）十月，宣稱九天司命上卿保生天尊降

---

48 《續資治通鑑長編》卷六十八。
49 《續資治通鑑長編》卷六十九。
50 《續資治通鑑長編》卷六十九。

於延恩殿。在此前，真宗夢見神人傳玉皇大帝之命，說：「先令汝祖趙某授汝天書，將見汝，如唐朝恭奉玄元皇帝」。次日夜又見神人傳天尊語：「吾坐西，當斜設六位」，在延恩殿設道場恭迎。據說五更時，天尊降臨，服冠如元始天尊樣。六人秉圭，其中四人仙衣，二人通天冠、絳紗袍。真宗拜於階下，天尊與六人皆就坐，真宗再拜於西階。天尊令設榻，召真宗坐，說：「吾，人皇九人中一人也，是趙之始祖，再降，乃軒轅黃帝，凡世所知少典之子，非也。母感電，夢天人，生於壽丘。後唐時七月一日下降，總治下方，主趙氏之族，今已百年。皇帝善為撫育蒼生，無怠前志」[51]。說罷，乘雲而去。這就是「天尊降臨」。真宗為何要編造出一個趙氏天尊呢？這無非是想說明趙氏王朝是有來歷的，其祖先既是上天九真人之一，那麼趙姓王朝也就是天人相授，是為正統。這樣趙氏始祖——軒轅黃帝——聖祖——九天司命天尊的公式就確定下來。

由於道教迎合真宗的帝王心態，所以從大中祥符到天禧年間，真宗成了道教狂，四處遣使修廟祀神、上神仙尊號、度道士等崇道活動異常頻繁。如為奉天書，修昭應宮，「小不中程，雖金碧已具，必毀而更造，有司不敢計其費」。[52]大中祥符元年十二月，詔天下宮觀陵廟，名在志者，功及生民者，並加崇飾。次年詔諸路、州、府、軍、監、關、縣擇宮地建道場，民有願舍地備材蓋者聽便。史稱：「時罕習道教，惟江西、劍南人素崇重，及是天下始遍有道像矣」[53]。此外如上神尊號、設醮奉神，設立宮觀使或宮觀提舉，優禮道士，招徠隱逸，服用金丹治病等日甚一日，宋代的崇道活動進入有宋以來的第一個高峰期。無疑，真宗崇道促進了道教的發展，但因靡費過大，加重了社會危機，宋中葉已出現的「三冗」問題與此有相當大的關聯，這是真宗皇帝沒有預料到的。

（三）徽宗崇道

真宗把崇道活動推到了高潮，儘管其後由於多方面原因，統治者的崇道活動

---

51 《續資治通鑑長編》卷七十九。
52 畢沅：《續資治通鑑》卷三十一。
53 畢沅：《續資治通鑑》卷二十八。

有所收斂，但道教的地位沒有發生根本的改變，統治者繼續利用道教為其統治服務。

仁宗時對道教活動有很大收斂，這是因為崇道造成了國家財政拮据，加重了社會危機，出於維持封建統治，不得不對過度的崇道活動加以限制。再者由於佛道的流行，動搖了儒學的正統地位，所以從此時興起的新儒家們開始從政治、思想文化的角度反對崇道揚佛，目的是維護儒學的正統地位。如王曙上書直接批評真宗「信方士邪巧之說，蠹耗財用無紀，今天災乃戒其侈而不經也」[54]，反對興建玉清昭應宮。言詞可謂尖刻。但仁宗不可能徹底改變真宗的崇道政策，許多做法依然保留下來，主要原因還是想利用道教為其統治製造輿論。不過仁宗利用道教，主要是用來祈雨、禱嗣，當時盛傳仁宗為「赤腳大仙」，這說明他還是比較崇奉道教的。

到了英宗、神宗、哲宗朝，對道教的利用政策沒有多大改變，在一些方面還有所發展，不過統治者崇道多側重祈福禳災，道教的官方性質越來越明顯。

到了宋徽宗繼位後，道教勢力再一次抬頭。由於徽宗號稱「道君皇帝」，所以宋代崇道進入第二個高峰期。徽宗何以大肆崇道？這是由於其腐敗統治，激化了社會矛盾，為了維持其腐朽的統治，乃借用神權，崇道抑佛，目的是把人們對他的不滿情緒引向外族，其次通過崇道把人們的思想引向虛無縹緲的神仙境界，淡化人們的不滿情緒。

徽宗崇道是以犧牲佛教為代價的。北宋以來，由於民族矛盾異常尖銳，統治者視佛教為「夷狄之教」不可用，而道教提倡君權神授和忠君孝祖的思想，其主張復古、隱退與世無爭，可以愚弄人民，加上它是本土宗教，諸種因素的交構，促成了徽宗朝的崇道高潮。

徽宗崇道雖沒有真宗演出的「天書下降」、「天尊降臨」等一系列鬧劇，但其做法較之真宗有過之而無不及。

---

54 王禹偁：《東都事略》卷五十三《王曙傳》。

首先是崇任道士，大興符籙道法。徽宗寵任的道士有魏漢津，賜號為「沖顯處士」、「虛和沖顯寶應先生」，死後諡為「嘉晟侯」。泰州道士徐神翁，賜號「虛靜沖和先生」，死後贈太中大夫。茅山道士劉混康，與徽宗關係甚密，賜其「葆真觀妙先生」，加號「葆真觀妙沖和先生」，並賜予他九老仙都君玉印、景震玉榴具劍等。徽宗最寵信的道士是林靈素。林靈素之所以得幸徽宗，在於他的荒謬說教迎合了徽宗的心態。據《宋史‧方技傳》中載：林靈素見徽宗曾言：「天有九霄，而神霄為最高，其治曰府。神霄玉清王者，上帝之長子，主南方，號長生大帝君，陛下是也，既下降於世，其弟號青華帝君者，主東方，攝領之。已乃府仙卿曰褚慧，亦下降佐帝君之治。」不僅如此，林靈素還把徽宗寵幸的大臣也在仙界找到了對象，王黼為右華吏卿，蔡京為左元仙伯，范致虛為東台典籍，王孝迪為西台詳閱真文史，盛章、王革為園苑寶華吏，鄭居中、童貫等宦官都有名號。連貴妃劉氏也被諛為九華玉真安妃。這樣的媚說，徽宗何不獨幸，因此改其名為「靈素」，賜號「通真達靈先生」，賜金牌，不時宣召入宮就成為尋常之事。而且令其刪定道史、經籙、靈壇之事，並師事之。此後又令天下建神霄萬壽宮，在京師開神霄籙壇，「浸浸造為青華正書臨壇，及火龍神劍夜降內宮之事，假帝誥、天書、雲籙，務以欺世惑眾。其說妄誕，不可究質，實無所能解。」[55]自此而後，道教大盛，不僅「立道學，置郎、大夫十等，有諸殿侍晨、校籍、授經，以擬待制、修撰、直閣。始欲盡廢釋氏以逞前憾，既而改其名稱、冠服」，而且「令吏民詣宮受神霄祕錄，朝士之嗜進者，亦靡然趨之」[56]。在政和宣和間，由於林靈素得寵，道教勢力達到極點，尊貴無比。林靈素之後，得幸徽宗的道士有張虛白、王文卿等人。

　　其次，奉神仙，誇祥瑞，自號「教主道君皇帝」。徽宗信神，尤信道教神仙，認為誠心敬奉神仙，可致天下太平。在這種思想支配下，大力尊奉道教諸神，詔禁巫覡，毀淫祠，渲染祥瑞。同時效仿真宗帝的做法，竭力宣傳「天神下降」之事。此外，徽宗還宣稱自己多次夢見老君。在藩邸時，就稱夢見老君召

---

55 《宋史‧方技傳》。
56 同上。

見，並告諭他：「汝以宿命，當興吾教」，竭力推崇道教教主老君[57]。即位後尊玉皇大帝為「太上開天執符御曆含真體道昊天玉皇上帝」，試圖把「上帝」與「玉皇」合而為一，郊祀大禮悉用道教禮儀，此表明徽宗把道教拜神活動納入到官方祠祀之中，把道教奉為國教。為了厭服人心的尊神，徽宗在林靈素的幫助下，製造了長生帝君之弟青華帝君夜降宣和殿之事。徽宗自命為道教教主，「帝諷道錄院上章，冊己為教主道君皇帝，止於教門章疏內用」[58]。他對道士們說：「朕乃昊天上帝元子，令天下歸於正道。帝允所請，令弟青華帝君權朕大霄之府。朕夙昔驚懼，尚慮我教所訂未尚，卿等可表章冊朕為教主道君皇帝」，儼然是道教教主了。但他又是當今皇帝，自然不能受道教教規約束，所以畢沅說：「教主道君皇帝，即長生大帝君，道教五宗之一，所謂神化之道，感降仙聖，不繫教法之內」[59]。至此，徽宗朝崇神奉道活動達到高潮。

第三，興宮觀，鑄九鼎。徽宗上台後，為了表明自己對道教諸神的敬奉，下令大肆興建道觀。崇寧三年（1104 年）徽宗下詔鑄九鼎，次年九鼎成，群臣表賀祥符，同時又建九成宮。後又用方士之言，鑄神霄九鼎，奉安於上清寶籙宮神霄殿。

徽宗崇道遠不止這些，如創設道學制度，提倡習道教，編修《道史》、《道典》，提高道士的社會地位。這些措施促使了道教在宋代的大發展。但是崇道畢竟是迷信活動，對於道教的過度狂迷，給國家政治生活產生了不利影響。徽宗本想憑藉尊奉道教，愚弄臣民，鞏固其封建統治，以期長生不老，但事與願違，隨著階級矛盾和民族矛盾的加深，徽宗匆匆讓位，最後還是被金人攻破城池，家國俱亡，最後客死異鄉。

---

57 畢沅：《續資治通鑑》卷九十一。
58 《宋史‧徽宗紀》。
59 《續資治通鑑長編》卷九十二。

（四）南渡後的道教發展

北宋滅亡，南宋鼎立，但道教的官方地位始終沒有動搖。高宗中興之際，便「置觀於城南，尋徙於西湖之濱，分靈芝僧寺故基為之，祠宇宏麗，象設森嚴……勢若飛動，敞西齋堂，以挹湖山之秀，為崇佑館，以處羽衣之流，稱其為大神之居。高宗脫履萬乘，嘗同憲聖臨幸」。[60]在這內外交困之際，張天師以獻策為己任，為高宗出謀劃策，畫符唸咒，立壇作法，甚得皇帝信任，徽宗以來的崇道熱潮又升了溫。高宗崇道一是熱衷於修道觀，立觀醮祭；二是藉助道教為其統治製造神祕色彩；三是給道士以政治、經濟方面的特權。宋代的崇道活動不僅沒有因北宋滅亡即停止，反而發展勢頭有增無減。

高宗之後，歷孝宗、光宗、寧宗、理宗諸朝，崇道活動都很熱鬧，一是國策使然，二則藉助神道以擺脫內外交困的局面，企求一種心理上的安慰。如孝宗樂尚道學，許道觀廣占良田，在經濟上給道士以保障，杭州顯應觀「道士初止十餘人，今益以眾；田止百餘畝，今益以廣。啟觀門而許士庶祈，咸有定期」[61]。寧宗時，道教之風更熾，尤以都府為盛，鄉民請建祠觀，朝臣請願，寧宗欣然應允並定名，此外親駕道觀祈禱更為尋常。理宗登基，宋朝大廈將傾，為求神助，頌神興道更為熱烈，最火熱的莫過於對神仙、道士的加封。加封神仙目的是求得神仙保佑，這種做法主觀上對宋朝政治不起什麼作用，而客觀上對於道教在宋代的復興和發展起到了促進作用。

二、道派興衰

宋代道教教派比較多，而最盛的是茅山宗，其傳習十分清楚。從入宋後第一代宗師成延昭算起，歷七代，迄至北宋亡。北宋一百多年，除成延昭、蔣元吉、萬保沖、朱自英、毛奉柔、劉混康、笪淨之、徐希和等茅山派八大宗師外，尚有

---

60 樓鑰：《攻媿集》卷五十四《中興顯應觀記》，叢書集成初編本。
61 同上。

張紹英、武抱一、王篕、湯用明、沈若濟、馮太申等人聞名於世。

除茅山派一系外，張天師一脈在宋代道教中影響也較大。此脈道士張正隨、張乾曜和張繼先為著名道士，尤以張繼先最為顯名。

在北宋還興起了新的道派，這就是天心派和神霄派。天心派出現較早，其初祖為太宗朝饒洞天，其脈傳襲較明，至遲在北宋後期已在各地區流行，徽宗時有名道士有元妙宗和路時中。神霄派興起較晚，大致在北宋末才興盛，以林靈素、王文卿等人聞名，這些道士均見重於徽宗。天心派和神霄派均為符籙道法派別，不同的是天心派重視三光符、黑煞符和天罡大聖符，而神霄派則重於五雷符。

北宋時道教派別主要有茅山派、張天師派和閣皂山派，這幾個派別同屬符籙派，因其所依三大名山龍虎山、茅山和閣皂山，又稱「三山」。不過這三派茅山宗占主導地位，天師派影響也很大，而閣皂山道士因沒有出現傑出的道士，只是例行為人設醮奏章、招魂劾鬼，故而不顯。

在北宋有許多道士派系並不十分明確，他們或為社會各階層祈福禳災，招神劾鬼，以「濟世度人」為己任；或隱姓埋名，專事個人修練，不求聞達於世，但在宋代道教中確有名。如陳摶、劉若拙、蘇澄隱、張白、丁少微、柴玄通、趙自然、賀蘭棲真等人。這些人雖傳襲不明，但都虔誠奉道，辛勤修練，各自在不同方面取得了成就，為道教的發展做了有益的工作。

北宋亡後，道教出現了許多新教派，在河北有全真道、太一道、淨明道。這三個道派均傳襲於北宋道教流派，但全真道和太一道活動地域主要在金統治區，而在南宋統治區盛行的只有淨明道。所以我們談南宋教派專以淨明道為主。

淨明道在南宋的產生和傳播有一個發展的過程。在宋代道教中，尤其在民間信仰中，許遜崇拜十分普遍，而淨明道把許遜作為祖先加以尊奉，可見淨明道是從許遜的「靈寶化」中脫胎產生的。那麼淨明道產生於何時？學術界看法不一，我們認為詹石窗先生的觀點較為可信，即淨明道產生於南宋紹興年間。金、元、南宋時期，是產生新道教最多的時期之一，除全真道、太一道在北方流行外，在南方活動最多的是淨明道。但這也不排除各個道派間的互為傳播，如全真道就有

南北二宗，可見南宋時期全真道同樣比較活躍。

三、陳摶及其他道家

兩宋時期是道教的復興和發展時期，其突出特點主要有三個方面：一是官方崇道熱促進了道教的復興和發展；二是道教派別滋生較多，出現了許多新教派，如正一道、太一道、淨明道和全真道；其三就是出現了一批傑出的道士，他們對道教經典的整理以及道教思想，對兩宋道教發展起到了促進作用，同樣在道教史上占有極重要的地位。

兩宋道士有思想者不過數人而已，而對宋代思想文化的發展有重大貢獻的應首推陳摶。

陳摶是道教史上具有傳奇色彩的人物，後唐明宗時因舉進士不第，才「服氣辟穀」為道士。宋初，曾屢受太祖、太宗的召見，太宗當上皇帝據說與他有很大關係，所以太宗賜其號為「希夷先生」。陳摶尤長於《易》學，《宋史·隱逸傳》說：「摶好《易》，手不釋卷。常自號扶搖子，著《指玄篇》八十一章，言導養及還丹之事」。陳摶雖著述甚豐，但多亡佚，能夠推演他的象數觀念的，是《易龍圖》及其序。蒙文通先生言：「觀於希夷、鴻濛受詔酬對之際，正其宗風所在，視林靈素輩之術，非能之而不言，殆有不屑為者。則已厭上來隋唐之舊轍，而極深研幾於圖書象數，此又新舊道流之一大限也。呂東萊編《宋文鑑》，於希夷取《龍圖序》一篇，此正宋之道家」[62]。《易龍圖》僅一卷，有圖文兩部分，文字很短，據宋元道士雷思齊云：「陳摶圖南始創意，推明象數，自謂因玩索孔子三陳九卦之義，得其遠旨，新有書述，特稱《龍圖》，離合變通，圖餘二十，是全用《大傳》天一、地二至天五、地十、五十有五之數，雜以納甲，貫穿《易》理」[63]。陳摶長於《易》，並通過象數來表現其思想，而其象數觀念是建立

---

62 蒙文通：《陳碧虛與陳摶學派》，載《圖書集刊》第8期。
63 雷思齊：《易圖通變》卷四《河圖辨證》，《正統道藏》第34冊。

在「天地未合之數」和「天地已合之位」的區分上來的。在他看來，「天地未合之數」是根本的，「天地已合之位」是變形而來的。陳摶的象數觀念對宋代理學家影響很大，這就牽涉到了宋代理學史的一樁公案。據說，北宋理學開山鼻祖周敦頤的《太極圖說》就是來源於陳摶的《無極圖》，如果說周敦頤完全師承陳摶，似不完全可信，但說周氏思想來源於陳摶的思想，則或許有很大可能。此外，北宋理學家邵雍的象數之學是傳陳摶先天之學得以發揮，則是事實。陳摶開北宋象數學之風，對北宋理學及象數學有重大影響。同時，陳摶還是首倡三教合流的第一人，他的觀空思想就明顯有佛教哲學思想的烙印，出於佛而入於道。他說：「欲窮空之無空，莫若神之于慧，斯太空之蹊也。於是有五空焉」，五空即頑空、性空、法空、真空、不空，只有通過這五空，才能達到神仙境界，「一神變而千神形矣，一氣化而九氣和矣。故動者靜為基，有者無為本。斯亢龍回首之高真者也」[64]。他對佛教極為推崇，認為佛教可以引人入於不可言喻而只能「感誠」的神仙境界，但他又肯定儒家的「獨慎」思想，認為「一念之善，則天地神祇、祥風和氣皆在於此。一念之惡，則妖星厲鬼、凶荒札瘥皆在於此。是以君子獨其慎」[65]。他的三教合流思想對理學的興起，實有開啟作用。這說明三教合流、互為滲透不只是宋儒革新儒學的需要才被迫提出，而是三教具有的共同願望。

繼陳摶之後，在道藏文獻整理方面有名的道士要算張君房。君房真宗景德中三舉進士及第，官至集賢校理，大中祥符中，自御史台謫官寧海。張君房一生著述甚豐，如《雲笈七籤》、《乘異記》、《麗情集》等書。真宗崇道，令其編纂道家經典。君房不負君托，編成道書一百二十卷，復撮要提凡總萬餘條成《雲笈七籤》。道教稱書箱為「雲笈」，分道書為三洞四輔，總為七部，故題此書名為《雲笈七籤》。君房編此書目的是「上以酬真宗皇帝委遇之恩，次以備皇帝陛下乙夜之覽，下以裨文館校讎之職」，主要是供皇帝御閱，以便了解道教的概貌。其次是為了文館校讎之便；此外，也是為了使道教這一傳統的宗教得以發揚光大。所

---

64 《道樞》卷十《觀空篇》，《正統道藏》第34冊。
65 陳摶：《太乙宮記》，《全宋文》第1冊，220頁，成都，巴蜀書社，1988。

以，《四庫全書總目提要》說此書「類例既明，指歸略備，綱條科格，無不兼該，道藏菁華，亦大略具於是矣」。但這部雖為道藏的文獻，卻看不出某一道士的思想體系來，只是一本供參考所用的書。

張君房後，在宋中葉又出了一個有名的道士，這就是張伯端。張伯端是北宋天台人（今浙江境內），少好學，自謂「僕幼親善道，涉獵三教經書，以至刑法書算，醫卜戰陣，天文地理，吉凶死生之術，靡不留心詳究」。張伯端的主要思想及代表作主要為《悟真篇》。道教發展到宋代，符籙派成為主流，但金丹道教繼之而興，從魏伯陽的內丹說為中心思想到張伯端時發展成為道統。北宋金丹道教的主要代表人物有鍾離權、呂洞賓、陳摶等人，而到張伯端時，金丹道教呈蓬勃發展之勢。從《悟真篇》中可以看出張伯端對道教的傑出貢獻。

張伯端在理論上的突出貢獻是他的性命學說，他把性分為先天之性和氣質之性。他說：「欲神者氣稟之性也，元神乃先天之性也。形而後有氣質之性，善反之則天地之性存焉。自為氣質之性所蔽之後，如雲掩月，氣質之性雖定，先天之性則無有。然元性微而質性彰，如君臣之不明而小人用事以蠹國也。且父母構形而氣質具於我矣，將生之際而元性始入，父母以情而育我體，故氣質之性每寓物而生情焉」[66]。這種把性分為「本元之性」和「氣質之性」的說法，與宋儒朱熹的許多說法相同。張伯端早於朱熹，可見張伯端關於性的理論說法給朱熹以很多啟示，只不過理學家不言煉丹說，而道教徒卻極關注內丹的修練。

張伯端還有「性命雙修」之說。他認為老子的修養方法重命不重性，而佛教徒重性不重命，儒家才「極臻乎性命之奧」。他主張儒釋道三教為一，認為「教乃分三，道則歸一」。但在具體方法步驟上則主張先「命」後「性」。他說：「虛心實腹義具深，只為虛心要識心，不若煉鉛先實腹，且教守取滿堂金」。「虛心」即性功，「實腹」指命功，古人以精、氣、神喪失殆盡為「不識心」，因此煉丹時要先實腹以補已虧損之精、氣、神，然後循序漸進，再行無為之道。張伯端關

---

66 《洞真部·方法類·玉清金笥青華秘文金室內煉丹訣》卷上第八。轉引自楊向奎：《中國古代社會與古代思想研究》上冊，511頁，上海，上海人民出版社，1962。

於性命的注解，給日後的理學家以許多暗示，在修養方法上亦有互為關聯之處。

張伯端提倡三教歸一，此後成為宋代道家各派的一個共同趨勢，即道家思想中糅合佛教和儒家的學說。兩宋之際的曾慥是這樣，南宋寧宗時的白玉蟾也是這樣，南宋末年的俞琰更是如此。在其《易外別傳》中以邵雍的《先天圖》發揮道徒內丹的宗旨，公開宣稱《先天圖》是「丹家之說」。他所著的《周易參同契發揮》更是採納朱熹的學說，有時也採納張載的說法。所以，俞琰是道教和理學家之間的一個橋梁。

宋代道教無論在思想上或規模上都是道教史上最發達的時代，其思想體系有許多和理學家相通的地方，他們互相影響互為推動。理學家表面上諱言佛道，而道教卻是大張旗鼓援儒入道，提出「三教歸一」的主張。如果單從思想史上講，道家的學說是給理學家以很大啟發，豐富了理學家唯心主義的思想體系，因此在宋代文化史上，援儒入道，佛道合流是歷史發展的一個大趨勢。

四、儒道融合

儒、佛、道三教合流是宋代三教關係的大趨勢，尤其是道教入宋後被官方尊為官方宗教，但其並沒有關門自我發展，而是不斷吸引和融合其他學派的思想。上文我們提到道教徒張伯端、曾慥等人都表現出了三教合一的思想，同時大膽吸收儒家思想，充實和完善道教思想體系，這只是道教根據形勢發展的要求所作出的自我完善的態勢。但另一方面，也可以說是主要方面即儒家對道教的吸收，這是宋代文化史上的一個突出特點，也表現出了宋代學術的開拓、兼容精神，我們有必要重點探討道教和儒家的關係，宋儒對道教的吸收和認同。

在宋代的政治生活中，道教被尊奉自不必多言，而道教對社會生活產生影響的還是表現在一般的士人階層上，尤其以弘揚傳統儒學為己任的宋儒們，對待道教持何種態度更能說明問題。

在佛教和道教的立場上，宋儒一般是認同道教而拒斥佛教，因為道教比之佛

教，離儒家傳統文化要近一些，從民族意識出發，大多宋儒多認同道教。如王禹偁對佛教堅決排斥，但視道教為知己，穿道士服，讀《老子》書，並賦詩頌道：「子美集開詩世界，伯陽書見道根源」[67]。宋儒這種親道疏佛的認識，導致了理學在形成過程中對待異學的兩種態度，一是宋儒吸收異學，先由道而後及佛；二是宋儒在吸收佛學時，往往打著道教的旗號來進行。如宋初李覯、曾鞏等人在排佛時就竭力主張，苟不得已可以通過讀老莊之書的方法以代替並消滅佛教，其根由便是「何必去吾儒而師事戎狄哉」[68]。他們看來，佛為夷狄之教，而道為本土宗教，在民族情感的驅動下親老疏佛是宋儒都能接受的方法。

儒學對道教的吸收，最典型的事例要算理學家邵雍、周敦頤在其學術思想中對先天圖和太極圖的接受。據一些史書載，邵雍之《先天圖》、周敦頤之《太極圖》從師承上說均來自於宋初道士陳摶、种放，這種觀點已為學術界所否定[69]，但周、邵兩圖在創造過程中接受道家的影響是可靠的。如《太極先天圖》云：「粵有太易之神，太始之氣，太初之精，太素之形，太極之道，無古無今，無始無終也」；周敦頤之《太極圖說》云：「自無極而為太極。太極動而生陽，動極而靜；靜而生陰，靜極復動。一動一靜，互為其根」；邵雍之《皇極經世·經世衍易八卦圖》云：「天之大，陰陽盡之矣；地之大，剛柔盡之矣，天生於動者也，地生於靜者也。一動一靜交而天地之道盡之矣。」從上述三者對比可以看出，前者自為一家，後二者頗有相似之處。前者用的多是道教術語，而後者顯然是糅進前者創成之說。邵雍、周敦頤作為理學大師，其學說多方糅進了道家思想。

在宋代儒學大師中，對道教的經典之作《老子》特別垂青的是王安石，他著有《老子注》二卷，書中將儒道融合在一起的做法有三：一是以儒解老，二是以老解儒，三是糅合儒道創成己說。如王安石在解釋道家的「無為」思想時，就明顯地摻進了儒學的內容。他在解釋「為學日益，為道日損，損之又損之，以致於

---

67 王禹偁：《小畜集》卷九《日長簡仲咸》，叢書集成初編本。
68 《李覯集》卷二十八《答黃著作書》。
69 陳植鍔的《北宋文化史論》、卿希泰主編的《中國道教史》均持此說。

無為」時說：「為學者，窮理也。為道者，盡性也。性在物謂之理，則天下之理無不得，故曰『日益』。天下之理，宜存之於無，故曰『日損』。窮理盡性必至於覆命，故『損之又損之，以致於無為者，覆命也。』」他引《易・說卦》中的「窮理盡性以致於命」解釋道家之「無為」，從理論上把道家闡釋為宋儒都可接受認同的性理之學。不僅如此，他還從社會政治的角度剖析道家的「無為」思想，認為「無為」不僅通於佛教的心性義理，也通於儒家的「禮樂刑政」。

王安石之時，各學術流別都試圖將儒佛道糅合在一起。蘇軾走的是由儒而道，由道而佛的治學道路，其弟蘇轍亦不例外。蘇轍平生用力最多的是《老子新解》。蘇軾對弟弟此書的評價是：「子由寄《老子新解》。使戰國時有此書，則無商鞅、韓非；使漢初有此書，則孔、老為一；晉、宋間有此書，則佛老不為二」[70]。就連後來的朱熹也說：「蘇侍郎晚為是書，合吾儒於老子以為未足，又並釋氏而彌縫之」[71]。不論其是讚許或批評，大都承認蘇轍在此書中糅合了儒釋道三者的特點。可見，宋儒在治學時大都援道入儒，儒道結合。其實這不光是宋儒的努力方向，宋代的道士們也是朝著這個方向努力的，如道士張伯端在《悟真篇》序中所言：「老釋以性命學開方便門，教人修積以逃生死……《周易》有窮理、盡性、至命之解，《魯語》有毋、意、必、固、我之說，此又仲尼極臻於性命之奧也」。可以說性命之學成了儒釋道三家共同追求的結合點。因此北宋中葉以後，儒、佛、道三教合流成為中國思想發展史的一大特色。宋代的新儒學正是在排斥佛老，又盡用其說；既捍衛儒學的獨尊，又兼收異質文化的基礎上，才造就了影響中國封建社會後期的占主導地位的文化思想——理學。

---

70 蘇軾：《仇池筆記》卷上《老子解》，上海，華東師範大學出版社，1983。
71 朱熹：《朱子大全》卷七十二《雜學辨・蘇黃門〈老子解〉》。

第三節 ·
民間祕密宗教

宗教信仰在宋代有較肥沃的土壤和廣闊的活動空間。佛、道是被官方認可並受扶持的宗教，故自視為正統宗教。除此之外，在北方南國、城市鄉村甚或偏遠的山區還活躍著許多一向被官方禁止或被佛道所鄙棄的宗教教派，史書中稱其為「魔教」或「邪教」，這就是民間祕密宗教。

宋代的民間祕密宗教是被官方嚴加禁止或明令取締的，然而由於特殊的歷史條件的制約，民間祕密宗教不但沒有銷聲匿跡，反而屢禁不止，愈演愈烈。宋代民間祕密宗教不僅教派繁多，流傳廣泛，染者甚眾，而且多數祕密宗教成為下層貧民用來反抗官府壓迫和剝削的有力思想武器。

一、龐雜的祕密宗教

宋代祕密宗教教派特別多而且非常龐雜，各地稱呼也大不一樣。北宋仁宗時，在京畿、河北一帶有「經社」、「香會」活動；北宋末，在浙東地區有「白雲宗」和「明教」；南宋初江南有「白蓮宗」和「白衣禮佛會」；南宋寧宗時，江浙一帶更有「白衣道」的宗教組織。陸游在其筆記中對南宋江南一帶的祕密宗教組織有較詳細的記載：「淮南謂之二會子，兩浙謂之牟尼教，江東謂之四果，

江西謂之金剛禪，福建謂之明教、揭諦齋之類，名號不一」[72]。這是有名號的，至於那些「夜聚曉散，傳習妖教」的就更多了。

儘管祕密宗教組織名稱不一，但有一點基本上是相同的，即其教義多崇尚佛道，有的信佛，有的崇道，也有的是佛道融合而成的新教派。如有的宗教組織「凡魔拜必北向，以張角實起於北方，觀其拜，足以知其所宗」[73]。很顯然這支教派與五斗米道有關係，係五斗米道的流傳；有的教派「云其原出於五斗米，而誦《金剛經》。其說皆與今佛者之言異，故或謂之金剛禪。然猶以角字為諱而不敢道也」[74]。此教派既非道，亦非佛，是佛道糅合而成的新教派。這種情況在宋代較為普遍，因為佛道是正統宗教，受到官方的禮遇，祕密宗教要想得以生存和發展，不被官方取締，只有依託佛老，盡量減少麻煩，這是合乎情理的。宋代祕密宗教組織很多，但有較大影響的有摩尼教（或明教）、白雲宗、白蓮宗、白衣道等。

（一）摩尼教（明教）

摩尼教係波斯人摩尼創立於西元三世紀，西元六九四年由回紇傳入中國。唐會昌五年（845 年），唐武宗滅佛，摩尼教受到株連，亦被官方禁止，從此轉入民間，成為祕密宗教。五代後梁貞明六年（920 年），陳州母乙、董乙聚眾起義，參加者多為摩尼教徒。《舊五代史》有記載：「陳州里俗之人，喜習左道，依浮屠氏之教，自立一宗，號曰上乘；不食葷茹，誘化庸民，糅雜淫穢，宵聚晝散。州縣因循，遂致滋蔓」[75]。

摩尼教自轉入民間後，糅進了佛道的內容，原始的摩尼教已蛻變成佛、道、摩尼三教的結合體，形成了一種新的祕密宗教組織，但仍與摩尼教有相承關係，這就是明教。摩尼教之被稱為明教，始於五代，宋代有些地方稱摩尼教，有些地

---

72 陸游：《渭南文集》卷五。
73 方勺：《泊宅編》卷下，北京，中華書局，1983。
74 葉夢得：《避暑錄話》卷下，學津討原本。
75 《舊五代史》卷十。

方稱明教。宋代明教活動區域主要在南方，尤以福建、兩浙為最。陸游在《老學庵筆記》中載：「閩中有習左道者，謂之明教，亦有明教經，甚多刻版摹印，妄取道藏中校定官名銜贅其後。燒必乳香，食必紅蕈，故二物皆翔貴，至有士人宗子輩，眾中自言：『今日赴明教齋』。予嘗詰之：『此魔也，奈何與之遊』？則對曰：『不然，男女無別者為魔，男女不親授者為明教』。」[76] 明教不是原始的摩尼教，但繼承了摩尼教的基本教義並糅合了佛道的一些內容，洪邁在《夷堅志》中有詳細記載：「吃菜事魔，三山尤熾。為首者紫帽寬衫，婦人黑冠白服，稱為明教會。所事佛衣白，引經中所謂『白佛言，世尊』，取《金剛經》一佛二佛三四佛，以為第五佛。」「又名末摩尼，採《化胡經》『乘自然光明道氣，飛入西那玉界蘇鄰國中，降誕王宮為太子，出家稱末摩尼』，此自表證」。「其經名二宗三際。二宗者，明與暗也。三際者，過去、未來、現在也」[77]。由此可見，明教雖糅進了佛教的內容，但保留了摩尼教的基本教義，這就是二宗三際說。二宗是光明和黑暗，三際是初際、中際和後際，也就是過去、現在和將來。

　　明教何至於攀附佛教，而失去原始的宗教色彩？這主要是受困於佛教的排斥。佛教自被奉為正宗後，對其他宗教多採取排擠之勢，一是出於門戶之見，二是出於某種政治特權。明教要得以生存，只能攀附佛教。儘管如此，明教仍未得到佛教的同情，反而被扣以「魔教」而大加排斥。儘管明教被視為「魔教」，並為佛教所恥，為官方所禁止，但民間信教者卻很多，入宋後此風猶盛。「中國之摩尼教信者，乃漸自行組織教會，衍厥宗風，至南宋復盛」[78]。「兩浙州縣，有吃菜事魔之俗」[79]。方臘起義前，明教已在「各於所居鄉村，建立屋宇，號為齋堂」[80]。起義失敗後，那些事魔者「每鄉或村，有一二桀點，謂之魔頭，盡錄其鄉村之人姓氏名字，相與誼盟，為事魔之黨。凡事魔者不食肉，而一家有事，同黨之人，皆出力以相賑恤，蓋不食肉則費省，故易足」[81]。在南宋，明教勢力很

76　陸游：《老學庵筆記》卷十，北京，中華書局，1979。
77　志磐：《佛祖統紀》卷四十八，轉引洪邁《夷堅志》。
78　陳垣：《摩尼教入中國考》，《陳垣史學論著選》，上海，上海人民出版社，1981。
79　李心傳：《建炎以來繫年要錄》卷七十六，叢書集成初編本。
80　同上。
81　《宋會要輯稿·刑法二》。

大，吸收了各個階層的人參加，不專指下層貧民，也有一些士人參加。從文獻上看，明教在宋代並未形成全國規模的宗教組織，也沒有鮮明的宗旨和統一的領導機構。

（二）白蓮教

白蓮教又稱「白蓮菜」、「白蓮道」或「白蓮會」，傳統的看法認為白蓮教產生於元代，盛於明清。其實作為宗教社團其出現於北宋中葉，而作為獨立的宗教組織則出現於南宋。

白蓮教的創始人為北宋江蘇吳郡沙門茅子元，時人稱其為白蓮菜者，以食齋為其宗旨之一。據《釋門正統》載：

所謂白蓮教者，紹興初吳郡延祥院沙門茅子元曾學於北禪梵法主會下，依仿天台出《圓融四土圖》、《晨朝禮懺文》。偈歌四句，唸佛五聲，勸諸男女同修淨業，稱白蓮導師。其徒號白蓮菜人……有論於有司者，加以事魔之罪，蒙流江州。……又白衣輾轉傳授，不無謬訛，唯謹護生一戒耳[82]。

後來，南宋天台宗僧人志磐依據《釋門正統》增加了許多內容，對白蓮教進行空前的誣衊，說：

吳郡延祥院僧茅子元……自稱白蓮導師，坐受眾拜。謹蔥乳、不殺、不飲酒，號白蓮菜。受其邪教者謂之傳道，號與之通淫者謂之佛法。相見傲僧慢人，無所不至。愚夫愚婦轉相誑誘，聚落田里，皆樂其妄。有論於有司者，正以事魔之罪，流於江州。然其餘黨效習，至今為盛[83]。

茅子元雖為天台宗所惡，卻為淨土宗所抬舉，並奉其為慈昭宗主，說茅子元：

---

82 宗鑑：《釋門正統》卷四《斥偽志》。
83 志磐：《佛祖統紀》卷四十八。

乃慕廬山遠公蓮社遺風，勸人皈依三寶，受持五戒，一不殺，二不盜，三不淫，四不妄，五不酒，念阿彌陀佛五聲，以證五戒，普結淨緣，欲令世人淨五根、得五力、出五濁也。乃攝集大藏要言編成《白蓮晨朝懺儀》，代為法界眾生禮佛懺悔，祈生安養。後往淀山湖，創立白蓮懺堂，同修淨業。[84]

從上述材料可以看出，首先白蓮教不是域外宗教，它是在吸收淨土宗和天台宗教義的基礎上創立起來的；其次是白蓮教「男女同修淨業」，即男女信徒可以在一起共同修練；最後是白蓮教徒可以結婚，可以有家有室，有田有產。三點之中後兩點尤為佛門正統所不容，故視其為「魔教」，官府亦以「事魔」之罪加以制裁。可以說白蓮教從創始之日起，便轉入民間，神祕色彩愈來愈濃。到了南宋理宗時期，白蓮教徒上書為自己辯護，自稱「我係白蓮，非魔教也」，但官府卻認為其「既吃菜，既鼓眾，便非魔教亦不可，況既係魔教乎？」[85]仍視其為魔教而加以取締。

（三）白雲教

白雲教又名白雲宗，又稱白雲菜，創教者為北宋徽宗時期僧人孔清覺。孔清覺於哲宗元祐七年（1092 年）雲游到杭州靈隱寺，住在靈隱寺後白雲山庵，從此便以此庵為基地，玄化開禪，自立宗派，取白雲庵之名，號曰白雲宗。

北宋末年，道教大興，壓抑佛教，孔清覺著《三教編》、《十地歌》等為佛教抗爭。後來他先後雲游各地，相繼創立「十地」、「出塵」等寺院。政和六年（1116 年），有人告其傳習「魔法」，被官府流配到廣南恩州。四年後獲釋，不久去世。後弟子慧能承其衣鉢，在杭州附近創白雲塔和普寧寺，其眾弟子在浙江山區建有九座寺院，因而「其宗聿興浙右」[86]。白雲教實屬華嚴宗，但佛門天台宗不能容忍其存在，以其教義「流於俗」譏其為「十地菜」。

---

84 普渡：《廬山蓮宗寶鑑》卷四《慈昭宗主》。
85 《名公書判清明集》卷十四《痛治傳習事魔之人》，北京，中華書局，1987。
86 覺岸：《釋氏稽古略》卷四，四庫全書珍本。

白雲教的教徒堅持食素，生活非常簡樸。白雲教自沈智元為教主時立下了規矩，教主變成世俗世襲制，教徒自稱為「道民」，有人稱其為「有髮僧」。白雲教嚴禁通婚，教規相當嚴厲。白雲教一般不對抗官府，但官府卻不容其存在。有人認為白雲教「自謂道民，實吃菜事魔之流，而竊自托於佛老，以掩物議。既非僧道，又非童行」[87]；也有人認為：

　　道民者，吃菜事魔，所謂奸民者也。自植黨與，千百為數，挾持祖襖教，聲聾愚俗。或以修路建橋為名，或效誦經焚香為會，夜聚曉散，男女無別。所至各有渠魁相統，遇有爭訟，合謀併力，厚啖胥吏，志在必勝。假興名造，自豐囊囊，創置私庵，以為捕逃淵藪。智元偽民之魁，左道惑眾，捄之以法，罪不勝誅[88]。

　　白雲教活動區域主要在江浙一帶，其道民或有髮僧，非正常地由世襲的世俗宗教領袖所認可，「他們與普通成員在白雲宗廟寓裡共同生活」[89]。白雲教在元代很盛，有道民十萬，明時再次遭禁，以後就銷聲匿跡了。

（四）白衣道

　　在宋代以「白衣」為名稱的民間宗教組織很多，有的稱「白衣師」，有的稱「白衣禮佛會」，還有的稱「白衣道」。這些宗教組織是托於明教，或假於佛道，史載不詳，無法探究。這些宗教群體或「假借天兵，號迎神會，千百成群，夜聚曉散，傳習妖教」[90]，或「看經唸佛，雜混男女」，[91]活動方式都比較隱蔽，因此均被官府以「吃菜事魔」之罪加以禁止。

---

87 《宋會要輯稿‧刑法二》之一三〇。
88 志磐：《佛祖統紀》卷五十四。
89 〔美〕歐大年：《中國民間宗教教派研究》，134頁，上海，上海古籍出版社，1983。
90 《宋會要輯稿‧刑法二》之一一一。
91 《宋會要輯稿‧刑法二》之一三二。

二、盛熾的祕密宗教

宋代民間祕密宗教最大的一個特徵就是流行很盛，活動區域極廣，參加人數極多，這些都是前代所未有的。

宋代民間宗教活動區域幾乎遍及趙宋王朝統治的各個角落，具體來說，各地情況略有不同，發展規模不太均衡。一般而言，北宋時祕密宗教多集中於京師附近的諸路、川陝和江南等地區，南宋時則集中於江浙福建等路。

從北宋中葉開始，京畿、河北一帶民間傳習「妖教」很盛，「僧徒讖戒、里俗經社之類，自州縣坊市至於軍營，外及鄉村，無不向風而靡」[92]。這些民間宗教社團或「起妖祠以聚眾」，或以誦佛為掩護，夜聚曉散，頻繁活動。在南方，崇鬼尚巫，建祠立壇更盛，其或「假托吉祥，愚弄黎庶，剿絕性命，規取貨財。皆於所居塑畫魅魑，陳列幡幟，鳴擊鼓角，謂之神壇」[93]。到了北宋末年，由於階級矛盾、民族危機日益加深，各地民間宗教活動更加活躍，「燒香受戒，夜聚曉散」，「別有經文，互相傳習」多如牛毛，有的地方「鼓惑眾聽，劫持州縣」[94]。方臘起義後，「其徒處處相煽而起」[95]。

南宋時，祕密宗教活動更甚，從當時一些士人的筆記中可以窺其盛況。如范浚記載當時的情形時說：「江浙之人傳習妖教舊矣，而比年猶盛，綿村帶落，比屋有之」[96]；廖剛也有類似的記載：江浙一帶吃菜事魔者很多，「倡自一夫，其徒至於千百為群，陰結死黨」[97]。宋孝宗時，發展勢頭更猛，「非僧道而輒置庵寮，非親戚而男女雜處，所在廟宇之盛，輒以社會為名」[98]。由於官府對祕密宗教防範很嚴，所以許多民間宗教把活動的範圍從城市轉移到鄉村，或官府無力控

92 張方平：《樂全集》卷二十一《論京東西河北百姓傳習妖教事》，四庫全書珍本。
93 夏竦：《文莊集》卷十五《洪州請斷妖巫奏》，四庫全書珍本初集。
94 《宋會要輯稿·刑法二》之一一一。
95 莊季裕：《雞肋編》卷上，北京，中華書局，1983。
96 范浚：《范香溪先生文集》卷十四，四庫全書珍本初集。
97 廖剛：《高峰文集》卷二《乞禁妖教札子》，四庫全書珍本初集。
98 《宋會要輯稿·刑法二》之一二〇。

制的窮山僻谷之中，許多深山老林成了民間宗教的活動場所。

積極參加民間祕密宗教並成為其忠實信徒的，一般來說多是些沒有文化、生活極度貧窮的下層農民或小市民。宋代這種情況沒有多大改觀，下層農民是祕密宗教的主要來源，但階層構成也有較大的突破，有所謂「奸豪」、「拳勇」、「橫猾」和「游惰不逞之輩」，也有大量的官吏、士人和士兵。人員結構較之前代更為複雜。

三、組織、法規與活動

宋代的民間宗教，都有自己獨立的組織網絡、活動場所和嚴格的教規，南宋時更為突出。

民間祕密宗教的內部組織系統，基本上承襲和借用了封建等級制度的做法。其首領稱「王」或「公」，「其魁謂之魔王，為之佐者，謂之魔翁、魔母，各誘化人」[99]。如方臘領導明教起義時，自稱「聖公」，「置偏裨將，以巾飾為別，自紅巾而上凡六等」[100]。南宋淳祐年間，官府破獲一起白蓮教組織，其首領張大用、劉萬六自稱「尊長」，李六二自號「大公」，丁慶二「僭稱主簿」。教內設有「識堂」，「聚眾羅拜，巍然高坐」；「假立官品，自上名號」；「佈置官屬，掌簿掌印」，而且還做御書，行官法，「出牒陞差，無異官府」[101]。

在下層，尤其在民間，同樣有一套嚴密的組織系統，有的「每鄉或村有一二桀黠，謂之魔頭。盡錄其鄉村之人姓氏名字，相與誼盟，為事魔之黨」[102]；有的「一鄉一聚，各有魁宿」[103]；有的「各有主首，願為徒侶之人，即輸錢上簿，聽

---

99 莊季裕：《雞肋編》卷上。
100 方勺：《泊宅編》卷下，北京，中華書局，1983。
101 《名公書判清明集》卷十四《蓮堂傳習妖教》。
102 李心傳：《建炎以來繫年要錄》卷七十六，紹興四年。
103 《宋會要輯稿·刑法二》之一三〇。

其呼率」[104]；有的「號令之所以出，而言語之所以授，則有宗師」[105]。宗師有大小之別，大的宗師有信徒數千人，小的宗師有千餘人，最小的也有數百人。每月的初一、十五，每個信徒要出資一定數額到魔翁處燒香，翁母將所得錢財定時交於魔王。可見一斑的宗教都有較完備的組織系統，信徒由大小首領相統轄，信徒須交納一定的錢財作為本教的活動經費。

民間宗教除組織系統外，教規也是必不可少的，它是約束每個成員的行動準則，是祕密宗教得以生存和發展的基礎。民間宗教越是受到官府的壓制，其教規也就越嚴密。宋代祕密宗教教規很多，有的宗教「初授法設誓甚重」，教徒「雖死於湯鑊，終不敢言角（張角）字」[106]；有的教派首領權力很大，教徒「從其言甚於典章，畏其威重於官吏」[107]；有的宗教首領「御其徒如君之於臣，父之於子；而其徒之奉其宗師，凜然如天地神命之不可犯，較然如春夏秋冬之不可違也，雖使之蹈白刃赴湯火可也」[108]。絕對的權威，嚴厲的教規，宋代的祕密宗教得以「呼吸之間，千百響應」[109]。

每個祕密宗教都有自己固定的活動場所，各個教派稱呼不一，大致有「祠」、「神壇」、「佛堂」、「齋堂」、「讖堂」、「道院」等。這些場所是各派進行宗教活動的地方，也可以說是各教活動的據點。

祕密宗教的聯繫不是鬆散型的，而是緊密型的，為了加強教徒間的聯繫，集會、舉行宗教儀式是很重要的環節。如浙東的明教，「每年正月內，取曆中密日，聚集侍者、聽者、姑婆、齋妹等人，建設道場，鼓煽愚民男女，夜聚曉散」[110]。浙右的白雲教「平居暇日，公為結集，曰燒香、曰燃燈、曰設齋、曰誦

---

104 李心傳：《建炎以來繫年要錄》卷六十三，紹興三年。
105 王質：《雪山集》卷三，叢書集成初編本。
106 莊季裕：《雞肋編》卷上。
107 夏竦：《文莊集》卷十五。
108 王質：《雪山集》卷三。
109 《宋會要輯稿‧刑法二》之一三二。
110 《宋會要輯稿‧刑法二》之七十八。

經，千百為群，倏聚忽散」[111]。可見，「夜聚曉散」是祕密宗教活動的主要方式。

民間祕密宗教之所以得以存在和發展壯大，其中很重要的一點是得力於宗教內部的一種凝聚力。這種凝聚力表現在教徒之間的團結、互助、友愛。

在經濟生活上，教徒「一家有事，同黨之人皆出力以相賑恤」[112]。不管你如何貧窮，只要一旦入教，就會「眾率財以助，積微以致於小康矣。凡出入經過，雖不識，黨人皆館谷焉」[113]。這種經濟上的互助精神，對於貧困農民具有很大的吸引力，下層農民之所以甘冒風險入教是有一定的經濟原因的。此外，民間宗教的友愛精神還表現於政治上，如果教友被罪遭捕，教中同仁不惜出力出錢行賄地方官，以求獲釋；如果教友同他人發生爭訟鬥毆，教友也會「合謀併力，共出金錢，厚賂胥吏，必勝乃已」[114]。這種互助友愛精神，對無權無勢的小農是一種精神鼓勵，儘管官府法禁日嚴，但小農仍「爭趣歸之。」

利用宗教加強對人們的思想控制，是統治者的一貫伎倆，宋代統治者崇佛敬道也正是出於這樣的目的。但對於正統宗教的異端——祕密宗教，統治者的態度截然相反。這主要是民間祕密宗教衝擊和危害了封建倫理道德的秩序，不利於統治者對人們思想的整齊劃一；再者一些祕密宗教「百十為群，張旗鳴鑼，或執器刃，橫行郊野間」[115]；或「結集既眾，乘亂而起」[116]，破壞了正常的社會秩序運行，因而統治者對民間宗教不是明令取締，就是殘酷鎮壓，以高壓的手段限制祕密宗教的傳播。

宋代禁止民間宗教的活動主要體現在兩個方面。一是頒布法律，嚴禁祕密宗教的活動；二是鎮壓或以殘酷的手段加以懲罰。北宋初曾依五代舊律嚴禁祕密宗教活動，其規定：「或僧尼不辨，或男女混居，合黨連群，夜聚明散。托宣傳於

---

111 《宋會要輯稿‧刑法二》之一三〇。
112 李心傳：《建炎以來繫年要錄》卷七十六。
113 莊季裕：《雞肋編》卷上。
114 《宋會要輯稿‧刑法二》之一三〇。
115 《宋會要輯稿‧刑法二》之一二〇。
116 莊季裕：《雞肋編》卷上。

法會，潛縱恣於淫風……關連徒黨，並決重杖處死」[117]。法令雖嚴，但並未完全震懾住祕密宗教的活動，相反由於土地兼併的日益加劇，階級矛盾的日漸激化，祕密宗教的活動反而愈演愈烈。統治者更是變本加厲，立法更嚴。如方臘起義被鎮壓後，宋代明文規定嚴禁吃菜事魔，「諸吃菜事魔，或夜聚明散、傳習妖教者，絞；從者，配三千里；婦女千里編管。托幻術者減一等，皆配千里，婦女五百里編管；情涉不順者，絞。以上不以赦降原減，情理重者奏裁。非法習妖教，流三千里，訴人告捕，至死者財產備賞，有餘沒官。其本非徒侶而誑誘，不曾傳授他人者，各減二等」[118]。為了禁止祕密宗教的活動，宋代統治者還發明了許多辦法加以瓦解、離間祕密宗教組織。如重告撲之賞，嚴徒黨之坐。「能反告者，賞錢五萬，以犯者家財充」[119]。為禁止「燃頂、煉臂、刺血、斷指夷人之法」，「齎賞錢三千貫文」[120]，令民告奸。重賞之下，必有勇夫，以致於「奸人乘便，構造疑似，以干賞利。或挾仇怨，更相攀引」[121]。搞得人不自安，民情惝怨。

宋代法禁雖嚴，但由於階級壓迫甚重，農民起義接連不斷。但對以「妖教」惑眾舉事，反抗官府的，宋代懲罰尤重，往往不惜派重兵鎮壓。在軍事鎮壓過程中，除對首犯處以嚴刑外，對於所染及的農民和教徒也殘酷鎮壓，橫加屠殺。如在鎮壓方臘起義過程中，「用兵十五萬，斬賊十五萬」、「所殺平民不下二百萬」[122]。劉光世在鎮壓王唸經起義時，光饒信一帶就有「二十萬人無辜就死」[123]。這一點連官府要員王居正也承認：「自方臘平至今十餘年間，不幸而死者，不知幾千萬矣」[124]。王居正所言可能有些誇大，但統治者對民間宗教屠殺極殘酷，可以說並非言過其實。

117 《五代會要》卷十二，上海，上海古籍出版社，1978。
118 《宋會要輯稿·刑法二》之一一二。
119 《宋會要輯稿·刑法二》之二十一。
120 《宋會要輯稿·刑法二》之六十五。
121 張方平：《樂全集》卷十八《再對御札一道》。
122 方勺：《泊宅編》卷下。
123 《建炎以來繫年要錄》卷三十四。
124 《建炎以來繫年要錄》卷七十六。

既然如此，民間宗教何以方興未艾，屢禁不止呢？南宋初起居舍人王居正認為：「事魔者不食肉，而一家有事同黨之人皆出力以相賑恤，蓋不食肉則費省，故易足；同黨則相親，相親故相恤，而事易濟」[125]。也有人認為是法禁太嚴，「每有告者，株連既廣，又當籍沒，全家流放，與死為等，必協心同力，以拒官吏，州縣憚之，率不敢按，反致增多」[126]。平心而論，這些士大夫的認識有一定的道理，但並未揭示真正的原因。農民之所以利用民間宗教傳經布道，其中固然有教友間團結友愛互助的親情成分在內，但根本上還是宋代社會階級壓迫、階級剝削、階級矛盾日趨激化的一種反映。由於官府橫徵暴斂，地主階級大肆兼併土地，農民日趨貧困化，起義暴動，鋌而走險，固然是最佳的一種方式，參加祕密宗教，從中尋求到一種精神依託也是必不可少的一個方面。應該說，這才是宋代民間祕密宗教廣為流行的原因所在。對於中世紀的民間祕密宗教，要作具體分析。由於眾多的祕密宗教的龐雜性，這些宗教派別的作用也很不相同，因此，對它們的評價也就應當具體分析。

第四節 ·
巫覡與巫術

在古代社會，由於生產力發展水平的低下以及絕大多數人文化知識的貧乏，人們對自然界以及人體生理上所發生的諸多現象無法解釋，尤其是疾病、死亡給人們心靈上所造成的痛苦，常常使人無所依從，無法理解。為了擺脫痛苦的折

---

125 同上。
126 莊季裕：《雞肋編》卷上。

磨，人們常常將其視為鬼神作祟，祖先示戒。人們渴望有一種力量來解脫病痛，對神靈祖先的崇拜導致了巫覡的產生。巫覡往往藉助人們的愚昧無知，以神與人之間溝通者的身分在吸取了民間某些藥物知識和治療經驗的基礎上，採用符咒、驅神、祈禱、祭祀等迷信方式和手段來解除人們的心靈痛苦。由於這一活動是在愚昧狀態下進行的，加之巫覡故意裝神弄鬼，氣氛和場面也顯得比較陰森恐怖，因而其神祕色彩比較濃。

　　宋代巫師活動比較猖獗，從事巫覡活動的人比較多，基本上形成了一個階層。巫覡主要靠驅神弄鬼等封建迷信活動來騙取人們的錢財。這一階層的廣泛存在以及民間廣大百姓信巫觀念的深厚底蘊，足以說明在宋代廣大百姓的文化知識的貧乏。一方面由於教育的發達，使許多人有了接受教育的機會；另一方面由於科學技術整體水平的不發達，人們無法揭示許多自然現象的奧秘，而儒學又不能給人們這樣的幫助，所以人們在徬徨之際，往往藉助於神靈來祛難消災。此外，巫覡活動的猖獗與否，也與古代醫學的發達與否有很大關係。宋代文化呈發達之勢，科學技術都有長足的發展，醫學也相對有較大提高，宋代的統治者對醫學還是採取客觀的態度對待之，醫學在宋代受到普遍重視。清人曾言：「有宋一代醫學最為留意」[127]。為何宋代巫覡還是那麼猖獗，其間固然有傳統習俗作祟的痕跡，但最主要的還是醫人的社會地位不高，在宋人的眼裡他們被視為下層。再者，宋代的醫人雖作為一個獨立的階層存在，但由於自身水平的不高以及從醫人員不多等原因，人們在無奈之下，被迫迷信巫覡。這就是宋代巫覡活動猖獗的內在動因。

一、巫覡

　　宋代巫覡活動是比較猖獗的，有宋三百二十年的社會生活中，「巫民」作為特殊的社會階層，廣泛地參與了宋代生活的方方面面。

---

127 《四庫全書總目》卷一○三，醫家類一。

宋人對巫師的稱謂沿襲唐人的做法，稱之為師巫，師指男巫，巫指女巫。這只是就一般情況而言，而在大量的文獻記載中，有時也把「師巫」稱為「巫師」，或簡稱「巫」。而對於有些法術高超的巫師，宋人有時也將其與法術精湛的和尚、道士相提並論，尊為「法師」。

宋代習巫的人很多，作為一個獨立的社會階層，往往與僧道相提並論。宋代的僧道階層最多時達二三十萬人，巫師雖沒有僧道多，但人數也不少。比如宋仁宗時，江西洪州的巫師達一千九百餘戶[128]；神宗時虔州的巫師更多，有三千七百家[129]。宋人對巫師稱戶、家而不稱口，一則說明巫師人數很多，是一個獨特的專業；二則說明大多數巫師是家傳的，也可以說世代為巫。如魯應龍在其《閒窗括異志》中載：「巫家丘氏，世事鄒法主……今其子孫，尚以巫祝相傳不絕」。洪邁《夷堅志》也有同樣的記載：「南城士人於仲德，為子斳納婦陳氏。陳世為巫。女在家時，嘗許以事神。既嫁，神日日來惑蠱之。……于氏父子計，以婦本巫家。……遂令歸母父家，竟復使為巫」[130]。除一些家傳巫師外，由於巫師這一職業不費任何辛苦的勞作就可以獲取豐厚的錢財，因此這一職業雖為士人所輕，但對於生活在低層的人來說頗有一定的吸引力，所以許多人往往「自學成巫」。巫師作為一個獨特的社會階層，其生存的先決條件必須有人甘願從事，有人甘心信奉。為了壯大勢力範圍和鞏固自己特有的權威，許多巫師也招收門徒，傳授巫術。巫師所招的門徒，大多從兒童中挑選，這是因為兒童尚不習人間事，終日耳濡目染，較易接受巫術這一活動。夏竦曾對此有所揭露，他說：「嬰孺襁褓，誘令寄育，字曰一『壇留』、『壇保』之類。及其稍長，傳習妖法，驅為童隸」[131]。所謂的壇就是巫師進行巫術活動的神壇，壇留、壇保即養育幼兒的地方。宋代巫師傳授巫術一般很神祕，祕不宣人，所以他們怎樣培養門徒是很難知道的。巫師為了宣揚自己巫術的高明，大多各行其是，相互封閉，並沒有嚴密的組織系統，他們往往依各自信奉的神而有所區別。有時候，宋人把巫術與民間祕密宗教混為

---

128 《續資治通鑑長編》卷一〇一。
129 《宋史·劉彝傳》。
130 洪邁：《夷堅丁志》卷二十《陳巫女》條，北京，中華書局，1981。
131 《續資治通鑑長編》卷一〇一。

一談，一概斥之為「妖教」、「妖法」，其實巫術和民間宗教還是有很大區別的。

巫師所信奉的鬼神有多少，誰也說不清楚。巫師作為人與鬼神相溝通的中介，為了適應民間的多神崇拜，所以其崇奉的神也是很多的。有的事鄒法主，有的事木平三郎，有的事四娘，有的事菩薩。大凡人間有名號的神，都是巫師們崇奉的對象，甚至自己可以憑空捏造，因為巫師所崇拜的諸神，大都聽喚巫師個人的召喚，即「有問休咎者，鬼作人語酬之」[132]。鬼神是否靈驗，一要看求巫者供獻多少或心誠如何，二要看巫師自身的法術是否高超。

宋代巫師活動幾乎遍及各地，不過因地域之別，人們的文化程度差異以及風俗習慣的不同而有所差別。李覯曾言：「今也巫醫卜相之類，肩相摩，轂相擊也。」[133]也就是說不論城市鄉村都有巫覡的活動。一般而言，宋代巫覡活動最猖狂的是江南東西路、荊湖南北路、廣南東西路、兩浙路、福建路和川峽地區。史載：「江西之俗，尚鬼信巫，每有疾病，未嘗親藥餌也」[134]；廣南東西路「凡有疾病，但求巫祝鬼」；「巴楚之地，俗信巫鬼」，「實自古而然」[135]。從地域分布上來看，信巫尚鬼最厲害的地區恰恰都集中於南方，北方雖然也有巫師的活動，但比起南方而言，要相對遜色一些。這是什麼原因？宋代經濟發展水平是極不平衡的，用漆俠先生的話講就是西不如東，北不如南。這是單純從社會生產力角度來看的。但是生產力發展水平是否與文化發展水平相一致，也不盡然。從兩宋歷史看，北方的文化發展水平要高於南方，東部的文化水平要勝於西部地區。文化發展的不平衡對於巫師活動有極大關係，這也是巫師活動在南方盛行的原因之一。其次，巫覡活動之所以橫行南方，也與南方的地理位置、地形面貌、人口居住條件有關。南方多山區或丘陵，交通甚為不便，人口的居住密度相對稀少一些，這些不便的條件，導致了人們較強的封閉意識，外來先進的科學文化知識很難傳播進去；再者，這些地區歷史上都是少數民族聚集的地區，其文化發展水平遠遜於中原地區，中原地區的先進文化對之影響不大；另外即便有些地區經濟發

---

132 洪邁：《夷堅甲志》卷十一《五郎鬼》。
133 《李覯集》卷十六《富國策四》，北京，中華書局，1981。
134 曾敏行：《獨醒雜志》卷二，叢書集成初編本。
135 《皇朝文鑑》卷一二七《述醫》。

展起來，文化水平也較發達，但自古以來形成的傳統習俗，無疑像一張天網束縛著人們的思想。綜上所述，南方地區之所以巫術橫行，並非是一兩個因素在起作用，而是多種因素積澱而成的。

巫師階層的存在，其社會作用是不容低估的，其在某一地區往往成為一種凌駕於社會之上的特權階層，成為沒有官銜但比地方官權力還大的「官長」。如南宋孝宗時，知長沙縣王師愈對荊楚一帶的巫師有過專門的揭露，他說：「臣竊聞荊楚之俗自古信師巫，然而近世為尤甚。其最為害者，有所謂把門師是也。有嫁娶，不暇問媒妁，專信其勘婚；稍奉之不至，則離間兩家，致嫁娶失時者多矣。有疾病，不敢求醫藥，專信其下禁；稍奉之不至，則恐動其親屬，不令侍奉，至有飢渴而死者多矣。比其死亡，則專掌其擇地、選日；稍奉之不至，則托以山川之不吉，年月之未利，動經數歲，不獲埋葬。……愚民無知，信其邪說，甘受此害而不悟，惟恐奉之不厚。以是，師巫家無非溫戶，甚可切齒」[136]。這裡所言的門師其實就是指巫師，從上文中可以看出，荊楚一帶的門師之跋扈。荊楚如此，江西一帶又何嘗不是這樣？夏竦知洪州時曾言：「民之有病，則門施符術，禁絕往來，斥遠至親，屏去便物。家人營藥，則曰神不許服；病者欲飯，即云神未聽殄；率令疫人死於飢渴。洎至亡者服用，又言余崇所憑，人不當留，規以自入。若幸而獲免，家之所資，假神而言，無求不可。其間有孤子單族、首面幼妻，或絕戶以圖財，或害夫而納婦。……小則雞豚致祀，斂以還家；大則歌舞聚人，食其餘胙。婚葬出處，動必求師：劫盜鬥爭，行須作水。」[137]這裡所言的巫師已不僅僅是裝神弄鬼、畫符唸咒，愚弄百姓，騙取錢財，而成為當地的惡霸，為非作歹，無惡不作。因此，聽憑巫師的氾濫，必定對社會秩序產生不利的影響，也不利於社會的進步。

---

136 《歷代名臣奏議》卷二一四《乞禁師巫疏》。
137 夏竦：《文莊集》卷十五《洪州請斷祆巫奏》，四庫全書珍本。

二、巫術橫行與禁巫

巫師利用社會上尚鬼信巫的風氣，借用神權，對百姓進行精神上的壓迫、肉體上的折磨、經濟上的剝削。巫術的流行，破壞了社會的文明進程，也危及宋皇朝的統治秩序，因此伴隨著信巫高潮的到來，也激起了一大批有識之士的強烈反對，封建政府出於自身利益的考慮，對其活動予以禁止。

宋代巫術活動的類型多種多樣，但其主要類型有三種：一是巫蠱、二是巫醫、三是祭祀巫。

巫蠱就是巫師利用邪術加害於人。巫蠱主要是以侵害人的性命、財產及尊嚴為目的，給人帶來種種的不幸，輕者傷身、破財、遭凌辱，重者可以導致死亡，所以巫蠱既破壞社會秩序，又違背社會道德，因此宋代法律嚴禁巫蠱。有關宋代巫蠱的活動，在文獻記載中是很多的，最集中的記載在洪邁所著的《夷堅志》中。從《張妖巫》、《鄧城巫》、《麗池魚箔》、《廖氏魚塘》、《魯四公》、《化州妖凶巫》、《董氏子學法》中可以看出巫師是怎樣利用巫術來勒索他人的錢財而故意傳播疾病、敗壞釀酒、破壞漁業、干擾經商以及傷害他人、侮辱婦女的。巫師在進行巫蠱活動時，為了使人相信鬼神，採取的手段往往是非常殘忍的。如在常州一地，「民病，（巫師）則門施符咒，禁絕往還，斥遠至親，屏去便物。家人營藥，（巫師）則曰神不許服；病者欲飯，則云神未聽餐。率令疫人死於飢渴」[138]。這樣的事例尚不能說明其殘忍程度，下面的事例就明白揭示了這一活動的殘忍性。

宋太宗時，溫州人因養貓，鬼咒詛殺人[139]；仁宗時，梓州人白彥歡也依鬼神以詛殺人。最典型的要算南宋李學諭告黃六師咒詛其父一案。李學諭父病重，巫師黃六師詛咒其父，做一神像，用針釘神像之肋，而李學諭父則感到肋疼；釘神之心，則其父感到心疼。這本是迷信之說，但李學諭偏信之，這說明大多數宋人

---

138 《續資治通鑑長編》卷二十一。
139 《宋史》卷二八五《梁適傳》。

還是相信巫蠱可以殺人害人的。巫蠱活動的氾濫，導致了許多社會不安定因素的產生，所以宋代從法律上是嚴禁巫蠱活動存在的。宋代依唐代法律規定：凡是有所憎惡而起造厭魅，假造符書、咒詛欲以殺人者，各以謀殺論減二等；以故致死者，各依本殺法；欲以疾苦人者，又減二等。基於這樣的法律，宋代對巫蠱的處罰是相當嚴厲的，如上文所說的鄧翁因養貓鬼咒詛殺人案，鄧翁處以腰斬，其親屬皆發配邊遠地區；白彥歡依鬼神以詛殺人案，白彥歡被判以死刑；李學論告黃六師咒詛其父一案，黃六師被輕杖一百，編管鄰州[140]。對巫蠱的打擊明顯超出宋代法律的範圍，可見巫蠱的確是遭到宋人的反對的，由於巫蠱活動違背社會道德，所以宋人對官府嚴厲懲處巫蠱活動是大力支持的。

巫醫就是巫師利用人們有病求醫的心態，以神靈作掩護，涉足醫病活動，從而殘害人命，騙取錢財。巫醫治病在古代社會一般都能得到社會上大多數人的承認。元人揭傒斯曾對荊楚一帶的巫醫習俗作過一番精彩的披露，他說：「楚俗信巫不信醫，自三代以來為然，今為甚。凡疾，不計久近淺深，藥一入口不效，即屏去；至於巫，反覆十數不效，不悔，且引咎痛自責，殫其財，竭其力，卒不效，且死，乃交責之曰，是醫之誤，而用巫之晚也，終不一語加咎巫。故功恆歸於巫，而敗恆歸於醫」[141]。揭傒斯雖談的是元代的情況，元與宋相去不遠，而作為習俗具有較強的延續性，在社會形態未變的情況下，民間習俗尤具有沿襲性，所以揭傒斯所說荊楚風俗即與宋代完全相同。

宋代巫醫活動多集中於南方地區。在南方，不僅僅是由於長期積澱的風俗使人們「尚鬼，病者不醫而巫」[142]，幾乎形成了「氓疾不治，謁巫代醫」[143]的社會問題。南宋高宗紹興年間，就有官員上疏痛斥巫醫的害民行為，「近來淫祠稍行，江浙之間，此風尤熾。一有疾病，唯妖巫之言是聽。親族鄰里不相問勞，且曰此神所不喜。不求治於醫藥，而屠宰牲畜以禱邪魅，至於罄竭家資、略無效驗

---

140 《名公書判清明集》卷十四。
141 《揭傒斯全集·文集》卷三《贈醫者湯伯高序》，上海，上海古籍出版社，1985。
142 蔡戡：《定齋集》卷一《薦鄂州通判劉清之狀》，四庫全書珍本。
143 王安石：《臨川先生文集》卷九十六《虞部郎中晁君墓誌銘》。

而終不悔」[144]。寧宗時，萬州知州趙師作也說：「峽路民居險遠，素習夷風，易惑以詐，易啖以惡，致使淫巫得肆簧鼓。凡遇疾病，不事醫藥，聽命於巫，決十求神，殺牲為祭。虛費家財，無益病人。雖或抵死，猶謂事神之未至。故凡得疾，十死八九」[145]。從這些官員的上疏中可以看出，在宋代南方各地，人們寧肯信巫而不信醫的情況極為普遍。這種現象的存在，恐怕與傳統的生活習俗有很大關係。

巫醫的主要活動是治病，只不過其治病不是從醫理出發，要麼自配藥劑，根本不用藥物，如蔡襄在福建時就發現有些「巫覡主病，蟲毒殺人」；要麼驅神弄鬼，活活折騰病人，「師巫以邪神為名，屏去病人衣食、湯藥，斷絕親識」，以致於「親戚鄰里畏而不相往來，甚者至於家人尤遠之而弗顧，食飲不時，坐以致斃」。[146]人們深信巫醫可以治病，有病時不去尋醫，而是信奉巫醫，結果既被巫醫騙取了錢財，又把病人折騰得死去活來。巫醫的盛行，是對文明社會的反動，是愚昧落後的產物。要改變這種現狀，屬行教化，提高人們的文化素質是治根之法。但這種方法來的太慢，因此主要的措施就是頒布法律嚴加禁止。太宗時就首次頒布法令，禁止巫醫治病：「兩浙諸州先有衣緋裙、巾單，執刀吹角稱治病巫者，並嚴加禁斷，吏謹捕之。犯者以造妖惑眾論，置於法」[147]。這是中國歷史上第一條明令禁止巫醫治病的法令，其積極意義是不容低估的。此後，宋王朝頒布了一系列的禁巫醫法令。如真宗時規定：「醫師療疾，當按方論，若輒用邪法，傷人膚體者，以故殺傷論」[148]。法令禁巫儘管很嚴，但作為約定俗成的陋習，並非一朝一夕即可徹底剷除，加之宋代醫療條件並非很好，從事醫生職業的人還不是很多，加之天災人禍，巫醫依然流行。作為地方官吏除執行朝廷法令，嚴加禁巫醫活動外，還採取了其他一些措施：如勒令巫師改業，或改業歸農，或令其學習針灸方脈；向民間廣泛宣傳巫醫的危害，傳播醫學知識。仁宗時周湛通判戎

---

144 《宋會要輯稿·刑法二》之一五二。
145 《宋會要輯稿·刑法二》之一三三、六十七。
146 同上。
147 《宋會要輯稿·刑法二》之五。
148 《續資治通鑑長編》卷五十二。

州，戎州地處僻遠，「其俗尚巫，有病輒不醫，皆聽巫以飲食，往往不得愈」。周湛到任，「禁俗之習為巫者，又刻方書於石」，民眾「自是始用醫，病者更得活」[149]。侯可知巴州化成縣，「誨以義理，嚴加禁戒，或親至病家，為視醫藥，所活既眾，人亦知化」[150]。真德秀任湖南安撫使時，親撰《勸農文》規勸民眾：「凡曰有神，正直而聰；非道求富，豈神所容？巫覡興妖，本以自利；爾顧惑之，可謂不智。禁汝醫藥，以牀爾軀：誘汝祭賽，以空爾廬。甚至殺牲，以人為畜；陷汝於刑，殞身覆族」[151]。類似這樣的宣傳，對禁巫是有一定好處的。

「祭祀巫」就是專主祭祀的巫師，宋人稱之為「巫祝」。巫祝在宋代是活動能量僅次於巫醫的一種巫師，對社會的危害比較大。宋人曾指出巫祝的危害：「黔黎無識，黷神右鬼；妖巫憑之，詐降靈異；元元從之，祈禳厭勝。且雞豚醴酏，祀無名土木，貧者貨鬻以供祭賽。村聚里閭，廟貌相望；春夏秋冬，歌舞薦仍；民產益薄，而蠱食滋甚」[152]。

巫祝的活動場所主要是各類神廟。宋代的神廟，有些是官府或民眾建的，有些是巫祝自己建的。巫祝建的神廟，主要是供其祭祀所用，所以神廟裡的氣氛搞得相當恐怖，如蘇頌在談到潤州當時的情況言：「吳楚之俗，大抵信禨祥而重淫祀。潤介其間，又益甚焉。民病且憂，不先醫而先巫。其尤蠹者，群巫掊財貨，偶土工，狀夔獝傀魅，泆陽傍徨之象，聚而館之叢祠之中，鼓氣焰以興妖，假鬼神以嘩眾」[153]。葉適在談到江陰軍的情況時也說：「民事瘟神謹，巫故為陰廡復屋，塑刻詭異，使祭者凜慄」[154]。巫祝往往在誘惑民眾祭祀神靈時，借神欺壓百姓，騙取錢財尚屬其次，主要是其有很大的特權，勢力「過於官府」，「一廟之間，責枷而至動以數千計」[155]，氣焰甚為囂張。

---

149 李元鋼：《厚德錄》卷三，南京，江蘇廣陵古籍刻印社，1984。
150 程顥：《河南程氏文集》卷四《華陰侯先生墓誌銘》。
151 真德秀：《真文忠公文集》卷四十，四部叢刊本。
152 夏竦：《文莊集》卷十三《進策·禁淫祀》。
153 蘇頌：《蘇魏公文集》卷六十四《潤州州宅後亭記》。
154 葉適：《水心文集》卷二十三《王枬墓誌銘》。
155 歐陽宗道：《巽齋文集》卷四《與王吉州論郡政書》。

被巫祝把持的民間神廟，在宋代官方文獻中稱為「淫祠」。宋代淫祠，數量極多，「南方淫祠之多，所至有之」[156]。因巫祝的活動對社會危害甚大，所以官方禁巫祝活動也就甚嚴，主要的辦法就是拆毀淫祠，迫令巫祝改業。這些措施對於打擊祭祀巫的活動是有一定成效的。

宋代巫術迷信活動的猖獗，一是傳統習俗使然。傳統習俗並非都是好的，但有一定的傳承性，且是很難一朝一夕就可改變了的，這就為巫覡活動的流行創造了一定的條件。二是宋代巫覡活動猖獗的地區多為山區僻遠之地，交通不便，文化落後，教育不發達，造成了人們普遍崇巫信巫的心理。這說明宋代文化的發展有著明顯的區域差別，不僅經濟發展不平衡，文化發展同樣不平衡。經濟發達的地區，文化也就發達，反之，經濟落後的地區，文化相對地落後，作為愚昧落後的附生物──巫術也就在這些地區氾濫。其三，巫術大興，是愚昧落後的產物。這說明儘管宋代文化是非常發達的，但這種發達是相對的。從總體上講，宋人的文化水平並不均衡，尤其是生活於下層的人民，科學文化知識少得可憐，在人與自然的關係上，還不能充分認識自然，巫術的流行正是反映了這一點。

---

156 張邦基：《墨莊漫錄》卷八。

亮點書系．中國文化通史 A1001009

中國文化通史‧兩宋卷　上冊

主　　編	鄭師渠
版權策畫	李　鋒

發 行 人	陳滿銘
總 經 理	梁錦興
總 編 輯	陳滿銘
副總編輯	張晏瑞
編 輯 所	萬卷樓圖書股份有限公司
排　　版	菩薩蠻數位文化有限公司
印　　刷	維中科技有限公司
封面設計	菩薩蠻數位文化有限公司

出　　版　昌明文化有限公司

桃園市龜山區中原街 32 號

電話　(02)23216565

發　　行　萬卷樓圖書股份有限公司

臺北市羅斯福路二段 41 號 6 樓之 3

電話　(02)23216565

傳真　(02)23218698

電郵　SERVICE@WANJUAN.COM.TW

大陸經銷

廈門外圖臺灣書店有限公司

　　電郵　JKB188@188.COM

ISBN 978-986-496-162-7

2018 年 1 月初版

定價：新臺幣 440 元

如何購買本書：

1. 劃撥購書，請透過以下郵政劃撥帳號：

　　帳號：15624015

　　戶名：萬卷樓圖書股份有限公司

2. 轉帳購書，請透過以下帳戶

　　合作金庫銀行　古亭分行

　　戶名：萬卷樓圖書股份有限公司

　　帳號：0877717092596

3. 網路購書，請透過萬卷樓網站

　　網址　WWW.WANJUAN.COM.TW

大量購書，請直接聯繫我們，將有專人為您

服務。客服：(02)23216565　分機 610

如有缺頁、破損或裝訂錯誤，請寄回更換

版權所有‧翻印必究

Copyright©2016 by WanJuanLou Books CO., Ltd.

All Right Reserved　　　　Printed in Taiwan

國家圖書館出版品預行編目資料

中國文化通史. 兩宋卷 / 鄭師渠著.-- 初版.
-- 桃園市：昌明文化出版；臺北市：萬卷
樓發行, 2018.01
　冊；　　公分
ISBN 978-986-496-162-7(上冊：平裝). --
1.文化史　2.中國
630　　　　　　　　　　　107001803

本著作物經廈門墨客知識產權代理有限公司代理，由北京師範大學出版社（集團）有
限公司授權萬卷樓圖書股份有限公司出版、發行中文繁體字版版權。